娘たちのいない村

ヨメ不足の連鎖をめぐる雲南ラフの民族誌

京都大学東南アジア
地域研究研究所
地域研究叢書
34

堀江未央 著

京都大学
学術出版会

目次

図・表・地図・事例　一覧

若い女性はどこ？——「蜂を焼いた村」で

二〇一〇年三月、砂にまみれて外も見えない四駆に揺られて、「蜂を焼いた村」という名を持つラフの村を訪れたのは、もうとっぷり日の暮れたあとであった。わたしをもてなすためにぞろぞろと近所の家から出てきてくれた人のすべてが、三〇代後半か、それより年上と思われる男性たちであった。「中国とミャンマーの国境地帯に住むラフの研究をしたい」と息巻き、女の身ひとつで調査地を探していたわたしは、日が暮れてから村についてしまったことを詫びつつも、迷彩服を着た男性たちに囲まれて炉端に座り、だれか一人でもいいから女性が来てくれないものか、と心細く思って俯いた。翌朝、隣の家からおばあさんが現れ、鶏に餌をやりはじめたのを見たときにはずいぶんほっとしたものであった。これが、わたしが二年半を過ごすことになる「蜂を焼いた村」との出会いであった。

その後、村のなかに知り合いが増え、ラフ語を学び、村中を歩き回るようになっても、同年代の友人と呼べるような女性は見つからなかった。わたしの主な話し相手は、小学校へ上がる前の子どもたちか、四〇代を過ぎた中年女性たち。どうしてラフの村にはこんなにも女性が少ないのか。そう問うことから、本書の探求は始まった。

本書が対象とするのは、西南中国のラフ村落で進展する、地域間経済格差を背景とした女性の婚姻移動の実態である。一九七八年の改革開放以降、中国では一人っ子政策の実施に伴って男女比の不均衡が起こっている。跡継ぎとなる男児の出産を望む漢族農村では女性不足が進展し、近年では農村男性の深刻なヨメ不足を引き起こしている。そのしわ寄せとして、少数民族の多数居住する西南中国から華東・中南農村地域へ、女性の結婚に伴う移動が、文字通り巻き起こっている。本書は、雲南省ラフ村落からはるか遠隔地の漢族村落に婚出していく女性たちと、彼女たちを送り出す社会における家族やジェンダー、そして婚姻のあり方の動態を、長期フィールドワークをもとに明らかにする。

しばしば漢語を解さず、ヨメ探しのためにやってきた漢族男性たちに選ばれ、金銭を介して婚出していくラフ女性たちは、ラフの村の生活とは大きく異なる世界を夢見て村を離れていく。しかし、必ずしも結婚した先の漢族村落に定着するばかりではなく、嫁ぎ先の生活と生家の生活、友人や知人たちの送る人生などを見比べながら、様々に葛藤し、多様な移動パターンを見せる。女性たちの流動的で多重な所在をめぐって、女性を送り出すラフの村では様々な語りが飛び交い、女性の所在を位置づけるための〈文化装置〉とも呼べるものごとが作動する。本書は、このような女性の移動をめぐる研究において従来あまり論じられてこなかった女性の送り出し社会の論理に着目することで、移動する女性たちの葛藤や逡巡を生み出す要素を探ると同時に、そのような移動を生きる女性たちと彼女を取り巻く人々の生活世界を描くことを目指している。本書の学術的な目的は、それらの記述を通じて、女性の移動に関してしばしば研究者が論じてきた、女性の行為主体性に関する議論を相対化し、行為主体性を単なる分析概念としてではなく、ローカルな人格観念との関わりから捉えることである。

学知に依拠した分析概念からではなく、ローカルな人々の視点から女性の移動という問題を逆照射しようとする本書の姿勢には、以下のようなわたし自身の「倫理的な迷い」が関わっている。

冒頭で述べたように、わたし自身は、そもそも中国における女性の移動の連鎖という現象に関心を持って調査地に入ったわけではなかった。政治経済的な問題に疎く、少数民族の文化に関するフィールドワークを行うことを漠然と夢見て雲南を訪れた当初のわたしは、恥ずかしながら中国に男女の人口性比の問題があることすらほとんど知らず、まさかこのような本を執筆することになるとは思ってもいなかった。標高の高い美しいラフの村で、人々が日々行う水牛の放牧や田植え、稲刈りなどにくっついて歩き、夜中の儀礼に通い詰めては呪医の歌う唱え言の内容を聞き取り、現地の生活に寄り添ううちに、中国を貫くヨメ不足の連鎖という問題が否応なくラフの村を巻き込んでいることを知り、結果とし

ラフの村は一般に標高が高く、1500～1800mほどにもなる。

てそれを最末端の地域から目の当たりにすることになったのである。

そのように、はじめからこの現象を調査しようと心構えをしていなかったからこその「倫理的な迷い」は、最後までわたしを苦しめている。ラフ女性は大量に村から流出しているものの、正直に白状すれば、彼女たちを「かわいそうな女性たち」とはとても思えない事態にもたびたび出くわした。あるときは、経済的にも不自由なく心やさしい夫と幼い娘を捨てて、うら若い仲介者男性との不倫の末に漢族地域への危険な「婚出」を行った女性の顛末を目の当たりにし、理解に苦しんだこともあった。またあるときは、遠く江西省から年老いた漢族男性が村までやってきて、突然いなくなってしまったラフのヨメを探して泣き崩れたのを見たこともあった。「母親がいないと眠れないといって孫たちが毎晩泣いている。あんなに大切にしてきたヨメが一体どうしていなくなってしまったのか。これからどうすればいいのか」と言ってすがるその男性を前に、多くの村人は取り合うことなく、逃げ帰ってきてラフの若者と恋愛関係にあるその女性の居場所を教えることもなかった。その一方で、ほとんど人身売買に近い方法で、逃げ場のないホテルの一室で男性から品定めされ、値段交渉の末に連れて行かれたという女性の話に胸を痛めたこともちろんあった。それなら仲介業者が悪かと言えば、女性たちの苦しい生活を改善するために「よかれ」と思って漢族男性との結婚を紹介している人も少なからずいた。ラフ女性が必ず被害者であるわけでもなく、漢族男性が女性を買い求める悪人であるとも言いがたく、仲介業者が金銭を目的とした人身売買の犯人とも言い切れない。一体誰を敵視し、誰の肩を持てば良いのか?

本書は、女性を被害者と見なして婚姻移動の問題点を指摘し、女性の脆弱性を改善するための提言を行う立場には立たない。かといって、女性の移動を女性の主体性発揮の契機である、と積極的に評価しもしない。非常に歯切れの悪い本である。本書の土台となる議論を学会などで発表した際にも、堀江自身はこの問題をどうすべきだと考えているのか、としばしば意見を求められて答えに窮した。このような歯切れの悪さは、しかし、ラフの村人たちにおいても同様であった。女性の婚姻移動は、結婚とはなにか、家族とはなにか、という問題をめぐって複数の倫理のあいだで複雑なアリー

かつては山の斜面での焼畑が主流だったと言われるラフだが、近年では水稲耕作化が進んでいる。ラフには男女の分業はほとんど見られないものの、水牛や牛を用いて行う代掻きや耕起は男性の仕事である。

一方で、田植えは女性の仕事である。互酬性に基づく労働交換によって成り立つ田植えだが、昨今では未婚女性が参加することはほぼ皆無である。写真は、四〇代以上の既婚女性ばかりが集まる田植え風景。

ナを生み出していた。この事態を、単にわれわれの物差し――女性の被害者性や主体性――で計るのではなく、ローカルな人々の眼差しから眺めてみること。それが、本書の民族誌としての試みである。

本書では、まず、西南中国雲南省のラフ村落での暮らしに見られる空間秩序や婚姻のあり方、親族関係などに目を向けながら、女性の遠隔地婚出に対するラフの人々の諸解釈を描き出す。すなわち、遠隔地婚出が進展してきた一九八八年から現在までの二〇年余り、遠隔地に婚出していった女性たちについての村人の語りを丁寧にひもとくことにより、送り出し社会の人々がそうした女性たちを見るまなざしや、女性たちの位置づけに関する人々の論理とその変遷を分析する。

その上で、女性の婚出先である安徽省や河南省の農村に場を移し、婚出後の女性たちが生家と嫁ぎ先とのあいだで揺れ動き、最終的な居場所を決めかねて逡巡する様子を示す。女性たちはよりよい生活を期待して遠隔地へと婚出するが、それが達成されないことも少なくない。そのため、多くの女性は、里帰りの最中に、結婚を放棄して生家に残るか、それとも再び夫のもとに戻るかを迷い、悩む。では、そのように自らの所在の不安定さをめぐって葛藤する彼女らを前にして、生家の父母や男性たちはどのように振る舞うのか。所在のあいまいなラフ女性たちに対し、彼らは、女性の「炉の魂」のありか、戸籍、そして結婚証など様々なものをめぐる駆け引きを行う。これらは、女性の既婚・未婚状態を示し、女性の属する場所を規定するものであるためだ。所在のあいまいな女性と周囲の人々のあいだで、さまざまなものが女性の立ち位置を定めるための重要な交渉のカードとなっている。なかでも、国家の管理する行政書類である戸籍や結婚証の存在は日に日に重くなっている。そして、諸交渉の結果、女性の所在は多元化する。

このような彼らの振る舞いの重なりを理解するには、「エスノ・エージェンシー論」とでも呼ぶべき分析手法が必要だというのが本書の主張だ。これは、ラフの人々自身による他者の諸行為の解釈のあり方を追求する手法である。そして、その手法の探求を通して見えてくるのは、ラフの人々における人格観念とその変容である。ヨメ不足が引き起こす

ラフの人々にとって、人の健康や安寧のための諸儀礼は家（家屋）との強い関わりのなかで行われる。写真は、家神の祭壇の前で唱え言を行う呪医。このような人と家との関わりは、女性の婚姻移動によってさまざまな変化を遂げている。

春節には村々で踊りが行われる。輪の内側で男性がひょうたん笛を吹き、その外側を女性たちが輪になって踊る。

女性の移動という巨大なうねりが、辺境のローカルな社会においていかに受け止められ、日々の生活やものごとのとらえ方にいかなる変化を引き起こしているのか。本書は、ミクロな生活の場面から現代中国におけるヨメ不足の問題を逆照射しようとする企てである。

本書は、単に遠いよその世界についての民族誌ではない。わたしたちの社会でも、本書が描くようなヨメ不足は地方社会の大きな問題となっている。同時に、結婚によってそれまでのコミュニティから切り離された女性たちが直面する困難や問題も、様々に報告されている。しかし、わたしたちは彼女たちの故郷についてどれほどのことを知っているだろうか。本書の舞台は、女性を通じてわれわれの世界とつながるパラレルワールドでもある。

『サイエンス』誌の記者であり、『女性のいない世界』という著書でピュリッツァー賞のファイナリストに選ばれたヴィステンドールは、女性不足という問題が一人っ子政策の行われた中国に特有のローカルな問題ではないと指摘する［ヴィステンドール 二〇一二］。人口増加が貧困につながるという世界的な危機意識の下、積極的に推進された出生前スクリーニング検査と中絶技術の普及は、人口性比の不均衡を世界各地で深刻化させ、女性不足はわれわれの生きる社会を飲み込みながら全世界的に広がっている。それは結果として女性の大規模な移動を生み出し、女性を軸にした社会の変化をもたらしている。こうしたことがらについて考えるヒントが、この中国の周縁部に無いのか？　本書が、学問的な関心を越えて、女性を軸にした社会の在り方を考える一助になれば、と願っている。

第1章
女性が流出する社会

現代中国において、女性不足は深刻な問題である。1980年に一人っ子政策が実施されて以来、男児の跡継ぎを望む漢族社会において、胎児の性選択は禁止されながらも暗黙裏に行われ続けている。それは結果として深刻な男女性比のアンバランスを引き起こし、配偶者を得られない多くの男性が、より貧しい西南中国の少数民族地域へとヨメ探しに赴くようになっている。写真は、本書の対象であるラフ女性の嫁ぎ先のひとつ、湖北省赤壁鎮に掲げられたポスター。「男の子を生んでも女の子を生んでも同じように良い。最も重要なのは人口の素質だ」と書かれている。しかし、このようなスローガンは、実際に男児の出産を望む人がどれほど多いのかを物語っている。

1　流動する中国と〈若い女性がほぼいない社会〉

冒頭に述べたように、本書が議論の対象にするのは、現代中国において進展する、地域間経済格差を背景とした女性の婚姻に伴う長距離移動である。具体的には、女性の送り出し社会のひとつである西南中国のラフ村落でのフィールドワークに基づき、移動する女性の所在をめぐる人々の交渉を描き出すことを通して、女性が流出する社会における家族の変化と女性の位置づけの変化を明らかにする。

一九七八年末に始まる改革開放以降の中国では、経済の対外開放とともに急激な経済成長が進み、国内における地域間経済格差を増大させている。それは内陸部農村から沿海部工業地帯へと大量の労働移動の波を引き起こし、これらの出稼ぎ農民たちは、「盲流」や「民工潮」、「農民工」などと呼ばれ[1]、メディアや研究者の関心を集めてきた。しかし、そのような労働移動の陰で、いわばもうひとつの移動の波として、女性の婚姻に伴う長距離移動が起こっていることはあまり知られていない。すなわち、西南中国の農村地域から、安徽省・山東省・河南省などの漢族農村地域への、女性の大量婚出現象である。そして、そのなかには多数の少数民族女性が含まれている。

この現象には、中国における男女比のアンバランスという問題と、地域間経済格差の拡大に基づくヨメ不足の連鎖が関わっている。一九七九年に開始された計画生育政策、いわゆる一人っ子政策の開始からすでに三〇年が経ち、男児出産を望む漢族のあいだで見られる男女比の不均衡は、二〇一〇年には出生人口男女比率一二一・二一（女性一〇〇人に対して男性が一二一・二一人）にまで達している（ちなみに、現代日本における出生人口男女比率はおよそ一〇五とされている）

［国務院人口普査辦公室国家統計局人口和就業統計司（編）二〇一二：二〇二四］。二〇一五年一二月二七日、全国人民代表大会において遂に一人っ子政策の廃止が宣言されたが、すでに男女比の不均衡はそう簡単には解消しえないほどの域に達している。また、沿海都市部の急激な経済発展は、単純労働に従事する働き手として農村出身の多くの若い未婚女性を沿海部に引きつけ、それは結果として、何らかの理由で出稼ぎをせずに内陸部農村に残る貧しい男性のヨメ不足を助長している。こうしたヨメ不足への対処として、内陸部農村の男性たちがさらに貧しい地域から女性を娶るというヨメ探しの連鎖現象が起こっている。女性を西南部後発地域から東部・北部発達地域へと突き動かすこの問題は、人口性比の不均衡、経済発展の地域間不均衡、移動規制の緩和に伴う労働移動の増大など、中国の様々な現代的問題のひとつの結節点である。また、中国国内における少数民族に対するまなざし、貧困地域に対するまなざし、女性に対するまなざしなどが交差するなかで進展する現象でもある。本書が取り扱うラフの人々は、主に中国雲南省・ミャンマー・タイ北部に居住する山地民であるが、中国領内のラフ村落は、まさにそのような女性の移動の中国国内における最末端に位置している。このようなラフ女性の遠隔地婚出のため、わたしの調査期間中、調査地には若い未婚女性がほぼいない状態であった。

一九五〇年代後半以来、複雑な戸籍制度によって人の移動を制限してきた中国において、人の移動という現象は多くの研究者の関心を集めてきた。しかし、その多くは人口学的な手法や社会学的な方法に重点が置かれ、人類学的なフィールドワークに基づいたものはほとんど行われていない。本書の主眼は、このような女性の婚姻を伴う移動が盛んになるなかで、女性の流出する社会がいかなる変容を遂げているかを明らかにすることである。女性の流出という現状に直面する送り出し社会の村人たちの様々な実践や、移動する女性自身の葛藤、さらにそのような女性の葛藤に対する家族たちの対処を描くことを通じて、送り出し社会における家族やジェンダー関係の変化、さらには、出身社会からも移入先の社会からもとらえがたい存在として異化される女性と、その所在を明らかにする。

2 女性の移動を生み出す社会、社会の編み目を移動する女性——研究史に見る〈構造—個人〉の構図

1 中国における女性の婚姻と移動

地域間経済格差に根ざし、貧困地域から富裕地域へと女性が移動するという現象はしばしば連鎖的に引き起こされるが、中国はこのような移動の連鎖が眼前で大規模に進行するフィールドである。中国からアメリカに移住した、いわゆる「メールオーダーブライド」を研究したコンスタブルは、中国国内において比較的高学歴・高収入でありながらも、結婚適齢期を過ぎている、離婚歴があるなどの理由で中国国内では配偶者を得にくい女性たち（それらの女性は近年では「剰女」というカテゴリで中国のメディアを賑わしている）が、メールオーダーの紹介システムを用いてアメリカ社会の男性との結婚を望むことを指摘している［Constable 2003］。それらの女性の出身地が主に中国沿海部発達地域かあるいは比較的規模の大きい都市であることが多いのに対して、そのさらに後背地にある農村女性たちは出稼ぎのために都市へと向かう。このような女性たちは、都会に出て工場で働き、家族を養う若き「打工妹（出稼ぎ娘）」としてしばしばメディアにクローズアップされている。打工妹たちは外の世界を見るという夢を抱き、出稼ぎに行ったのち、出身地域の生活と出稼ぎ生活との文化的ギャップのなかで、出身地域の男性との結婚に否定的な態度を示すようになる者も少なくない［Beynon 2012］。そして、それらの打工妹たちが結婚適齢期になっても出身社会での結婚を望まず、出稼ぎ先で出会った男性との結婚を選ぶようになると、今度はその「打工妹」たちの生家でヨメ不足が起こることになる。そのヨメ不足を補うべく新たに起こった移動が、本書で述べるラフ女性の遠隔地婚出である。ラフは、中国西南部とミャンマーとの国境近くに居住しており、前述したように、まさに中国国内で進展する連鎖的な女性の移動の末端に位置している。

女性の結婚に伴う長距離移動という現象は、中国のメディアでも注目され、人口学や社会学など様々な分野で研究が進められている。中国における女性の婚姻移動についての先行研究をひもとくと、そこには社会学者と民族学者の断絶が見られる。「婚姻流動」や「外来婦女」などと呼ばれるこの現象を取り扱う社会学的研究の多くは、中国国内の人口動態についての緻密な分析を行い、統計資料を用いた検証を行いつつマクロな議論を進めている。彼らは社会問題として女性の流動を取り扱い、男性側のヨメ不足の要因や、女性の移動のプロセスを類型化して分析し、最終的に政策的な提案を行うというスタイルをとる［e.g. 張（編）一九九四：李 二〇〇五：万 二〇〇七：何 二〇〇八］。このような移動に巻き込まれる女性はしばしば年齢や学歴が低く、家族による庇護を受けにくい何らかの事情があることが多く、ときには金銭を目的として父母や親族によって売られることもあることが指摘されており、女性の「大流動」の原因は、「以財謀婚（財を以て結婚を謀る）」のヨメ探し男性と、「以婚謀財（結婚を以て財を謀る）」の仲介者の利害の一致によって起こってきたと述べられる［張（編）一九九四：一〇］。そして、女性の脆弱性を改善する政府からのサポートや教育の強化などが提案される。しかし、これらの研究で主に論じられるのは、性別や年齢、生家の収入などによって分類された無名の女性たちであり、移動する女性たちを「中国の農村女性」などの言葉で一括し、あたかも地域や民族、文化による差異などない等質な集団であるかのように見る傾向がある［張（編）一九九四：Davin 1999; Fan 2008; Gaetano and Jacka (eds.) 2012］。

移動する女性たちを「中国の農村女性」とひとくくりにせず、その民族的差異に着目した研究も存在する。しかし、そこにはしばしば「内的オリエンタリズム（Internal Orientalism）」［Schein 2000］とも言うべきまなざしが存在する。少数民族女性の流出に関する研究に関して、例えば楊は、出稼ぎなど経済目的の移動は少数民族女性の「封建的意識」を改革し、女性の素質を高めるものとして肯定する一方で、婚姻に伴う流動は従属的で伝統的規範に基づくものとして批判している［楊 二〇〇八］。また、蔡は、女性の流出によって民族伝統文化が消失し、家庭が不安定になるなどの悪影響を指摘する［蔡 二〇一〇］。一方、女性の移動に見られる「良い点」として、婚出した女性が外界から先進的なものを持ち帰ることで、封建的な少数民族の村に新しい文明を持ち込むことができるという意見、また、遺伝的に遠い出自を持つ者同士の交配によって少数民族の「素質の向上」が見込めるという優生学的観点に基づく意見すらある［楊 一九九一：五二-五三；何 二〇〇八：二六八］。これらの研究からは、移動する女性を被害者、あるいは教育されるべき未熟者として描き、華やかな少数民族伝統文化を保護しなくてはならないという内的オリエンタリズムのまなざしと、「封建的」な少数民族の素質向上によって国民全体の素質を向上させようという優生学的目論みとが交錯するさまを見て取ることができる。

このように、少数民族女性が一貫して受動的な存在と描かれることは、「中国農村女性」の研究においては女性の主体性が論じられる場合があることと鮮やかな対照をなしている。例えばファンは、広東省の調査をもとに農村女性の結婚と移動について論じるなかで、女性の主体的行動に目を向けている。彼女は結婚と移動（marriage and migration）を労働移動との関わりで考察し、移動労働市場では男性よりも悪い条件に置かれた女性たちが、出身地よりも条件のよい土地での永住権を求め、結婚を用いて主体的に行動することを指摘している［Fan 2002］が、少数民族女性たちに対してこのような側面が強調されることはほとんどない。本書の対象民族であるラフを研究している馬（Ma）は、人口的、また文化的にも圧倒的優位である漢族によるラフの周縁化過程のひとつとしてラフ女性の大規模な婚出の問題を論じ［Ma 2013］、漢族とラフとのあいだにある男女比の圧倒的な違いと仲介業者の介在がラフ女性の大量流出を招き、いずれラフ社会の崩壊すら招きかねないと警鐘を鳴らしている［馬 二〇〇四b］。馬の議論は、女性の移動がラフ社会に与える将来的な影響の大きさを窺わせるものの、なぜ女性の移動が男性の移動よりも問題となるのか、という問いには答えていない。ここには、女性が常に伝統の担い手と見なされ、その空間からの越境が他の移動よりも問題にされるというフェミニスト人類学の指摘が当てはまるだろう［速水 一九九八］。

先行研究からは、移動する女性たちを中国全体の社会問題の「被害者」として描き出すか、あるいは女性個人の行動に焦点を当て、その主体性を強調するかのふたつの傾向が見えてくる。そして、そこには前者を「少数民族女性」に、後者を「中国農村女性」に当てはめるような傾向が見られる。

これらの研究は、女性の流動の要因やプロセスについて明らかにしてきたが、そのほとんどが女性の婚出先での調査に基づいており、女性の生家についての言及が含まれることは滅多にない。女性たちが出稼ぎや結婚に対して感じる感情の個人差や、出身地社会の生活経験の多様性によって生じる移住経験の個別性はほとんど考慮されず、移動する女性たちは集合体として描かれてしまう。しかし、女性の流出が大規模に起こる西南中国には非漢民族が多く居住しており、婚出先である華東・中南地域の漢族とのあいだに様々な文化的差異があるため、両者のあいだには大きな摩擦や葛藤が起こっている。そのような現状は、女性の送り出し社会でのフィールドワークに基づかなければ理解することはできない。

女性の結婚と移動に関わる問題を、送り出し側である少数民族の見地から考察した研究も少ないながら存在する。董と于は、雲南省の異なる民族間で遠隔地婚出に対する動機付けが異なることを示している［董・于 二〇〇三］。また、チャオは、雲南省ナシ女性の婚出を、ナシにそもそも存在した駆け落ち婚の風習との連続性から論じている［Chao 2005］。王は、主に人身売買の阻止という実践的立場からの考察ではあるものの、雲南省に居住する民族のうち、婚前の男女交際が比較的許容されているハニやヤオの移動が甚だしく、婚後も女性が生家に残る傾向のあるタイ族にはほとんど起こらない現象であると指摘する。［王 二〇〇七］。これらの論考は、婚姻規則や恋愛観などの側面に限定されてはいるものの、女性の出身社会の慣習との関わりの中で女性の移動の問題を考えようとする点で、本書にとっても参照すべき視点である。

一方、中国に関する民族学や人類学の研究動向に目を向けると、このような近年の人口移動に関する論考はあまり多くないことに驚かされる。中国における民族研究の歴史は長く、その研究蓄積は豊富かつ膨大なものであるが、改革開放以降の非漢民族の現代的社会変化に関する研究は移動という問題にあまり大きな関心を抱いてきたとは言い難い。漢族と非漢民族との接触の歴史や文化変容に関する興味深い研究は存在するものの［たとえば塚田 一九八九；清水 一九九一；横山 一九九八；ダニエルス 二〇〇四；Giersch 2006］、改革開放後の状況に関しては、その研究関心の中心は、主に民族文化保護運動にまつわる文化表象と民族文化の客体化、民族をめぐるポリティクスなどのトピックであった［塚田・長谷川（編）二〇〇五；Harrell 2001; Schein 2000］。これらは、民族の構築性や、構築された民族への自己同一化といった関心のため、漢族との通婚や接触の高まりは「民族アイデンティティのゆらぎ」として捉えられ、そのゆらぎのなかでいかに自らの民族アイデンティティを主張するか、といった議論に終始しがちであった［塚田・瀬川・横山（編）二〇〇一；Iredale; Bilik; Fei 2003］。その後、長期フィールドワークに基づき、文化表象のみでは片付けられない日常経験を描いた豊かな民族誌が輩出されつつあるが［Mueggler 2001; 長谷 二〇〇八；小島 二〇一四］、それらの研究は現代的な中国国内の移動という現象を中心に取り扱っていない。

このような、異民族と接するなかで差異化され、あるいは曖昧化されていくエスニシティという視点は、中国の民族論においてしばしば見られる構図である。ラフについていえば、馬は、漢族とラフとの関係を漢族によるラフの周縁化として描き出し、厳然と存在する漢族とラフとの非対称性と二項対立的言説を提示している［Ma 2013］。

しかし、漢族と少数民族との関係は、このような言説レベルの相互規定的差異化の過程のみならず、結婚や移住といったローカルなできごとのなかで進展している。言説の上でははっきりと区分されるカテゴリも、これらの対面的な状況のなかではしばしば重複領域を持ちうる。本書の取り扱うトピックもまた、漢族と少数民族の民族間関係と位置づけることができるが、民族間関係をマクロな言説やナショナリズム、文化表象などから眺めるのではなく、民族間結婚という対面的状況で起こるローカルな現象から捉え、統合とも差異化とも単純化できない相互交渉の場面を描くことに主眼を置く。

2　「移動の女性化」「グローバル・ハイパガミー」をめぐる理論的考察

本書が取り扱う中国国内の女性の婚姻に伴う長距離移動という問題は、国境こそ超えないものの、世界各地で進展する経済格差に根ざした女性の婚姻移動（marriage migration）と類似した構造のもとに起こっている。そのため、本節では、グローバルに進展する女性の長距離移動と結婚という問題について先行研究が明らかにしてきたことと、それに対する本書での視点を述べる。

二〇世紀は移動の時代と言われる。輸送手段の発達整備によって、人の移動はそれまでとは比べものにならない規模でグローバルに進展し、政治や経済、国家間関係に大きな影響を与えるようになった［Castles and Miller 2009］。二一世紀になっても人の越境移動は絶え間なく続き、市場経済に基づく技術、情報、商品、金融などの国境を越えた自由な移動によって、国境の持つ意味がより曖昧になってきていると言われる一方で、国境はやはり人の移動を様々にコントロールし、「国民」と「外国人」とのあいだに分節を生み出している。

このような越境移動は、グローバリゼーションの進行に伴って、開発途上国や共産主義国をも巻き込んで起こった世界的な労働市場の統合という資本蓄積構造と深く関わっている。安価な労働力を途上国から補填するというグローバルな経済構造が生み出した越境移動は、従来は男性が中心となって起こっていると考えられ、女性の越境移動はあくまでも男性に付帯したものと見なされていた。しかし、一九七〇年代以降、越境移動における女性人口の割合が増加していくことになる。これをサッセンは「移動の女性化」（feminization of migration）［Sassen-Koob 1984］と述べた。一九六〇年代以降、途上国の輸出加工地区へ多国籍企業が進出したことによって、大量かつ短期的な若年女性労働者の雇用が生まれ、新たな労働形態によってローカルな伝統的経済構造は解体しつつあった。サッセンは、そのなかで常態化していた短期雇用の末に解雇された女性たちが、国境を超えた高度工業国への移民のプールを形成するという新国際分業体制が生まれてきたことを指摘した。

これに端を発して、人の移動におけるジェンダーの視角の重要性は徐々に研究者のあいだで認識されるようになりつつある。女性の越境移動がグローバルな地域間経済格差に根ざしながら連鎖的に進展し、移動する女性がしばしばメイドやベビーシッターなどの「再生産労働」と位置づけられる労働に従事することを指して、ホックシールドは「グローバルなケアの連鎖（Global Care Chain）」と表現した［Hochschild 2000］。

このような女性たちの多くが、移動先である先進国の女性が社会進出を遂げるなかで徐々に不足するようになった再生産労働の担い手を補填する役割を担わされているとして、伊藤らは「再生産労働の国際分業」という言葉でこれを表現し、そのなかに結婚に伴う移動も含めている。伊藤らは、「『人間の生産』をさすに至った『再生産』の概念が、生産・流通・消費のほかに移転・廃棄・処分を含むと考えれば、再生産労働は生誕から死亡までの人間の生命のサイクルのすべてにかかわる労働、と再定義することができる」という上野千鶴子の発言に依拠しつつ、婚姻によって移動する女性たちもまた、家族形成の諸活動を担うという意味で「再生産領域」の担い手であるととらえている［伊藤・足立 二〇〇八］。

先進国における女性の社会進出や高学歴化が女性の非婚率を高めていることに鑑みれば、それを補填するものとして経済的に下位の地域から結婚のために移動する女性たちもまた、「再生産領域」の担い手と見なすことができるのかもしれない。もっとも、生産領域と再生産領域というマルクス主義フェミニズムが生み出した区分そのものを疑問視する声もある。木曽は、性別役割分業を前提とした議論の問題点を指摘するなかで、特定の活動や行為が生産活動か再生産活動かという、当事者にはおそらく存在しない問いを立ててしまえば、「女性の労働は必ず生産労働と家事労働の二重性を帯び、周縁化されることになる」という陥穽を指摘する［木曽 二〇一〇：八-九］。本書では、ラフ女性の移動が再生産領域に属するか否か、といった二元論的な問いには与せず、女性の移動に伴って送り出し社会で引き起こされる家族や結婚の変容を見ていくが、それを通して、女性の労働移動と婚姻移動がともに「再生産領域」という類似した構造のもとに起こると見なすアカデミックな視点よりも、女性を送り出す社会にとってそれらがいかに異なるものと見なされているか、という側面に光を当てたい。すなわち、出稼ぎ女性があくまでも生家からの「一時的な不在」であるのに対し、結婚による移動は女性の帰属を生家から婚家へと変化させるものであり、それらは女性の所在の点において、しばしば根本的に異なるものと見なされる。

本書で取り扱うような、女性の遠隔地結婚（long-distance marriage migration）は、国境を超えた文脈では、東南アジア諸国から台湾へ、ベトナムから韓国へ、タイからヨーロッパ各国へ、そして中国やフィリピンなどから日本へと進展している。このような地域間経済格差に根ざした女性の移動を、コンスタブルはグローバル・ハイパガミーと呼ぶ［Constable 2005: 10］。ハイパガミーとは、「婚姻の成立に際し、男性およびその親族が女性およびその親族よりも、その社会にとって重要な特定の意味で、支配的であることを条件にする場合に生じうる通婚の様態」［佐々木 一九九四：五八一］を指す用語であるが、コンスタブルはそれをより発展させ、あまり経済的に発展していない場所からより発展した場所へ、貧しい南から豊かな北へと女性が移動することを指してグローバル・ハイパガミーと呼んだ。経済格差によって生み出される欲望（女性にとっては男性の暮らす国の豊かさ、男性にとっては途上国出身女性の勤勉さ、従順さのイメージ）に基づき、あまり経済的に発展していない場所からより発展した場所へと女性が移動する現象を表すこの言葉によって、南から北への女性の移動という共通のフレームで、通地域的な議論を行うことが可能になった。

また、ウィリアムズは、世界各地で起こる女性の結婚と長距離移動を、①トランスナショナルな結婚、②越境結婚（cross-border marriage）、③難民のあいだで行われる結婚、の三つに分類している［Williams 2010］。①は、世界各地になんらかの文化的連続性を持つ集団が拡大し、それらのトランスナショナルなコミュニティのあいだで結婚が行われるというものである。このタイプの結婚には、すでに世界各地にネットワークを広げつつある南アジア諸国の出身者たちのコミュニティが挙げられている。これらの結婚においては、婚後の生活と婚前の生活に何らかの連続性があるのに対し、②の国境を超えた結婚は、クロスボーダーでありながらトランスナショナルではないと指摘する。ウィリアムズはトランスナショナルという言葉を「トランスナショナルな社会形態を採り、国境を超えた一体感を共有しているコミュニティ」[ibid: 99]と定義し、②のタイプの結婚は、女性が移動する以前に婚出先の社会についての情報をほとんど持たないことから、いわば「非対称なトランスナショナリズム」であると指摘する[ibid: 69]。③は、人々が生まれ育った土地や文化から切り離された状況で、生存のために新たなネットワークを築く戦略としての結婚である。本書が取り扱うラフ女性の遠隔地結婚は、嫁ぎ先の漢族社会への知識が非常に乏しく、婚後の姻族関係もほとんど築かれないことから、②に相当すると言えるだろう。

このような、いわゆるグローバル・ハイパガミーに関する研究は、国家間関係や政策の問題、異文化接触の問題、結婚と家族の問題など、様々な角度から研究されてきたが、ここでは、マクロな社会経済的構造に関する研究、女性の行為主体性／エージェンシーに着目する研究、そして家族・親族関係に関する研究におおまかに分類して概観する。そして、これらの研究において女性の送り出し社会に対する視座が不足している点を指摘する。

■「巻き込まれゆく」女性たち？——マクロな社会経済的構造に関する研究とダブルバインド構造

まず、マクロな社会経済的構造に関する研究として、一九八〇年代以前に主流であったのは、移民研究におけるプッシュ・プル理論である。これは、移民の出身国におけるネガティブな要因が移民をプッシュし、また移民先の社会における経済的魅力がプル要因となって移動が促進されるという図式である。このようなマクロな構造分析は、基本的には経済構造の単なる受け手として移民を捉える見方であるが、政策面では現在でも大きな影響力を持っている。

その後、移民を形成するグローバルな政治経済構造についての研究は、ポストコロニアリズムやトランスナショナリズムとの関わりのなかでより緻密なかたちで進められることになった。労働移動に関して言えば、サッセンの述べる「移動の女性化」や、ホックシールドの述べる「グローバルなケアの連鎖」も、世界規模での資本蓄積体制と女性の相互連関性を明らかにしてきた主要な研究である。

これらのグローバルな政治経済的構造を前提として、しばしば論じられているのが、移動する女性たちがいかに移動によって脆弱な立場に置かれるか、という周縁化をめぐる問題である。そのひとつが、国家によって作り出される市民権や法にまつわる社会構造の指摘である［Chapkis 2003; Hsia 2009; Constable 2014; Ishii (ed.) 2016］。特に、女性が移動先の社会において得られる市民権がいかに限定されているか、そしてそのために女性が移動先社会においていかに構造的にスティグマ化されるかが問題として論じられる。たとえば、女性の主要な移動先のひとつである香港で調査を行うコンスタブルは、移動先における女性の市民権が、当該国の市民権を持つ男性との結婚か、あるいは労働ビザの取得という条件下においてのみ認められること、そのために離婚やビザ手続きの上で女性が弱い立場にならざるを得ないことを指摘している［Constable 2014］。

国家による周縁化が生み出す女性の脆弱性の指摘は、男性優位の社会における女性への蔑視やステレオタイプの生成、ジェンダー役割の固定化・強化という議論に発展しながら論じられてきた［Chin 1994; Gedalof 2007; Menjívar and Salcido 2002］。すなわち、移動する女性が関わる諸社会におけるジェンダーを巡る規範や言説に着目した議論である。特に、婚姻を伴う越境移動に関する研究の多くが、家父長制や男性優位社会のなかでの女性の受動性や被害者性を強調してきたことはひとつの特徴と言える。労働移動が、少なくとも女性自身が労働の対価として経済的利益を得ることを目的として行動しているのに対し、婚姻を伴う移動は女性自身の意図の及ばないところで仲介者や配偶者となる男性の思惑によってその移動が遂行されると捉えられ、よりいっそう被害者性を強調する論調が強いと言える。

その代表例としてしばしば挙げられるのが、グロダーヴァとオニヅカの研究である。セラピストである彼らは、アメリカに移動する主にアジア出身の女性たちの婚姻を「メールオーダーブライド」として取り上げ、女性の売買と非難した［Glodava and Onizuka 1994］。これらの結婚が通常の結婚とは異なり、仲介者を介し、金銭のやりとりが行われることから、女性の商品としての交換や人身売買であるという非難がなされた。また、女性の被害者性の指摘は、家父長制や、男性優位の社会における女性の虐待という議論に発展しながら論じられてきた［Chin 1994］。

その一方で、女性のこのような移動が地域間経済格差に基づくものであるからこそ、そこには結婚を通じて先進国での永住権を得ようとする女性の戦略的な意図が関わっており、女性は嫁ぎ先社会から得られる経済的利益を貪っている、という批判的主張が女性の受け入れ社会における言説として登場するようになる。もっとも、女性の移動と結婚を通常の結婚と差異化しようとするこのような動きに対しては、恋愛感情に基づき個人間で締結される結婚こそが正常な結婚である、という偏見に基づいているという批判がなされている［Lu 2005］。しかし、それでもこのようなステレオタイプは、研究者をも巻き込みながら強化されてきたといえる。

このような、結婚移民女性をめぐるステレオタイプの言説を、夏（Hsia）は「ダブルバインド構造」と指摘して批判している。すなわち、結婚移民女性を「女性不足の農村に嫁ぐ従順な花嫁」と見なすか、あるいは「農村男性を食い物にする吸血鬼」と見なすか、という広範に見られる言説の構図は、相反するものでありながら互いに補強しあい、女性が片方のイメージに相反すればもう片方のイメージに絡め取られるというかたちで移民女性の他者化を促進しているという指摘である［Hsia 2008: 131–135］。このような言説上のステレオタイプの構図は各地に見られ、例えばフリーマンは、中国東北部の朝鮮族女性が韓国に嫁ぐ現象に関して、韓国においてこれらの女性たちが人身売買の無力な犠牲者か、あるいは韓国男性から得られる経済的利益を貪る心ない人間と見られることを指摘している［Freeman 2005: 81］。ステレオタイプを助長するとして批判された一連の研究は、移動する女性たちを集合体として捉え、その内部にある様々な個別性や経験の違いへの配慮が乏しいと言える。

■主体的個人としての女性―行為主体性への着目

これらの様々なステレオタイプや差異化の構造に対して、研究者たちは行為主体性／エージェンシーという概念を用いて挑戦してきた。そして、女性が言説の板挟みに遭い、構造的に抑圧された立場に置かれながらも主体性を発揮しうる存在であること、構造の制約のなかでリスクテイクしながら自らのよりよい生活を実現させるために様々な戦術を採りつつ行為しているという個人の行為主体的側面に光が当てられるようになっていった［Fan 2002; Constable 2003; Hsia 2008; Williams 2010; Freeman 2011］。研究関心の中心は、女性が嫁ぎ先の社会で直面する困難や、それに対していかなる行為主体性を発揮しつつ応答するか、といった点に移行していった。コンスタブルは、メールオーダーブライドとしてアメリカに婚出する中国の女性が、紹介エージェントに渡す写真を選ぶ際にいかに魅力的な女性を演出しようと尽力するか、また、婚出したのちのアメリカ人夫との関係が従属したものではなく、いかに双方向的な変化を伴うものであるかを論じている［Constable 2003］。また、夏（Hsia）は、東南アジア各地から台湾に嫁いだ女性たちが、中国語を解さないというスティグマを抱えた構造的弱者でありつつも、識字プログラムに参加するなかで徐々に主体性を獲得し、主体的行為者として移民運動などに参加していくようになるプロセスを示している［Hsia 2008］。移住は、女性が様々な構造的制約から脱却し、様々な戦術を駆使しながら自らのエージェンシーを発揮しうる機会とすら見なされるようになっていった［Williams 2010: 43］。

もっとも、これらの研究は、社会構造を指摘する議論に対して行われてきた、というよりもそのなかで行われてきた。というのは、両者は常にコインの裏表のように、同時に記述されてきたからである。この二つの研究傾向は、研究者によってその強調点を変えながらも、おおむね前者から後者へと移行してきたと言えよう。

社会構造を指摘する傾向から個人の行為主体性への着目という流れは、人類学における社会構造―個人という二元論的枠組みに依拠しつつ行われてきたと言ってよい。そこには、構造や社会、集団の一員として受動的に描かれる個人に対する新たな個人観の創出という意図が認められる。さらに、行為主体／エージェントという言葉に、構造的な位置ゆえに受けざるを得ない差別や暴力の被害者を、たんに無力で受動的な存在ではなく日々困難な戦いを強いられつつも果敢に抵抗する存在として捉えるべきである、という政治的な意思を認めることも可能であろう。女性のエージェンシーに着目することによって、女性たちを集団としてではなく個人として描き、それぞれが思い描く未来や欲望と、それを制約する様々な構造のなかでの動態的な実践を描くことが可能になった。女性の語りをもとにしたエージェンシー論には、マクロな経済・人口分析からは見られない、移動する女性自身の声を聞くことができるという大きな利点がある。女性と移動というトピックは、それまで他者として描かれる対象であった人々が自社会にやってくるという意味で、構造に絡め取られた他者と近代的個人という人類学に根深い二分法を乗り越えるまさにうってつけの対象であったと言ってもよいかもしれない。

しかし、そのような流れのなかで、行為主体性／エージェンシーという用語が、たんに行為を主導する能動的存在として描かれがちである点も否めない。例えば、移住が女性にとってエージェンシーを「発揮」する契機である、と述べられるとき、女性を取り巻く社会や家族は構造の側へ押しやられ、それらに対して女性がいかに能動的に行為するか、ということが強調される［Williams 2010］。それらの近年の論調のなかには、結局のところ西洋における近代的個人観が温存されているようにも感じられる。エージェンシーを「獲得」したり、エージェンシーを「発揮」する契機として女性の移動を取り上げるならば、それは研究者たちが何を構造と見なし、いかなる行為を「エージェンシー」の発揮だと見なしているのか、という問いに繋がっていく。構造の制約のなかであり得べき選択肢を駆使しつつ行動する個人、という定義がエージェンシーであるならば、およそすべての人間の諸活動が当てはまる。構造と個人との関係に関する長い議論のなかで、両者の関係を排他的に捉えるだけではなく、西洋的な自律的個人観を排しながらも構造に動かされるだけではない、より現実に即した人間像を描くというのがエージェンシー概念の誕生の経緯であった［cf. バトラー 一九九九：二〇〇四］。とすれば、そのような人々の諸活動のうち、移動する女性自身を構造から脱却しようとする主体的（能動的）なアクターとして他のアクターから突出させて表現することは、批判の誹りを畏れずに言えば、エージェンシーという用語が生み出された過程を軽視することになってしまわないだろうか。

このようなわたしの不満の原因のひとつは、移動する女性たちのエージェンシーを論じてきた従来の研究のほとんどが、女性の移動先でのナラティブ収集という形態で進められてきたことと関わっている。婚出した先で、主に聞き取り手である研究者に対してなされる語りと、生家に戻った際に、出身村の人々とのあいだで語られる話とは大きく異なっているはずである。女性が移動しようとする際の意思や決断、その後新たな生活を始める上の様々な努力などの点において、女性たちが主体性を発揮することは事実であるが、そのような主体についての語りもまた、特定の場に埋め込まれたかたちで発揮されるものとして理解されなくてはならない。

もちろん、このような批判はすでに言われて久しい。田中は、エージェンシーをめぐる近年の議論のなかに近代的個人が温存されつつある状況に警鐘を鳴らし、むしろエージェンシーの「代理人」という意味に着目し、代理というコミュニケーションのあり方と他者との共同性という側面に着目するべきであると述べている［田中 二〇〇六：二〇〇九］。また、中川は、人類学における人格概念の変遷を整理するなかで、主体的西洋に対する非主体的な非西洋という単純な二分法を緩和・解消するために持ち出されたエージェンシー概念について論じている。そして、二分法の解消のために再び主体性の理論を導入する必要はなく、行為する主体が普遍的かつ意識的なものではなくむしろ文化的にかたどられた相互行為の流れのなかで不安定に生産されるものであることに着目し、そのような自己の修辞的構築の過程を描くべきであると述べる［中川 二〇〇一］。このような、エージェンシーをそれぞれの社会や文化に特有の因果論のなかに位置づけて論ずる試みは、すでに様々な研究で行われつつある［Ahearn 2001a; 中川 二〇〇二：Ortner 2006］。しかし、女性の移動の文脈における行為主体性という言葉には、多重に周辺化された女性を再評価し、そのような女性像をめぐる言説に抗するためのプラグマティックな意図が不可分に関わり、必然的に女性の能動性を強調するはたらきを持っているように見える。つまり、移動する女性の行為主体性は、彼女たちを抑圧する社会構造や言説へのアンチテーゼとして提示されてきたのである。

この行為主体と構造との関係について、パレーニャスは、女性の出身社会のジェンダー規範が女性の越境によって変化しうるかを論じた著書のなかで、構造に関する説明を行っている。彼女は、構造が何かを示すためには「何らかの実践を疎外するような事態が何なのかを特定すること」が必要であり、「構造とは実践を制限するような実践から生み出される」と述べる［Parreñas 2005: 5］。つまり、構造とは所与で不変の背景ではなく、人々の実践によって生み出されるものであり、その実践の集積が他の実践を疎外するようにはたらく、ということである。であるならば、そのように構造化される構造や、その変化の在りようにも目を向けるべきであろう。

様々に移民女性をスティグマ化する政策や言説のなかで、女性たちの権利を向上し、生活環境の改善を訴えるために、女性のエージェンシーを強調するアプローチが重要であったことは事実であり、その功績は計り知れないが、その上で、本書では、女性の主体性を強調するだけでなく、他者との関わりの上で様々に揺れ動く女性と、そのような女性を取り巻く人々との相互関係に着目する関係論的なアプローチを採りたい。その際、女性の行為主体性が、女性を取り巻く人々にどのように解釈されてきたのか、という点に着目する。これについては次節で詳述する。

■家族・親族関係に関する研究と送り出し社会

女性の構造的被害者性やステレオタイプ化の言説と、それに対する女性のエージェンシーの発揮という議論の豊富さの一方で、それらの女性の移動が、彼女たちを取り巻く人々にとって、従来その社会で想定されていた結婚や家族との関係のなかでどのように位置づけられるのか、そして、彼らの婚姻慣行や家族のあり方にどのような影響を与えているのか、という視点に着目した研究は多くはない。なかでも、送り出し社会に着目したものは限られている。上述のウィリアムズの整理においても、女性の生家に関する問題は構造―個人の構図における構造の側に振り分けられており、移動する女性たちのエージェンシーは、彼女らの行動を制約する家族の構造から脱却する試みとして描かれてしまう。

女性の婚姻移動と婚出先の家族との関わりについて論じたものとして、横田の研究が挙げられる。彼女は、インドネシア女性やベトナム女性が台湾に嫁ぐ現象を「国際ブローカー婚」と名づけ、この現象を女性たちの嫁ぎ先である台湾漢人の婚姻規範に照らして理解しようと試みている。そして、台湾漢人にとって、持参財を持たずに婚入してくる女性が、男性方が「買」った女性と見なされ、その女性がさらに生家に対して送金を行おうとする行為が婚姻における財の贈与交換のバランスを崩すものであること、「彼女は結婚のために台湾に来たのではない。出稼ぎをしに来たのだ」という揶揄の言説を生み出すことを指摘している［横田 二〇〇七］。また、ブローカー婚と呼ばれつつも、ブローカーはしばしば単なる紹介と金銭のやりとりを以て関係を終了させることができず、あたかも漢族社会でしばしば見られる仲人のように、女性の婚後の生活を支える役目を担うことになるという指摘もある［Lu 2005］。

女性の送り出し社会の論理との連続性から女性の婚姻移動を捉えようとする数少ない試みとして、鈴木は、フィリピン社会における娘役割との関係から女性の移動を理解しようという試みを行っている。彼女は、フィリピンで娘が家族に果たすべきと期待されるケアの責任のなかで、娘の生家に対する送金が重視されることを指摘している［Suzuki 2005: 136］。その他にも、移動する女性と生家との関わりを指摘する研究は、そのほとんどが送金という経済要因に着目してきたと言ってよい。また、女性の送り出し社会の変化に着目した数少ない研究として、婚出女性が里帰りの際に大規模な儀礼を行って富を村に還元するというタイの事例［Lapanun 2012］もある。これらの研究は、女性の送り出し社会にある規範に少しでも沿うように女性が腐心する様が描かれるが、実際にはそのような規範は不変のものではなく、女性の移動という事態そのものによって刻々と変わっていくものである。たとえばベランジェらは、女性の流出によって女性の配偶者選択権が高まり、送り出し社会のジェンダー関係が変化しつつあることを指摘している［ベランジェほか 二〇一二］。

以上のような、女性の送り出し社会への視座がもたらす利点は二点ある。第一に、婚出先社会に重点を置いた研究手法では見えてこなかった、結婚を放棄して、生家に帰る／異なる配偶者を探す／出稼ぎに赴くなどの、様々な女性の移動のあり方をとらえることが可能になる。研究の足場を婚出先に置いてきた従来の方法では、婚出先での生活を放棄してしまった女性たちの行方について知ることは容易ではない。第二に、送り出し社会の論理に目を向けることによって、従来の西洋的個人観の影響を受けて描かれがちであった女性のエージェンシーから一歩距離を置き、送り出し社会の論理から女性の主体性についての解釈を眺めることができる。これは、中川が述べたような、エージェンシーの修辞的構築とも繋がる問題である。女性の主体性に関する議論は、その周囲の人々との関係において捉えられなければならない。そして、そこに介在する送り出し社会の人々の論理、人の主体や人格に関わる論理に着目する必要がある。「グローバル・ハイパガミー」や「再生産労働の国際分業」と呼ばれる諸現象のいわば末端に位置づけられる送り出し社会が、それによっていかなる変化を被っているのか、という視点そのものが、これらの問題を論ずるにあたって避けては通れないものである。

そこで、本書では、送り出し社会の論理に着目する。送り出し社会には、シンデレラストーリーを夢見て出かけて行き、また何らかの理由で戻ってきた女性たちや、その後異なる嫁ぎ先や出稼ぎ先へ行ってしまった女性たちの話で満ちている。また、そのような不安定な生活を送らざるを得ない状況にある女性たちにとって、ラフの築く家族・親族関係がどのようにセーフティネットとなりうるのか、あるいはどのような問題がそこに生じてくるのか。送り出し社会にフォーカスすることによって、生家をハブとしながら、結婚後もひとところに留まるばかりでなくあちこちを移動する女性のあり方を捉えることができる。その上で、このような女性の移動性の高まりが送り出し社会にいかなる変化をもたらしているのかを、生家の家族や男性と婚出女性との関係性、そこから浮かび上がるラフ村落における性規範や家族のあり方などから明らかにする。

3　人の所在に注目した送り出し社会への参与的アプローチ――本書の視座

1　送り出し社会への着目――西南中国という場

以上の先行研究の流れを踏まえて、本書が目指すのは、まず、女性の送り出し社会であるラフ村落において、女性の婚姻に伴う長距離移動がどのような論理のもとに理解され、それに対してどのような対処が行われているのかを、ラフ村落での長期調査に基づいて論ずることである。嫁ぎ先での調査を中心に行われてきた女性の移動に関する研究の視点を送り出し社会に移し、このような中国全土に進展する女性の移動が、女性の送り出し社会においていかなる事態をもたらしつつあるのかを明らかにする。

一九八〇年代以降の中国各地で巻き起こるこのような女性の移動を論ずる上で、西南中国は重要なフィールドである。西南中国という場は、中華世界のなかでも周縁に位置し、非漢民族が多数居住する、東南アジアと境を接するコンタクトゾーン［Pratt 1992］である。歴史的にも、現代においても、西南中国は漢族世界の様々な社会状況のしわ寄せを受ける終着地点であり、周縁からの中国理解を可能にする鍵となる地域のひとつである。なかでも、本書が取り扱う現代的な女性の人口移動は、主に西南地域から華東・中南地域へと起こっている。[2] このような地理的重要性は、歴史を見てもまた同様である。かつては非漢民族が主流であった当該地域に現在居住している漢族の多くが、明清期に商業移民や屯田兵として多数南下移住し、現地の非漢民族との通婚によって雲南に基盤を築いてきたことは重要である。つまり、歴史のスコープを広げてみれば、漢族と非漢民族の結婚という本書が取り扱う現象は、かつては中原から周縁へ向けて流れ出す男性労働力と現地女性との出会いというベクトルのもとに起こっていたのである。詳しくは第2章で述べるが、そのような人口移動の末にラフと通婚・共住し、現在では拉祜族（ラフ族）として民族登録されている漢族移民の末裔も多数存在する。

そのような人口移動は、しかし、一九八〇年代の改革開放以降、二つの意味で逆向きになっている。ひとつめは移動のベクトルの変化である。つまり、ラフと漢族との通婚を引き起こす人口移動が、かつては中原から周縁へと向かう漢族の移動であったのが、近年では周縁から中心へと向かう非漢民族の移動と逆方向に変化している。[3] そして、もうひとつの変化はジェンダーの変化である。移動するアクターが、かつての漢族男性からラフ女性へと変化している。このようなふたつの変化は、通婚ののちに生み出す家族にいかなる違いを生み出すのか。本書では、かつての漢族移民の歴史については多く紙幅を割けないものの、このような歴史的な人口移動との関わりからも女性の結婚と移動という問題を位置づけたい。

以上のような、中国を理解する上での西南中国の地理的重要性のみならず、ラフを取り扱う意義についても触れておきたい。本書が対象とするラフの人々は、メコン川とサルウィン川に挟まれた山地一帯に居住する人々である。彼らは中国雲南省、ミャンマー、タイ、ラオスなど複数の国家に跨って分布し、かつては焼畑地開拓のための移動や、様々な政治経済的要因によって移動を繰り返してきた［片岡 二〇〇七ａ；Kataoka 2011］。ラフの移動の形態には、農作業のために家の成員の一部が出作り小屋で過ごすような移動、結婚に伴う居住地の移動から、政治経済的窮状を逃れた逃亡や村ひとつが丸ごと移転するような移動など様々なものがあり、特にミャンマーやタイの山地では、ラフの分散居住の傾向や頻繁な村分けなどが報告されている。

一方、現在中国に居住するラフは、政府による定住化政策や、戸籍による居住地の管理、また、焼畑耕作から水田耕作への移行に伴い、先行研究が指摘するような村分けや移住はほとんど見られず、それに応じて家屋の形態も、簡素な竹壁草葺きの家から土壁の家、レンガ作りの家、「平房」[4]と呼ばれるモルタル製の家へと変化してきている。中国においては、タイやミャンマーの山地民に対するゆるやかな管理対策とは対照的な厳格な戸籍管理や移動制限が行われ、山地民と言われてきた人々も今ではその管理下に置かれている。そのような定住化の一方で、一九九〇年代からは中国沿海都市部の経済発達と移動制限の緩和に伴い、広東省や北京・上海などへの若年層の出稼ぎが常態化し、家の成員の出入りは頻繁になっている。このような、一方での定住化と、もう一方での様々な人口移動の増大のなかで、人は自らの属する家や家族とのつながりをいかなるものとしてとらえているのだろうか。本書では、このような変化のただ中にある女性の送り出し社会を「中国農村」のひとつとしてとらえるのではなく、ラフという、漢族とは異なる文化背景を持つ民族の村落に着目することを通して、これまでの中国の人口移動に関する研究に一石を投じることを目論んでいる。

婚出した女性をめぐって行われるラフの様々な交渉は、しばしば婚出先の漢族との直接の交渉とはならず、不連続なものになる。雲南省と同じく経済発展の遅れた貴州省から漢族地域へと遠隔地婚出を行うミャオ女性を取り扱ったシャインも、ミャオ女性―漢族男性の国内（異民族）結婚においては姻戚関係がほとんど形成されないことを指摘している［Schein 2005］。このような断絶は、互いに相手の社会に対する想定が異なるために、相互の交渉をときに困難にし、一方向的なものにする。そして、それはそれぞれの考える文化背景に大きく影響を受けた交渉となる。漢語を解さないラフにとって、ラフ女性が嫁ぐ先は遠い北方の「ヘパ（漢族）のくに *Hehpa mvuhmi*」[5]として漠然と思い描かれ、それは彼らの住む「ラフのくに *Labu mvuhmi*」とは根本的に異なるものである。「ヘパのくに」への道には様々な仲介者が媒介し、民族の差異に重ねられたいくつもの差異が権力とともに立ち現れる。慣習に目を向けても、婚後の居住形態や親子の関係性などにおいても、漢族とラフのあいだには違いがある。では、両者をつなぐ契機として設けられた結婚という出来事は、ラフの想定する結婚と付き合わせてどのように理解されていくのだろうか。人々の行いは常に「世界に対するチューンあわせの実践としての社会的実践」［浜本 二〇〇七：三九］であり、それは例えばまさにこのような大きく異なる背景を持つ人間との結婚という契機によって修正されつづけていく。そのようなチューンの合わせあいの一端を、本書では女性の生家や出身地側から読み解くことを試みる。

あらゆる結婚は差異の感覚を伴い、両者のあいだの交渉には不連続性が伴うものであるが、特に本書が取り扱うような遠隔地結婚の場合、女性の親は相手方親族にほとんど出会うことができず、娘の結婚する先がどのような社会であるかもあとから伝聞経験として知る以外にほとんど方法がない。そのようななかで、女性を送り出す側は、遠隔地婚出を彼らの想定する通常の結婚とどのように異なるものと捉えているのか、双方の想定する諸前提の様々な断絶に目を向ける。もちろんそこには、出会いと長期間の共同生活のなかで互いの読み込み合いを通じた相互理解が起こっていくであろうが、それぞれの想定する結婚や、結婚によって結ばれる親族関係の広がり、女性の果たすべき責任などは大きく隔たっている。そのような状況で、ラフ女性とその生家の人々は、目に見えない相手を手探りで認識しようとしていく。その手探りの交渉がどのようなかたちを採るのか、その結果生まれる家族がいかなるものであるのか、そして、そのような結婚が次々と増加するにつれて、女性の送り出し社会がどのように変化していくのかを論ずる。

2　ローカルな場におけるエージェンシーの解釈への着目

本書では、現代中国における女性の移動という問題を取り扱うなかで、ローカルな場における女性の行為やエージェンシーに対する人々の解釈に着目する。前節で見たように、グローバルに進展する女性の移動に関わる議論には、社会構造論と女性のエージェンシー論、家族や結婚の変容に関する研究などの変遷が見られた。同様に、中国国内の女性の移動研究において、漢族女性には主にエージェンシー論が、少数民族女性には社会構造論が当てはめられる傾向があった。本書は、従来の構造対個人という枠組みが有効であることは認識しつつも、主体的個人としての女性に集中しすぎたフォーカスを広げ、ラフ社会における遠隔地婚出の位置づけや、女性の婚出という出来事の責任が誰に帰されるか、あるいは婚出の結果として女性の所在がどこにあると見なされるか、といった、女性たちを取り巻く複数のアクターの論理に着目する。それによって、遠隔地結婚を通じて男女の家族のあいだでなされる様々な交渉を描き、ラフの家族関係と女性の位置づけの変化を論ずる。

このようなアプローチは、従来の女性の移動に関する議論で扱われてきたエージェンシー論よりも、ラフにおける人格観念や人の主体性に関する考え方そのものに大きく依拠することになる。女性の移動がエージェンシーの発揮の契機である、という解釈が学知に依拠した研究者のものであるならば、当事者であるラフの人々はそれをどのように捉えているのだろうか。ものごとの原因を何に帰着させるか、現象を主導するアクターを何とみなすか、というラフの考え方がここで問われることとなる。

女性の移動という行為の理由が何に帰せられるか、という問いは、人の行為とその責任との関わりを問うことである。ある行為の責任が何に帰せられるかについての解釈は、文化や社会集団によって異なる［Hill and Irvine 1993］。バタグリアは、人の主体性をアプリオリに存在するものとしてではなく、他者との不安定な相互作用のなかで生まれてくるものであるとし、その修辞的構築に着目することの必要性を述べる［Battaglia 1995］。そこで、本書では、女性の送り出し社会という場において、女性の移動がどのように語られ、位置づけられるのか、村内で繰り広げられる様々なアクターの発言に着目する。そして、女性の主体性をめぐる送り出し社会の諸解釈を描き出す。

このような手法を、本書ではエスノメソドロジーから着想を得つつ「エスノ・エージェンシー」と名づけることにする(6)。ガーフィンケルらの創設したエスノメソドロジーは、社会の秩序のあり方に対して研究者がこれまで取り組んできた問題を、「社会学者が回答を与えるべき問題ではなく、むしろ、人々が日々、それぞれの状況において互いの振るまいを協調させ秩序だてていくなかで直面し解決している実践的な課題なのだと捉え」るべきだと論ずる［前田・水川・岡田 二〇〇七：五九］。エージェンシーについての問題もまた、当事者たちが自己や他者の振るまいに対していかなる解釈を与え、理解しようとしているかという不断の相互行為の積み重ねとして捉えるべきだと考える。言語学者のエイハーンは、このような当事者にとってのエージェンシーの解釈に着目する手法を「メタ行為者言説（meta agentive discourse）」と呼び、論じている［Ahearn 2010］。エイハーンの主たる手法は会話や文章の分析であるが、本書で着目するエスノ・エージェンシーは、会話の状況のみに限定せず、ラフの人びとが他者のエージェンシーを解釈する際に用いる様々な説明や観念、諸実践のあり方を追求することに主眼を置く。

このようなエスノ・エージェンシーを追求する本書の態度は、西洋の近代的個人観念に対するアンチテーゼとして興ってきた、人の人格観念の文化社会的多様性に着目した研究から多くの示唆を受けている［Rosaldo 1980; Strathern 1988：モース 一九九五：カリザスほか 一九九五］。また、近年盛んに議論されている、非―人間を人間と同等にエージェンシーを持ちうる存在と捉え、それら様々なエージェントとのコミュニケーションのなかに個人を位置づける議論からも一定の刺激を受けている［ラトゥール 一九九九：春日（編）二〇一一：床呂・河合（編）二〇一一］。ただ、アクターネットワーク論に端を発する一連の議論は、難解かつ魅力的ながらも、それが一体誰の視点から語られているのかという視点の問題が残る分析も少なくない。本書では、これらの議論の可能性として最大の魅力であるとわたしが考える、ローカルな人々の説明や実践のあり方に寄り添い、それをより適切に説明しうるという側面に準じつつ、記述を進めたい。

エスノ・エージェンシーのありように着目することは、遠隔地婚出によって曖昧化する女性の所在とそれをめぐる人々の交渉を立体的に描き出すことを可能にする。遠隔地婚出の進展に伴う家族関係・ジェンダー関係の変容を明らかにするという本書の目標にとって、その変容の鍵となるのは、所属先が曖昧となる女性の立ち位置である。近年、人の頻繁な越境移動という現状のなかで、特に移民や移動労働との関わりで「フレキシビリティ」や「流動（flux）」などの言葉をキーワードとしながら変容する家族・親族を捉えようとする試みがなされつつある［Ong 1999; Fan 2009; Fan and Sun 2011; Hayami et al.（eds.）2012］。また、人の移動が盛んになるに伴って、人がどこに属するのか、あるいはどこに「居る」のか、という居場所の不確実性が、アイデンティティの問題として論じられている［Hondagneu-Sotelo and Avila 1997; Constable 2008; Tosakul 2012］。伊豫谷は、人の移動に研究関心が向けられることによって、逆説的にそれら移動する人々の「居るべき場所／戻るべき場所」としての場所とはいかなるものかが焦点化されてきたと指摘する［伊豫谷 2007］。そして、人の移動が非日常であり、定住が正常状態であるという想定そのものが、まさに近代の国民国家による境界の策定と人口管理のなかで創られてきたものであることを指摘しつつ、「移動とは何か」また「場とは何か」という最も基本的な問いの追求が改めて必要とされていると述べる［伊豫谷 二〇一四：九］。これらの問いに答えていくためには、ローカルな場において、移動そのものや移動する人々に対してなされる様々なアクターの諸解釈に目を向けることが必要になってくる。

近年、移動労働を取り扱う研究においても、移民母村における家族とのつながりや移民世帯における移民との柔軟な関係性に着目した研究が行われつつある［長坂 二〇〇九］。本書は、これらの研究動向に準じつつ、西南中国に居住するラフの人々を事例として、移動と結婚に際して起こる家族の変容を、人間の所属に関する問題との関わりに着目しながら論ずる。

4 「ヘパとポイする」(遠隔地婚出)／ヨメ探し漢族男性——本書で用いる基本概念

■遠隔地婚出

ここまで、「婚姻移動」や「女性の婚姻に伴う長距離移動」など様々な表現を用いてきたが、本書で「遠隔地婚出」という言葉を用いる含意を述べておきたい。本書で用いる「遠隔地婚出」という用語は、「どこか遠くの」漢族のくにに婚出するというラフの心理的隔たりの感覚を汲むべくわたしが用いる言葉である。チャオが述べるように、ある移動を他の移動と差異化して特別なものと見なすまなざしには、空間のどこに線を引き、境界線を設定するかという人の恣意性がしばしば介在する［Chao 2005］。中国のセンサスにおいては、省境を越える移動を「流動人口」と見なし、省内の移動とは区別されるが、ラフの人々の感じる「ヘパ（漢族）のくに」と「ラフのくに」とのあいだには明確な物理的境界線があるわけではない。その意味で、本書で用いる「遠隔地」という言葉には曖昧さがつきまとう。しかし、雲南省の省都である昆明や、P村の人々の主な出稼ぎ先であるプランテーションの存在する雲南省南部の西双版納などは基本的に「ヘパのくに」とは呼ばれないことを受けて、本書では「遠隔地婚出」という言葉を、省境を越える婚姻に伴う移動と定義し、用いることとする。もっとも、昆明を「ヘパのくに」と呼ぶ人もおり、その境界は可変的なものである。ラフの人々の行動圏が拡大するにつれて、かつて心理的に遠い隔たりを持ち、具体的イメージの湧かない地域の総称であった「ヘパのくに」のなかには、徐々に地名を伴う具体的な場になりつつあるものもある。その意味で、実際には境界線の物理的空間が問題なのではなく、そこに存在する心理的隔たりが重要である。ハージは、「人の移動を重要だと感じるためには、その移動によってなじみの物事から根こそぎにされる感覚、場違いな感覚を伴わなければならない」と述べ、物理的な移動と存在論的移動の分離を提唱している［ハージ 二〇〇七：三八-四一］。遠隔地婚出全体を集合的に言い表す際に、ラフ語では「ヘパとポイする（逃げる）*Hehpa geh hpaw-e ve*」という表現がしばしば用いられるため、この表現を以ておおよそすべての遠隔地婚出を指し示すことが可能だが、個別の例を見ていくと、「ヘパとポイする」という表現がむしろ避けられるケースもある（第4章参照）。そのため、これらの用法を含めて全ての女性の「ヘパのくに」への婚出を、本書では遠隔地婚出と呼び、考察することにする。

■ヨメ探し漢族男性

本書では、自らの配偶者を得ることを目的として、雲南省のラフ地域を含む西南中国を訪れるか、あるいは仲介者に配偶者獲得のためのはたらきかけを行う漢族男性を「ヨメ探し漢族男性」と総称する。彼らの出身地は様々であるが、基本的には雲南省外の出身者であることがほとんどである。第3章で詳しく論ずるように、ラフ女性の遠隔地婚出は、必ずしもヨメ探し漢族男性の来訪を要件としない。婚出が始まった初期には、偶然近隣に道路工事に来ていた男性との逃避行が行われたこともあった。また、近年では、ヨメ探し漢族男性自身がラフ村落を訪れることなく、様々な仲介者の媒介のもと、女性が直接漢族地域へ行ったのちに夫となる漢族男性と出会う場合もある。本書で用いる「ヨメ探し漢族男性」とは、配偶者を得ることを目的とせずに偶然ラフ女性と出会い、結婚した類の男性を含まず、雲南省の女性を配偶者にするために自らラフ村落を訪れたり、あるいは仲介者にはたらきかけを行った男性たちを指すこととする。

また、「漢族」という用語についてであるが、ラフ女性が遠隔地婚出によって結婚する男性は必ずしも漢族とは限らない（わたしの確認できたかぎりでは、雲南省内の北方の非漢民族と結婚した例が二ケースあり、彼らもまた〝ヘパ〟と村人たちによって表現されていた）。しかし、西南中国に配偶者を求めるヨメ探し男性の多くが、山東省や安徽省、河南省など、非漢民族の非常に少ない地域の農村出身であり、非漢民族の集住地域（たとえば青海、寧夏、内蒙古など）の出身であることはほぼないと言ってよい。このような経緯から、本書では雲南省の女性を配偶者として求めるための働きかけを行う男性を「ヨメ探し漢族男性」、ラフ女性の婚出先を指して「漢族地域」あるいはラフ語の用法を用いて「ヘパのくに」という言葉を用いる。しかし、これは「ヨメ探し男性」や「婚出地域」という言葉ではラフ同士の結婚と区別がつきにくくなるという問題を解決するための便宜的表現であり、ラフと漢族とを峻別し、内部の多様性を無視して集合的に表現するために用いるわけではない。

■民族の表記について

本書では、民族名のあとに「族」と表記することをしない。これは、中国における民族をめぐるポリティクスの議論から一歩距離を取るためである。中国においては、中華人民共和国の成立以降に行われた民族識別工作によって、国家が民族カテゴリを公認するというシステムが執られている。一九五三年から一九八六年に行われた国家プロジェクトであるこの識別の過程では、当人の民族意識を重視するという方針が執られつつも、実際には様々な基準が採用され、カテゴリの確立に至るまでのプロセスは非常に複雑な様相を呈した。最終的に、漢族と五六の少数民族というカテゴリが公認されるに至ったが、新たな民族カテゴリの生成や（たとえばトゥチャ族［山路 二〇〇二；瀬川 二〇〇六］）、隣接諸民族との不可分性といった事態は、登録された民族名と自意識とのずれをめぐる論争を引き起こしてきた。そのため、民族カテゴリや民族表象のあり方をめぐって表出するポリティクスは多くの研究者の関心を引いてきたことは、先に述べた通りである。

拉祜族（ラフ族）というカテゴリの確立においては、他の民族ほど複雑なプロセスを経たわけではなかった。ほぼ唯一論争となったのは、一九八七年にラフ族の一部として認定された苦聡人（雲南省中部の哀牢山に主に居住する）についてである［宋 一九八〇：大林 一九九七］。しかし、本書で論ずる女性の婚姻移動において、これらの民族をめぐるポリティクスが前景化することはほとんどない。女性の婚姻移動が起こる場面や、移動先での生活において、ラフ族であるという民族カテゴリが重要な意味を持つことはほとんどなく、ヨメ探しの漢族男性たちは彼女たちが何族であるかを知りもしないことが多い（そもそも中国において、五六の少数民族のうち二三番目に人口が多いという〝多くもなく少なくもない〟ラフ族の知名度はたいへん低い）。

なにより、わたしが二年半のときを共に過ごしたラフの友人たちが、「ラフ *Lahu*」という主語で語るときと、「ラフ族 *Lahu zhu*」という主語で語るときのニュアンスには大きな違いがあり、後者を主語として論ずることに違和感を覚えるからである。彼らが「我々ラフ *nga hui Lahu*」と語るとき、ミャンマーやタイに逃げていったかつての同胞たちが常に含まれている。しかし、彼らは現在では外国人に属し、中国における「ラフ族」というカテゴリには厳密には含まれない。一方、「ラフ族 *Lahu zhu*」という主語が登場するときには、瀾滄ラフ族自治県の掲揚する「拉祜（ラフ）文化」が念頭に置かれ、県政府の方針についてや、ラフ固有の歌や踊り、民族衣装に関することが話題に上る。まさに、「族」というカテゴリに踏み入ったとたんに、中国の少数民族の政治に関わらざるを得なくなるのである。もちろん、両者を過度に切り分けることはできず、日常のなかにも民族表象をめぐるポリティクスが表出することは当然あるが、「ラフ族」という表記を用いることによって、本書の本筋とは関わらない議論に立ち入ってしまうことを防ぐため、本書ではあえて「族」という表記を避ける。

以上のような事情から、ラフ以外の民族についても「族」表記を行わないことをお許しいただきたい。唯一、漢族とタイ族のみ、「族」表記を採用する。これは、漢族については「漢」という表記があまりにも見慣れないため、タイ族についても「タイ国」との誤解を避けるための便宜的措置である。

5　本書の構成

それでは、本書の構成を以下に見てみよう。

まず、第2章では、ラフ女性の遠隔地婚出をラフの論理から理解する上で前提となる、調査地P村における空間秩序と婚姻慣行を紹介する。現在P村では、村の最上部に座す山神の祠を中心に精霊祭祀が行われている。山神の庇護する村内の空間と、各家の最奥部正面に据えられた家神の管轄下にある屋内の空間は、それぞれ秩序のある空間と見なされており、これらの空間の内外で未婚者と既婚者の諸行動は分けられている。しかし、一九四九年の共産党中国設立以降、中国の他地域にもれず、P村も激動の社会変化を経てきた。そのなかで、ラフの人々の婚姻形態がどのように変化してきたのか、村の秩序と性のあり方を論ずる。

第3章では、一九八〇年代後半以降のP村における遠隔地婚出の登場と変遷について述べる。まず、中国全体で進展する男女比の不均衡と慢性的なヨメ不足の状況を示し、それがどのように雲南省のラフ地域にまで波及してきたのかを、P村で得られたデータをもとに述べる。そして、P村で進展した遠隔地婚出の変遷を概観するとともに、このような遠隔地婚出において重要な役割を果たしてきたのが、必ずしも組織化されているばかりではない様々な仲介者たちであることを指摘する。一九八〇年代後半から実に様々なつながりが張り巡らされ、女性がひとたび「へパのくに」に婚出したいと思えば必ず到達できるようなネットワークが形成されてきたことを提示する。

その上で、第4章では、遠隔地婚出をめぐってラフの村内で様々になされる語りに注目する。婚出の時期や経緯、方法も異なる様々な女性たちをめぐって、女性を取り巻く家族や親族たちがP村においていかに語るのか、その語りの様相を明らかにする。そして、女性の行為に対する原因の語りが時代によって変化しつつあることを指摘するとともに、女性の行為とその責任をめぐる、複数のアクターによる語りの様相を明らかにする。

第5章は、女性の婚出先である安徽省や河南省の農村に目を移し、婚出後のラフ女性の暮らしについて論ずる。女性たちは婚出後、生家とは様々に異なる生活に直面する。婚出先に他のラフ女性がいるかどうかによっても婚後の生活には大きな違いが生まれる。また、かつては婚出ののちに帰村することは容易ではなかったが、近年では交通手段の発達によって移動が容易になり、里帰りを行う女性たちも増えつつある。里帰り女性を取り巻く未婚男性やかつての恋人のはたらきかけによって、女性たちが自らの行く末についてあれこれと自問し、様々な選択肢を値踏みし、なかなか決めかねずに悩み逡巡するような諸状況を提示するとともに、このような女性の所在の不安定さと葛藤を描き出す。

上述のような、婚出女性の行動に見られる逡巡や葛藤を受けて、第6章ではこのような女性の所在をめぐるP村の人々の様々な交渉について論ずる。まず、P村における治病のための招魂儀礼に着目し、移動する女性の魂の所在をめぐる女性の生家の家族たちの判断を示す。通常、ラフ村落における様々な儀礼は、その者の「魂」の属する家において行われる。通常、結婚は魂が生家から新たな居住地へと移動する機会だと言われるが、遠隔地婚出女性たちに対しては、その逡巡する行動のために、彼女たちの魂の帰属先についての判断が困難になる。所在の定まらない娘に対して、父母は儀礼のたびに苦悩を余儀なくされる一方で、娘の戸籍は生家に留めておこうとする意図が認められる。これは、もし漢族男性との結婚がうまくいかなかった場合に、戸籍を漢族夫方から取り戻せなくなることを危惧しての対策であるが、そのような戸籍をめぐる交渉の結果、女性の所在を示す要素が複数の場に配置されるようになることを示す。その上で、このような女性の逡巡はP村における未婚女性にも影響を与えていることを指摘する。未婚女性たちは配偶者選択の幅が広がるなかで、結婚相手を決めあぐねて逡巡するような行動が目立つようになっている。そのなかで、結婚による女性の所在の変化を確認・強化するために、男性たちのあいだで結婚証が重視されるようになっていることを指摘する。このこともまた、女性の所在が不安定であるなかで、ラフの規範よりも強固に女性にはたらきかけることのできる行政書類が重要な駆け引きのツールとなっていることを示している。

第7章の結論では、全体の議論を通じて、ラフ社会にいかなる変化がもたらされたのかを整理する。その上で、ラフ村落における女性の遠隔地婚出を論ずる際に、ラフの人々自身による女性の行為主体性のとらえ方を重視する、エスノ・エージェンシー論が重要であることを改めて論ずる。そして、そのようなエスノ・エージェンシーを論ずるためには、人格に関する観念の理解が不可欠であることを指摘する。ラフの人格観念のなかで、家と人との関わりは非常に重要なものであり、女性の所在をめぐって行政書類が交渉されるようになっていることも、このようなラフの家と人との関わりから理解しなくてはならない。これらの指摘によって、これまで「グローバル・ハイパガミー」や「再生産労働の国際分業」と呼ばれてきた一連の議論における女性中心的視点を相対化する。

註

(1) 農村戸籍を持ちながら、就業の機会を求めて都市から農村へと移動する人々を中国では「農民工」と呼び、そのような移動の流れそのものを「民工潮」と呼ぶ。「盲流」とは、都市における雇用需要を流入人口が上回り、農村から都市へと移動したものの就業の機会を得られない人々の流動現象のことである。

(2) 詳しくは第3章2節で見るが、西南中国と同じく中華世界の周縁に位置する西北中国などではこれらの現象は顕著に起こっていない。

(3) 清水は、フィリピン農村におけるグローバリゼーションを論ずるなかで、一九九〇年以降のグローバル化がこれまでのグローバル化と決定的に異なっている点として、従来のグローバル化の大波が外部の政治・軍事パワーによる遠征介入であったのに対して、近年では個々人が山奥の故郷から世界中の各地へと打って出てゆくようになったことを指摘する［清水 二〇一三：七-八］。

（4）「平房」とは、漢語では平屋の家屋のことを指すが、ラフの人々は「草葺きや土壁ではない、上質な家」といった意味でこの言葉を用いていた。

（5）ラフはかつて文字を持たず、キリスト教宣教師がアルファベットを用いた文字を開発した。その後、中国ではそれをさらに改正した中国版ラフ文字（新ラフ文字）が用いられている。本書では、中国版ラフ文字を解する人口が非常に少ないことを考慮し、原ラフ文字を用いることとする。

（6）ここでいう「エスノ」とは、なんらかの民族性を指すものではなく、「人々の ethno-」という意味で用いている。この用法もエスノメソドロジーに準じている。

第 2 章
ラフ村落の空間秩序と婚姻慣行

ラフの生活世界は、山神に庇護された村内の空間と、精霊や野生動物、妖術霊などの跋扈する村外の森とに分けられる。村の最上部に位置する山神の祠に近寄っていいのは男性と月経の終わった女性だけであり、祠の修繕には女性と性関係を持ったことのない少年のみが携わる。写真は、街の中学に通っている中学生の男の子たちが年越しのために帰村し、祠の屋根を葺き替えているところ。神聖な山神の祠も、彼らにとってこのときばかりは遊び場のようだ。

1　ラフとは

1　ラフの村への道

雲南省は、中国の西南端に位置し、東南アジア諸国と国境を接する。ネパールから東に延びるヒマラヤ山脈の東端は雲南省でぐにゃりと縦に折れ、その南北に走る山脈によって、とかく山がちな地形が多い。省都である昆明ですら標高一五〇〇メートルを越え、わたしが昆明に暮らし始めたばかりの頃は、四階にあるアパートの階段でよく息切れを起こした。

人類学を志し、中国語を少しかじっていたわたしは、中国のなかでも中国らしくない、少数民族のたくさん居住する雲南省を調査地にしようと考え、二〇〇七年夏にはじめて省都昆明を訪れた。しかし、ミャンマーやタイ、ラオス、ベトナムとの国境一帯に暮らし、中国政府によって二四種類に識別された様々なエスニック・グループのなかから、一体どの民族を対象に何の研究を行うのかを決めることは容易ではなく、ひとまず雲南省の各地を歩き回って、自分の足で調査対象を探してみることにした。

様々な縁が重なり、雲南のなかでも特に交通アクセスの悪い西南国境に暮らすラフを対象とすることになった。わたしを魅了したのは、その山深い景色と、日本人相手にも態度を変えることなく淡々と接してくれたラフの人々だった。竹壁と草葺き屋根の家が並び、夕暮れのなかに鶏や豚や水牛の鳴き声と臭いが充満する村の様子は、標高の高い美しい山並みと相まって、まさに辺境といった感覚を調査当初のわたしに与えた。省都昆明からラフの居住する瀾滄ラフ族自治県に行くためには、長距離バスに揺られて十三時間ほどひたすら南下して県城の瀾滄まで行くか、あるいは飛行機に乗って、観光地である雲南南部の西双版納の州都景洪まで五〇分飛んだのち、バスで瀾滄まで向かうかである。この景洪から瀾滄への道は、二〇〇七年当時はまだ建設中であり、途中でトラックが道にはまったりして八時間以上かかったが、現在では高速道路が完成し、わずか四時間で瀾滄に到着できるようになった。

長い道のりを景洪から瀾滄へ向かう途中、ねむりこけずに窓の外を見ていれば、メコン川を越える瞬間がある。メコン川を越えれば、そこから先はラフの集住地域だ。ラフの人々は、主にメコン川（瀾滄江）とサルウィン川（怒江）に挟まれた山地一帯に居住する（地図1）。古くは主に狩猟採集を行って暮らしていたと言われるが、現在では地形に応じて焼畑耕作と水稲耕作が入り交じっている。その人口は、中国に約四八万六〇〇〇人、ミャンマーに約二〇万人、タイに約一〇万三〇〇〇人、ラオスに約一万六〇〇〇人、ベトナムに約五〇〇〇人であり、その他、中国の国共内戦の際に、国民党とともに台湾に渡った一派や、ベトナム戦争期にアメリカに移住した人口を含めると、全世界で合計約八〇万人に達する（表1）。このような国境を越えた分布は、絶えざる南下の歴史によってあちこちに分散居住した結果である。そして、中国は、その南下移動の起点に位置している。

ラフ語はチベット・ビルマ語族のイ語支に属し、方言集団は大きくラフナ（黒ラフ）とラフシ（黄ラフ）とに分けられる。その他、ラフニ（赤ラフ）やラフシェレなどがあり、そのサブグループの数については研究者によって諸説ある。ラフというのは自称であり、中国ではかつて倮黒／倮匪、シャン語、タイ語ではムソー（*Mussur*）と呼ばれてきた。文字を持たず、長く山地で移動生活を送っていたため歴史を古く溯ることは容易ではないが、中国民族学においては古代羌族の末裔と見なされ、族源を雲南省北部とするものと青海省とするものの二説が存在する。いずれにせよ、一三世紀ごろの大モンゴル国による大理侵攻の過程で南下を続けてきた民族であると言われている［王・和 一九九九］。

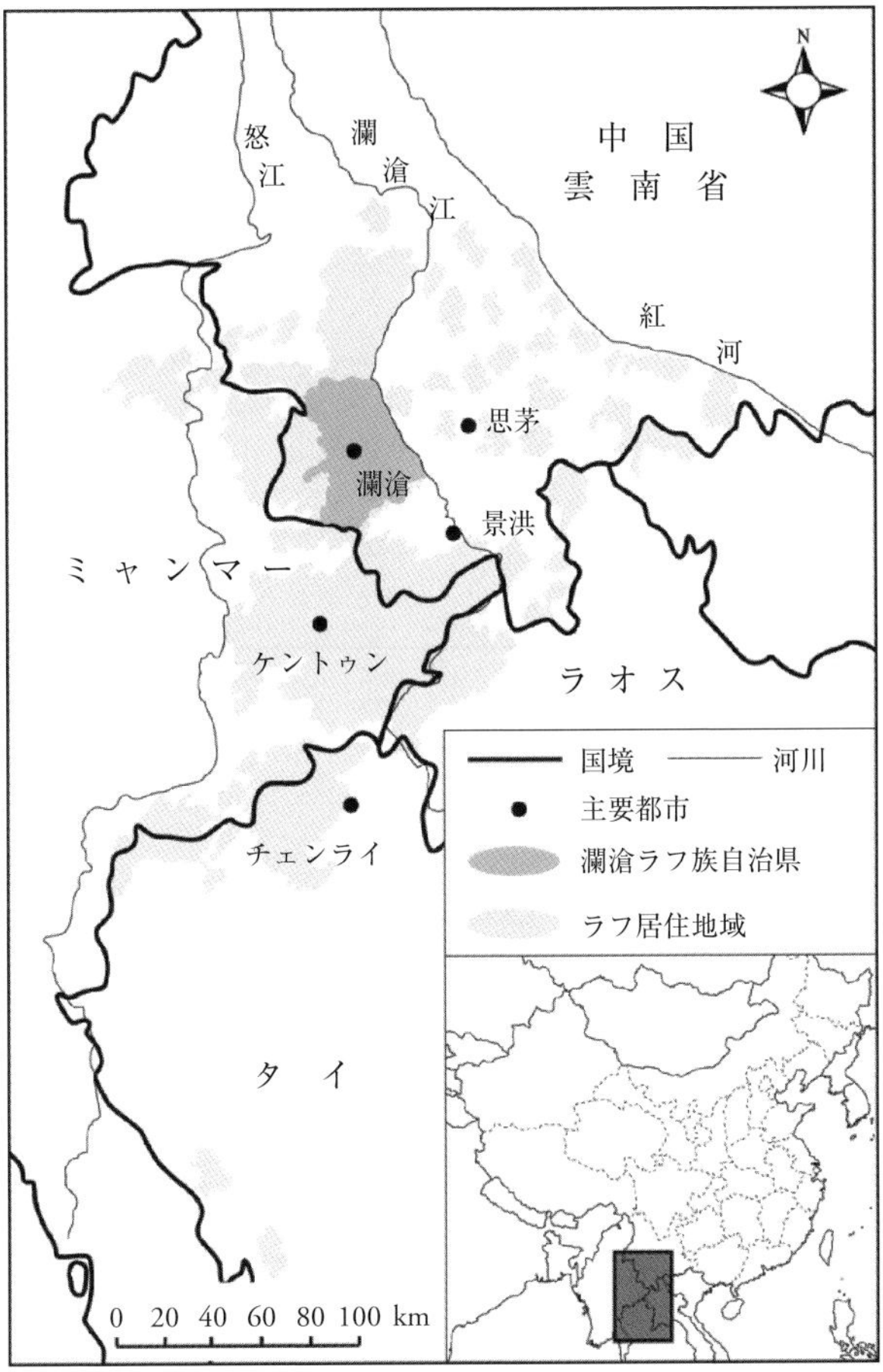

地図 1　ラフの主な分布

［Walker 2003］より筆者作成。

表 1　ラフの人口概算（単位：人）

居住国	人口
中国	485,966
ビルマ	170,000–250,000
タイ	102,876
ラオス	16,000
ベトナム	5,400
米国	1,500 以上
台湾	300
合計	782,042–862,042

［西本 2009: 27］より筆者作成。ただし中国のみ［国務院人口普査辦公室、国家統計局人口和就業統計司（編）2012: 30］より引用。

各国における最新のラフの人口分布は表1の通りである。

■南下移住の歴史

現在のようなラフの国境を越えた分布は、断続的な南下移住によって形成されてきた。ラフの居住地域は、歴史的に国家権力の中枢から距離を置こうとした人々の集まった無国家的空間、とスコットが称した「ゾミア」に位置する［スコット 二〇一三］。この地域には、かつて、山間盆地を基盤として、ムン、ムアンなどと呼ばれる自立的政体が多数形成されていた［加藤 二〇〇〇：i］。それは近代領域国家に包摂されていくなかで、国家の勢力争いを巡る政治的力学に大きく左右されてきた。とりわけ一八～一九世紀の中国―ビルマ国境一帯には、清朝とビルマ、タイの国際関係のはざまで、シャン土侯国と山地民のあいだに様々な緊張関係や摩擦が起こっていた［ダニエルス 二〇〇四：片岡 二〇〇七b：Ma 2013］。シャン土侯国は、長く土司として清朝の間接統治下におかれていたが、一八世紀から徐々に清朝の介入によって直接統治下におかれ、当地の自然資源に対する介入を強めていた。そうした介入への反発としてラフは何度も反乱を起こし、その結果、この時期から苦聡・菓葱・猓黒などの名称によって、漢籍史料に彼らの名が残されるようになった。

この時期のラフの近代史については、片岡と馬による詳細な研究が存在する。片岡は、ビルマの王朝交替と清緬戦争、シャムの政権交代によるビルマとの抗争の激化といった当該地域の情勢不安のなかで、その最前線に立たされたシャン土侯国の力が疲弊し、相対的に山地民ラフの力が上昇したことを論じている。具体的には、山地民と平地民という二者関係に加えて、当時鉱山労働などでシャン土司領山地に大量に流入していた漢族移民との関わりに着目し、鉱山の閉山に伴って失業者となった漢族移民たちによる治安の悪化や、一九世紀初頭に雲南北部の大理鶏足山から当地にもたらされた漢伝大乗仏教がラフの人心をとらえて組織化を促し、彼らが軍事力を持ったことなどの要因の相乗効果によって、

昆明－景洪間のフライトはわずか五〇分ほどであり、便数も多くて便利だが、霧のためしばしば遅延する。写真は景洪の空港。（写真提供：西本陽一氏）

景洪から瀾滄へと向かうバスの道中。瀾滄県に入るまでは、平らな道が続く。（写真提供：西本陽一氏）

山地民ラフがシャン土侯国にも匹敵するほど政治的に自律化したという構図を指摘している［片岡 二〇〇七b］。馬は、片岡とおなじく漢族移民に着目しながら、それが触媒となってラフの政治的凝集力が高まったことを論じた上で、国家からの介入の増加と、それに対するリアクションとしての反乱という両方の側面からラフのアイデンティティが構築されてきたと指摘する［馬 二〇〇四c］。この自律的政体による反乱は二〇世紀前半まで続くが、清朝の介入を招いて結局すべて失敗に終わり、鎮圧されたラフは離散を余儀なくされた。その後も英領ビルマと清朝との国境線交渉や国民党軍の南下など様々な動乱を経るが、最終的には一九四八年のビルマ独立、一九四九年の中華人民共和国の成立によって同地域は異なる国家に分断され、ラフは各国の少数民族としてそれぞれ異なる国民化過程を歩むこととなる。現在見られるラフの多様なサブグループの分化も、このような歴史上の南下移動に伴って起こってきたと推察される。南下移動の過程で、周辺に暮らす山地民や、盆地に暮らす漢族やタイ系民族の影響を受けながら、様々なサブグループごとの多様性が生まれていった［Walker 2003; 西本 二〇〇九］。

近代国家が成立して以降も、ラフの南下は断続的に継続する。その国境を越えた移動は、国民党残存勢力との関わり、二〇世紀初頭に起こったキリスト教への集団改宗を通じたアメリカ人宣教師とのつながりなど、さまざまな政治的力学に大きく左右されたものであった。中華民国時代、統治力の弱かった国民党政府は地方勢力である土司に対して寛容な態度を採り、実質的にその存在を許容することで統治を維持している状況であった。中華人民共和国成立当時、雲南省にはまだ国民党軍が駐屯していたが、共産党政権の勢力が及ぶにつれ、国境を越えてビルマ領内へ南下し、一部の土司は国民党側についてともに南下することを選んだ。そのなかにはラフも含まれていた。そのため、東南アジア側にいるラフのなかには、今でも民国暦を用いている者が大勢いる。(1) また、もうひとつの移動要因には、バプテスト派宣教師によって二〇世紀初頭から進められたキリスト教布教と集団改宗がある。(2) 雲南省に居住するラフ社会では、一九二〇年代からアメリカ人宣教師が入国して改宗が進み、一九五〇年代初頭の時点で瀾滄県のキリスト教徒はラフやワを含めて

景洪から瀾滄に向かう道には美しいタイ族の水田やバナナ畑が広がるが、瀾滄に近づくにつれて曲がりくねった山道になっていく。写真はバナナ畑。

景洪と瀾滄のあいだの休憩所では、「快餐（ファストフード）」と呼ばれる弁当を売っている。数あるおかずのなかから数種を選び、ごはんにのせて食べる。

二万人を越える規模であった［雲南省編輯組（編）一九八六：一六三］。共産党中国の成立後、国外宣教師の中国への入国は禁止されたために、キリスト教に改宗したラフの一部は宣教師とともにビルマへと移動している。これらの動きに対して共産党政府は国内へ呼び戻す工作を行っているが、どれほどの人数が中国領内へ戻ったのかは不明である。その後、冷戦期にはビルマの内戦に伴ってタイへ流入するラフの人口が急増する。一九五〇年のエンブリーらの記録によれば、当時のラフの総人口一一万七〇〇〇人のうち、ビルマに六万六〇〇〇人［Embree et al. 1950: 33］、タイに二五〇〇人［ibid.: 88］であったのが、一九六二年にはタイ国内のラフの人口が一万二二〇〇人にまでふくれあがっている［Young 1962: 10］。一九七〇年代にもビルマ共産党軍の大攻勢によってキリスト教徒ラフが大量にタイ側へ移動する事件があり［片岡 二〇〇六：六六–六八］、現在のような人口分布がおよそできあがったとされる。

上述のような歴史上の頻繁な移動のためか、ビルマやタイの山地では、ラフの分散居住の傾向や頻繁な村分けなどが報告されている［Walker 2003; Fujii 2010; Kataoka 2011］。もっとも、片岡は、清朝期のラフの自律的政体の台頭を論ずるなかで、焼畑耕作に伴う分散居住という拡散的生業形態が、政治的凝集力をもつ集団の組織化という方向性と相反することから、当時すでに漢族移民から一定程度水田耕作の手法を学び、定住化が起こっていたのではないかと推測している［片岡 二〇〇七b：九二–九三］。当時の耕作地における水田面積の割合は不明だが、一九五〇年代に中国で全国的に行われた社会歴史調査の成果によれば、清朝期に漢族との接触のなかで牛耕や水田を学んだという口承が散見される［雲南省編輯組（編）二〇〇九］。また、シャン土侯の放棄した水田を利用したという記述も見られる［ibid.］。中国領内のラフにおける水田比率の高さと、ビルマやタイの民族誌に見られる頻繁な移動という側面は、スコットが論ずるような、水田耕作と焼畑耕作がそのときどきの政治情勢に応じて使い分けられていたという推測を想起させる［スコット 二〇一三：一九四］。

また、このような頻繁な移動に宗教が深く関わっていたことも重要である。従来のラフ研究は宗教研究にフォーカスしたものが多く、ラフの宗教動態に関する豊かな記述が蓄積されている［Walker 2003; 片岡 二〇〇六；西本 二〇〇九；Ma 2013］。それらの研究によると、ラフには、多数の精霊「ネ *ne*」に対する慰撫を行うアニミズム的実践と、天上の至高神「グシャ *g'uisha*」に対して祝福を請う実践のふたつの傾向があり、両者のあいだで振り子のように宗教運動が起こってきたという。早くは一八世紀に大理の鶏足山から伝来した大乗仏教の影響によって宗教運動が起こり、至高神「グシャ」の祭殿である佛房が雲南西南部のラフ居住地域の各所に作られて隆盛をふるったが、その後、この宗教運動が政教一致的性質を帯びるようになっていったために清朝から弾圧されてしまう。そして、その弾圧の憂き目のなかで、ちょうど同時代的に当該地域を訪れていた宣教師の布教によるキリスト教への集団改宗が起こる。この際、イエス・キリストと「グシャ」との同一化が起こっていたという。このようにして、従来アニミズムであったラフの宗教は一神教化していくのであるが、それは必ずしも一方向的に進むわけではなく、カリスマの影響力が減ずれば多数の精霊「ネ」に対する実践が復活し、それに対する反省から再び新たなカリスマが台頭して至高神グシャ信仰へ回帰するという振り子のような動態を繰り返してきた［Walker 2003; 片岡 二〇〇六；西本 二〇〇九］。また、キリスト教改宗の他にも、ビルマやタイ側では様々なカリスマの台頭が断続的に起こっているという［西本 二〇〇九］。このように、ラフの宗教変動の動態のなかには、近隣の政体や国家との関わり、また国境を超えた移動などが不可分に関わっている。

しかし、本書で取り扱う調査村はこれらの一神教化に向かうカリスマの活動の影響を強くは受けていなかったようである。詳しくは後述するが、調査村の人々は、村の周囲に偏在する精霊「ネ」への慰撫と、村を秩序だった空間として保つ山神への祭祀を主な活動としている。老人への聞き取りからは、かつて大乗仏教の影響を受けた佛房への参拝を行っていたという話が聞かれたが、現在ではどこかの佛房との関わりを持っているわけではない(3)。これは、文化大革命による宗教施設の破壊や邪教迷信の廃絶によって佛房の活動が弾圧されたことが関わっていると推察される(4)。

■中華人民共和国におけるラフ

現在中華人民共和国に居住するラフは、一九四九年以来、社会主義改造や土地改革、集団農業、文化大革命など、激動の歴史を生きてきた。中華人民共和国の成立当初、雲南省にはまだ国民党軍が駐屯している状態であったため、共産党政府は少数民族に対する国民統合の試みとして、一九五〇年からは民族識別工作、一九五二年には『民族区域自治実施綱要』を制定し、民族区域自治の制度化と土地改革を同時並行で進めることとなった。この時代の雲南省における民族政策を論じた松村の整理によれば、雲南省では、民族識別工作のなかで分類された民族の「文明度」に応じて、四つの方法に分けて土地改革が行われた[5]。当時の民族識別には、マルクス主義的な階級分化の理論と、モーガンやエンゲルスによる婚姻の議論が参照され、社会を母系制社会→双系制社会→父系制社会、そして原始公社制社会、奴隷制社会、封建領主制社会、封建地主制社会、などのように発展の段階に応じて分類する手法が採られており、土地改革もそれぞれの社会に応じて異なる手法で行われた。土地改革の主な目的は、地主によって占有されている土地を人民に平等に分配し、生産力を向上させることであった。主に漢族の居住する区域や「封建地主制段階」と見なされた民族地区では全国と同様の土地改革が行われ、雲南省では一九五四年に完了している。また、封建地主制段階だが封建領主制段階の地区に隣接している地区では、「緩和型土地改革」が行われた。封建領主制、奴隷制段階の少数民族地区では「和平協商型土地改革」、そして最後に、原始公社制段階の民族地区では「直接過渡型社会改革」というものが行われた［松村 一九九三］。ラフの居住地域である瀾滄県では、おおむね「和平協商型土地改革」が進められたが、辺境に近い「一線地区」と呼ばれた一部の郷では「直接過渡型社会改革」が実施された［《瀾滄拉祜族自治県概況》編写組（編）二〇〇七］。これは、具体的には山間部に棚田を開墾し、人々を定住化させるというものであり、わたしの調査地もここに含まれる。その後、和平協商土地改革の完了した地域では、一九五六年より合作社の試行版である互助組が開始され、直接過渡地域もそれに続いた。しかし、一九五八年には急激な方針によって全県で一挙に公社化の実現が図られ、集団農業や公共食堂の設置が行われることになった。その結果として県の食糧を使い果たし、一九五九年と一九六〇年には大幅な減産を招いた。この時期に食糧不足のためにビルマ側に多くのラフが逃亡したとされる。その後、文化大革命中も人民公社の設立は進み、「工分」という労働力点数制に応じた分配が行われることとなるが、生産力はそれほど上がらず、瀾滄県は大きな赤字を出すことになる。その後、一九七八年末には第一一期三中全会（中国共産党第一一期中央委員会第三回全体会議）において文革の終了が宣言されるに至る。

以上のように、共産党政府は土地あたりの生産力や、土地に結びついた人民の管理という手法を重視していた。それは政府による定住化政策や、戸籍による居住地の管理とともに行われており、その結果、現在中国領内に住むラフには、タイやミャンマーに居住するラフに見られるような村分けや移住はほとんど見られない。それに応じて家屋の形態も、簡素な竹壁草葺きの家から土壁の家、レンガ作りの家、平房と呼ばれるモルタル製の家へと変化しつつある。そのような定住化の一方で、一九九〇年代からは中国沿海都市部の経済発達と移動制限の緩和に伴い、広東省や北京・上海などへの若年層の出稼ぎが常態化し、家の成員の出入りは頻繁になっている。さらに、ラフ居住地域において深刻化する新たな移動の形態として、一九八〇年代後半以降、華東・中南地域の漢族農村に多くのラフ女性が婚出していくという現象が起こっている。これが、本書の考察の対象となる婚姻移動である。

中国国内のラフの居住地は基本的に雲南省に限られており、民族自治区域として瀾滄ラフ族自治県、鎮沅イ族ハニ族ラフ族自治県・孟連タイ族ワ族ラフ族自治県・双江ラフ族ワ族プーラン族自治県がある。その他に西双版納タイ族自治州や紅河ハニ族イ族自治州などにも少数居住している。基本的にこれらの地域がラフの主に居住する地域であるが、二〇〇〇年の人口センサスによれば、中国国内で雲南省以外の地域に居住しているラフ人口は、男性五八一人に対して女性が五四九三人であり、省外に居住するラフ女性の数が男性のおよそ十倍になっている。この数には出稼ぎも含まれているであろうが、それを差し引いても、女性の婚出による移動が広範に起こっていることが想像される。その一〇年後の二〇一〇年の人口センサスでは、男性二八九三人に対して女性が八〇六二人となっており、女性の割合は男性の約三倍になっている。これは男性の出稼ぎ人口が増大した結果の変化と見ることができるが、それでも女性の省外居住人口の多さは男性を大きく上回る。このようなラフ女性の省外居住は、山東省や安徽省など中国各地の農村で深刻化する男女比の不均衡とヨメ不足に起因し、ヨメ不足を補うために、ヨメ探し漢族男性らが西南中国の女性を求めるようになっている。そこには様々な仲介業者が介在し、しばしば非合法なものも含む。馬によれば、辺境に近く経済条件の悪い山地に住むラフ・ワの婚出が特に甚だしいという［馬 二〇〇四b：八九］。このような、一方での定住化と、もう一方での人口流動化に直面するラフの村落を、本書では「蜂を焼いた村」という一村での長期滞在調査に依拠しながら論じていく。

2 「蜂を焼いた村」について

本書の舞台である、「蜂を焼いた村」という名を持つラフ村落（以下P村）[6]は、雲南省瀾滄ラフ族自治県の西部に位置する竹塘郷に属し、わたしが二〇一〇年から二〇一二年にかけて住み込み調査を行った村である。標高はおよそ一三〇〇メートルで、瀾滄県の県庁所在地である県城から約五〇キロメートル北へ行ったところに位置する。まっすぐ西へ進めば、直線距離約一三〇キロでミャンマー国境に至る。

わたしがこの村を訪れるようになったのは、全くの偶然からだった。この村の属する竹塘郷は、ミャンマー国境に特別近いというわけでもなく、ラフの文化を濃厚に残しているというわけでもない。面包車と呼ばれる緑色のミニバスに[7]乗って一時間もすれば行くことができる田舎町である。しかし、調査地探しのために瀾滄県をあちこち歩き回っていたとき、たまたまバスで通りかかった竹塘の市の鮮やかさはあまりにも鮮烈だった。店先にはラフ女性がしばしば頭に被

竹塘郷と瀾滄とを往復する面包車。2010 年当時、この道は大規模な拡張工事のためにほぼ未舗装になっており、雨季には多くの大型バスが泥にはまって動けなくなった。その際、この面包車が地元民の足としてたいへん活躍した。(写真提供:西本陽一氏)

雲南に数ある米緬のなかでも、瀾滄県では「米乾」と呼ばれるきしめんのような太麺を食べる。村から町へ出たときに必ず食べた、思い出の味である。

竹塘の市。道沿いの店舗とは別に、山で採れたものを売りに多くの人が集まり、地面に商品を広げる。

る極彩色の頭巾布がずらりと並び、市を行き交う人々はみなカラフルなラフのかばんや山刀を斜めにかけ、男性ならカーキ色の人民帽、女性ならピンクや黄色の頭巾をかぶっていた。当時すでに瀾滄県内のあちこちを歩いていたわたしにとっても、これほど当たり前にラフの暮らしが息づいている場所はないのではないか、と感じた（もっとも、それはたまたま市の立つ日に通りかかったからだけだったのかもしれない）。いずれにしても、県政府の役人が「ラフ文化を見たいならぜひここに行きなさい」と言ってわたしに紹介してくれた「模範的」な地域ではなかったことも嬉しかった。ここならラフの日常の暮らしが見られるのではないか、と期待し、雲南民族大学で知り合ったラフの大学生でこの地域に親戚のいる人に連絡を取り、竹塘郷内の村に住み込むことに決めた。それが冒頭のエピソードである。

P村は、所属する行政村のなかでは他村に比べて標高の低い場所に位置し、かつてシャン（現在のタイ族）が居住していたと言われる河岸近くの平地に開墾された大きく平らな水田を用いている。一九五〇年代の集団化の時代に、それまでの居住地よりも標高の高いところにある公道近くに村全体が移住させられ、その後、再びもとの場所に一部の人々が戻っていったため、現在ではふたつの集落に分かれている。しかし行政上はそれらふたつを合わせて一つの自然村と登記されている。現地の人々は、この自然村の単位のことを「社」と呼んでいるが(8)、本書では、二つの集落を合わせたこの自然村を「P村」と書き表すことにする。P村の人口は、出稼ぎによる変移を含みつつもわたしの調査時点でおよそ六七世帯、二四六人であり、全員が民族登記上ラフ族である。わたしは、上下ふたつある集落のうち下側の集落に住むことになった。

P村に住む七〇代の女性によれば、P村にまだラフが住んでいなかったころ、そこにはシャンが暮らしていたのだという。現在P村の人々の用いている河岸の水田のほとんどは、その頃にシャンが拓いたものであったが、その後シャンは山地に住むワの首狩りを怖れて逃げ、誰もいなくなったところにラフが住み着いたのだそうだ。これを語ってくれた女性は、その証拠として、P村の上方の森のなかにシャン式の墓だと思われる土饅頭がたくさんあるのを見たことがあ

ラフの民族鞄屋の前で世間話をするラフ女性たち。

市の一角で談笑する男性たち。ラフの男性はカーキ色の人民服を好んでよく着ている。

るという。彼女はP村の始祖と言われる人物[9]の子孫であり、始祖から彼女へ続く血縁関係を数えてもらったところ、彼女で八代目であった。ワは現在ではP村近隣には住んでおらず、P村から五〇キロメートル以上西方の西盟県に主に居住している。P村で最も年長の八〇代男性に尋ねてみても、ワがP村近隣で生きた人間の首を狩ったという事例は聞いたことがなく、ラフの墓地に侵入して死体の首を取ることがあったのみだそうである。墓場を荒らされることを怖れ、死者の首を取られないようにするために、P村のラフは従来の土葬から火葬へと埋葬方法を変えたのだそうだ。しかし、後述するように、P村には漢族移民の末裔がおり、彼らは今でも土葬の習慣を守っている。

東南アジア大陸部から中国西南部にかけて、盆地世界と山地世界の対比がしばしば前提として語られるが、P村における比較的低い標高やシャンの水田の利用からは、山地民と言われるラフの居住地でありながらも、盆地からの影響が色濃く感じられる。そのようなP村の地理空間は、村人自身によって独特の位置づけで呼ばれている。ラフ語では、盆地のことを「ム *meun*（タイ系言語で盆地を意味するムアンのこと）」と呼び、山地のことを「イェコ *yeh hk'aw*（*yeh*＝高くて寒いところ、*hk'aw*＝山）」と言うが、P村の属するところは「ラツ *la tsuh*」[10]の地域と呼ばれる。ラツとは、村人の説明によれば、高山ほど寒くないが、文明のある盆地ではないところ、という意味だそうだ。

P村は、一九四九年の中華人民共和国成立以前は最も近い盆地である募乃（現竹塘郷中心部）を拠点とする石氏土司に服属し、石氏に税を納めていた[11]。石氏の家譜に書かれたところによると、石氏土司の先祖は江蘇省出身の漢族で、一三八一年に当地に南下してきたそうである［石 二〇一〇］。彼はラフの婿となって瀾滄県に留まったため、ラフの土司として記録されている。募乃では一七〇〇年代初頭から銀鉱山が開拓され、一時期は中国で三本の指に数えられると称される規模であった。募乃の銀鉱山の鉱夫の多くが漢族移民であり、他地域に比べて古くから漢族の居住人口が多かったと推察される[12]。募乃石氏の最後の土司であった石炳麟は、共産党が台頭した際に国民党側につき、国民党軍とともにビルマに逃走し、台湾に至ったが、P村の老人たちは彼のことを「老石二（石家の次男）」という呼称で記憶している。

上：P 村の遠景（下の集落）。
下：P 村から下に広がる農地。

かつてはシャン（現在のタイ族）が用いていたという水田。村人の使用する水田のなかで、1 枚あたりの面積が最も大きい水田である。

P村近隣に住むある老人は次のように語る。「老石二は土司のなかでも最も大きく、この一帯はすべて老石二が管理していた……老石二がいたころを覚えている。俺たちを管理していた。俺たちは門戸税（*yeh hpu*）を渡し、労役（*aw leh*）もして、月に三回税金（*aw li*）を取られることがあった。」また、P村でかつて村長の役についていた男性が、老石二の部下たちをきちんと歓待する能力がないために罷免されたという話も聞かれた。現在、募乃には竹塘郷の郷政府が置かれ、病院や役場、中学校などがある。かつての銀鉱山は近年では銀の採掘量が減り、今では鉛の採鉱のみが行われている。P村の人々も一時期はこの鉱山に採掘の仕事をしに行ったことがあるという。竹塘で五日に一度開催される市は、P村の人々にとって最も身近な買い物の場である。

P村の人々の主な生業は水稲耕作で、現在では陸稲栽培はごく少数である。これは、他村に比べて比較的標高が低いという地理条件に加えて、かつてシャン人が用いていたという河岸の広い水田や、その後少しずつ他地域の漢族に頼んで開墾させてきた水田があるからである。かつて陸稲栽培を行っていた畑には、主に豚や鶏の飼料のためにトウモロコシを栽培している。また、一九九五年から換金作物としてサトウキビが大々的に導入され、出稼ぎをのぞいてP村で最も大きな現金収入源となっている。それに加えて、二〇〇〇年代に入ってから、ユーカリ（桉樹）の植林とコーヒー栽培が導入されているが、まだサトウキビほど大規模には行われていない。サトウキビをはじめ、これらの換金作物はかつての焼畑地に栽培されており、ハイブリッド米の導入に伴う水稲の収量増加によって、主食の水稲耕作化が進んだ結果と言える。

また、一九九〇年代から出稼ぎも増加しており、わたしの調査時点で一ヶ月以上から数年に渡って出稼ぎを行っていたのはP村の全人口二四六人のうち八九人であった。出稼ぎ先は様々だが、西双版納州橄欖壩（ガンランバ）でのゴムプランテーションがP村からの主な出稼ぎ先のひとつになっており（地図2）、わたしの調査期間中にガンランバを含む西双版納での出稼ぎに参加していた人数は、バナナ栽培・薬草栽培なども合わせると最多の四一人にのぼる。プランテー

棚田での脱穀作業。

サトウキビの収穫作業。

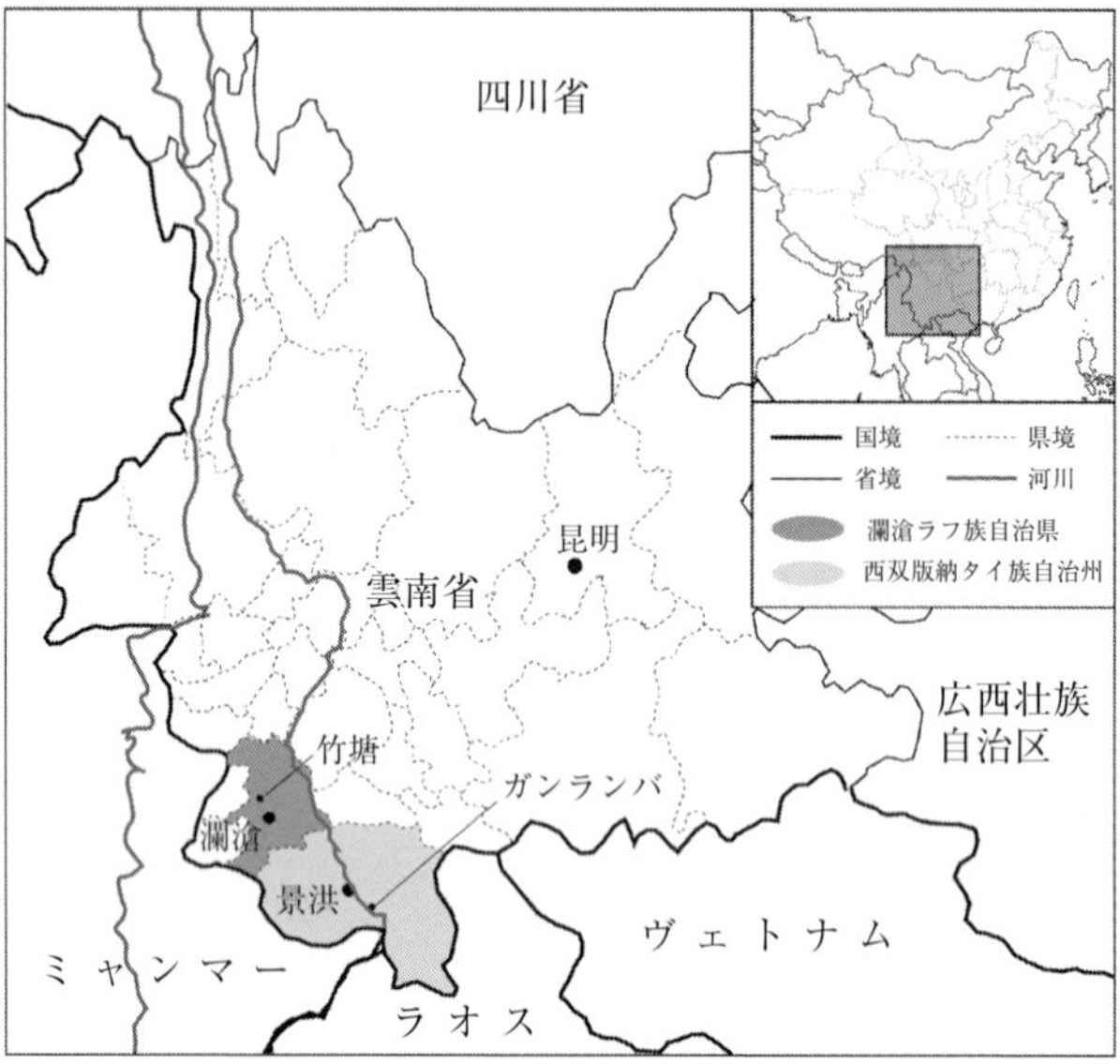

地図２　雲南省内におけるＰ村の人々の主な出稼ぎ先

ションでの出稼ぎは世帯単位で行われることが多く、親世代と子世代が交替でP村と西双版納を行き来する形態が取られることが多い。このことは、瀾滄県と西双版納間の道路交通が改善され、瀾滄県の県城からバスに乗ればおよそ四時間で西双版納の景洪市に着くことができるという近さのためでもあるだろう。特にガンランバに行く者は多く、すでに一〇年以上ガンランバに暮らしている家族も複数いるため、ガンランバの一角はあたかもP村の飛び地のような様相を呈するそうである。このような出稼ぎ先の飛び地が、本書で論ずる女性の結婚に伴う遠距離移動の際に、ハブとして、あるいは隠れ家として利用されることもある。これについては第5章で述べる。

出稼ぎのなかでもプランテーションでの仕事に従事する人が多いのは、その就業形態が識字能力や細かい技術を必要とせず、ラフの生業である農業に類似したかたちであるためだと村人たちは説明する。一方、一九九〇年代後半ごろからは、若年層を中心に広東省や山東省、北京、上海など省外遠隔地への出稼ぎも増加している。これは雲南省内のプランテーションとは異なり、ほとんどが独身男性であ

焼畑地の多くはサトウキビ畑に変わっている。写真はサトウキビの収穫ののちに焼かれた畑。

る。出稼ぎから得られる収入は、わたしの調査時点でも振れ幅が大きく、ひと月に一〇〇〇元から二〇〇〇元（日本円にして一万六〇〇〇円から三万二〇〇〇円程度、ちなみに全国の男性労働者平均月収は二八〇〇元程度である）ほどと答える人が最も多かった。西双版納と省外の都市部とでは、単位日数あたりの収入の差はそれほど大きくは見られないようであった。特に、西双版納のプランテーションの仕事は従事する期間が長いほど給与が良くなるためである。省外の都市部へ行く若年独身男性は、雇用関係が不安定であり、ひとつのところに留まらずあちこちの工場をめぐり歩く者も多いため、出稼ぎ者の忍耐如何によってその収入には大きなばらつきがある。若者たちは、見たことのない世界への憧れを抱いて遠い沿海地域への出稼ぎを選びがちであるが、雇用関係の不安定さと移動にかかるコストの大きさから、年齢が上がり、結婚するにつれて雲南省内での出稼ぎの方にシフトしていく傾向があるようであった。これらの出稼ぎ者たちは、農繁期や春節にはP村に戻ってくることが多く、五年以上一度も帰村しないような出稼ぎ者はいない。一〇年以上ガンランバに暮らす家族でも、年に数回はP村に戻ってくるため、P村の人々との関係が絶たれることはない。これら出稼ぎ者の現金収入によってP村の現金獲得状況は改善されてきたと言えるが、それでも、県政府の資料によれば、二〇一二年の一人あたりの年間純収入はわずか一三六二元（約二万二〇〇〇円）であり[13]、貧困村に指定されている。

P村の人々は、皆日常的にラフ語を使用し、ほとんどの人々は漢語に通じていない。わたしが住み込んだ当時、わたしに対してなんとか漢語で話しかけようとする男性が何人かいたが、彼らの話す漢語は標準語とほぼ声調を真逆にした瀾滄方言であり、最初のころはなかなか聞き取ることができなかった。上海など遠方に出稼ぎに行った経験のある若者などは標準漢語を話すことができるはずだが、P村内部で話している人を見かけることは一度もなかった。瀾滄方言の漢語についても、たまに外部からラフ以外の人がやってくる際に用いられる程度で、使用頻度は低かった。このことは、わたしにとってラフ語を学ぶまたとない好機であった。最初の二ヶ月ほどは、村人たちが何を言っているのかほぼ全く分からずひたすらに耳を澄ます毎日だったが、漢語を封じるという素晴らしい言語環境のおかげで、三ヶ月ごろから基本的な会話に困ることはなくなった。

このような豊かなラフ語世界がP村において存在する理由には、漢語教育の普及率の低さが挙げられる。P村は男女問わず学校教育を受けた期間の短い者が多く、一度も学校へ行ったことのない人も多くいる。二〇一〇年のわたしの調査当時に一〇代だった一九九〇年代後半生まれよりも若い世代を除けば、二〇代以上の人々では小学校の四年生ほどの学歴の者が多かった。これは、小学校の高学年になると村内の分校ではなく竹塘郷の町で寄宿舎に寝泊まりしながら学校へ通わないといけないという事情による。一九九〇年以降に生まれた子どもたちは、順調にいけばおおかた竹塘郷の中学校を卒業するが、その後、瀾滄県城の高校まで行く者は現在でもほとんどいない。これらの傾向は、男女でほとんど違いがない。P村出身で大学教育を受けた者はわずか三人である。そのうち一人が、わたしの雲南民族大学時代の同級生の女性であり、その他の二人は、現在瀾滄県の役人を務めている五〇代の男性と、高校卒業後、学校の先生をやりながら大学卒業資格を取った四〇代男性の一人のみである。

■P村と周辺民族との関係

東南アジア大陸部から中国西南部にかけて広がる山地一帯は、多民族状況が常態であることが特徴のひとつであり、瀾滄県内にも二十三の民族がいると言われる。しかし、P村の近隣にはラフが集住しており、日常的に顔を合わせる他の民族は多くない。唯一、P村の属する行政村の村公所（村役場）があるD村には、ラフの人々が「ヘパシュイ *Helpa sho-e*」と呼ぶ土着漢族が居住している。ラフの説明によれば、彼らは「漢族だが漢族でもなく、ラフだがラフでもないもの」「逃げられなかった／帰り損ねたもの」と言われる。「ヘパ *Helpa*」とは前述の通り漢族を指し、「シュイ *sho-e*」とは、「本物ではないもの」「箒で掃いた掃き残しの塵」というような意味だそうである。ヘパシュイと呼ばれている当人への聞き取りによると、彼らは三代～七代前にP村周辺に移住してきた漢族だそうだ。P村の属する村公所近辺で「へパシュイ」だと認識されている人々には少なくとも三つの姓があり、わたしが確認できたのは、湖南省からやってきたという呉姓[14]、瀾滄県の他地域から移住してきた啓姓[15]、出自の分からない羅姓である。彼らはラフと混住して農業に従事し、日常会話ではラフ語を話すが、老人たちは漢族の風習（七月半と呼ばれる盂蘭盆など）を細々と今でも行っている。しかし、病や不調の際にはラフの慣習と同様に精霊「ネ」の慰撫や祖先霊への供儀を行うこともある。多くの者はすでに戸籍上の民族登録はラフになっている。かつては、D村の上部はヘパシュイ、下部はラフ、という住み分けがなされてそれぞれが異なる組[16]に区分されていたそうだが、現在ではそのような区分はなく混住している。「ヘパシュイ」という言葉には、一般的に役人や商売人を連想させる「ヘパ（漢族）」という名を冠していながらも、農民であるラフと同じようにラフ語を話し、農業をして暮らす彼らに対するラフからのからかいのニュアンスが含まれている。

P村のなかにはヘパシュイと呼ばれる人はいなかったが、ヘパシュイよりさらにラフに近いと見なされる漢族「漢族の一族のラフ　*Hehpa ceu ve Lahu*」と呼ばれる人々が存在する。彼らは漢族の風習をすでに行わなくなり、漢語も話せなくなってしまったので「ラフになってしまった *Lahu hpeh sheu*」と言われる、唐姓と李姓の人々である。李姓の七〇代男性曰く、彼らの曾祖父にあたる人物はかつて川を挟んで西側の山に住んでおり、開墾地がなくなったのでこちらに婿入りしてきたのだという。彼はたいへん働き者で、多くの息子に恵まれたため、P村の大きな水田はほぼ彼の一族によって開墾されたのだそうだ。「漢族の一族のラフ」とP村のラフとの通婚の歴史はそれ以来続いているそうである。村外に住むヘパシュイとも現在では通婚関係があるが、それは一九四九年の中華人民共和国成立以降に徐々に起こってきたようである。

その他に、P村の村人にとって一番身近な買い物の場所である竹塘の盆地には、漢族商人が居住している。また、竹塘以外にP村の村人が行く市である上允と西盟にはそれぞれタイ族とワが居住しているが、彼らの生活の上で必要な物資を購入する主な市場はやはり漢族商人の住む竹塘の市である。竹塘では五日に一度市が開かれ、漢族商人やタイ族、ワ以外にも、ハニ、ラフロメ（ラフの支系のひとつ）[17]などを市で目にすることがあるが、彼らとはほとんど通婚関係はない。P村のラフは基本的にラフ同士の結婚が多く、一九七八年の改革開放以前、通婚関係があったのは土着漢族「ヘパシュイ」のみであった。このように、ラフの周囲に暮らす漢族にも様々な呼称があり、竹塘の漢族商人（ヘパとのみ呼ばれる）、P村の属する行政村の村役場近隣に住む「ヘパシュイ」、そしてP村の内部にいる「漢族の一族のラフ」という具合に、漢族がラフ地域に入り込むにつれてラフとの境界が曖昧になっていく様子が見て取れる。ラフと漢族との通婚がこれまでも全く行われてこなかったわけではなかったことが分かるが、近隣に住み、見知った隣人であったヘパシュイとのみ民族間結婚を行ってきたP村のラフにとって、一九八〇年代以降、省外漢族との結婚が急激に進んだことは、間違いなく大きな社会変化であった。それは、同じ漢族との結婚であっても、かつては漢族男性がラフ地域に住み着き、ラフとともに暮らすかたちを採るものであったのに対して、省外漢族との結婚は、ラフ女性が漢族男性に嫁ぎ、村を出て行くということだったからである。

■P村の人々と移動

瀾滄県のラフは、かつては国境を越えたミャンマーとのつながりが強かったことも指摘しておかなくてはならない。ラフは、焼畑移住という山地民においてしばしば見られる移動形態のみならず、様々な政治・経済的動乱によって移動を余儀なくされてきた。先述のように、ラフは雲南からミャンマー、さらにタイへと断続的な南下を繰り返し、その移動は清朝期の改土帰流政策[18]や漢族移民の流入、また、キリスト教への集団改宗とそれへの弾圧など、様々な政治情勢が関わっていた。一九四九年の中華人民共和国成立前後に、共産党政権を逃れてミャンマーに逃亡した者も多かったと言われ、P村においても、建国初期のころによりよい土地を求めて南下移住した人は確認することができただけで八人いた。しかし、P村の人々により鮮明に記憶されているのは、「おなかの空いた頃 *aw mui hta*」という言葉で語られる、一九五八年から一九六〇年ごろに行われた大躍進[19]の時期に起こったミャンマーへの逃亡である。特に一九五八年〜一九六〇年、大規模な飢饉が起こった時期には、食べ物に困ってミャンマーに逃亡する者は後を絶たなかったそうである［雲南省瀾滄拉祜族自治県誌編纂委員会（編）一九九六：一〇二］。また、文化大革命のころになると、地主階層の者はつるし上げられて殴られるという噂が広がり、大土地所有者の一族は夜道を急いでミャンマーへ逃げた。P村からも、一九五八年ごろや文化大革命の時期[20]に国外に移住した人々は総勢一六人になる（そのうち二人はその後ミャンマーで夫婦となり、子を連れて一九八〇年代に帰村した）。そのため、P村のラフは自分たちのことを「ラフシュイ」と呼ぶことがある。これは、上述の「ヘパシュイ」とあたかも対になっているかのような言葉で、「逃げたくても逃げられなかった者」という意味である。身体の強い者は南へ逃げ、高齢や病弱のため逃げられなかった者たちだけが中国境内に残ったという。これらのミャンマーに逃げる行為を、「下のくに／南のくにに〝ポイ〟する（逃げる）*aw baw mvuhmi-o hpaw-e ve*」と人々は語る。文化大革命が終わり、一九八〇年代になってからは、ミャンマー側から国境を越えて故郷を訪ねに来る人もおり、国境を越えた往来が何度かあったという[21]。

このような、国境を越えた逃亡を表現する際に用いられる動詞「ポイ *hpaw-e ve*（逃げる）」が、現在では女性の流出について語るときに用いられることは重要である。つまり、かつては「ポイ」する先として想定されていたのは主にミャンマーであったのが、一九八〇年代以降、北方の中国内陸部農村へ「ポイ」する新たな現象が日増しに増え、逆にミャンマー側にポイする者はほとんどいないという状況が起こってきたということである。これは、中国・ミャンマー国境周辺で生きるラフが、ミャンマーとの関わりよりも中国内陸部との関わりを強めつつあることを示している。これを中華人民共和国に包摂されていく過程として捉えることもできるかも知れないが、事態はそれほど単純ではない。中国内陸部への「ポイ」は、中国国内のヨメ不足という不可避的状況が引き起こしたものである。そして、そこでポイするのは女性のみであり、ラフ男性は配偶者を得られないまま村に残される。

2　村／家の空間秩序

現在、ラフの農村は、他の中国農村と同様に、末端まで中央の行政機構からの連絡が行き届くように様々な役職がおかれている。P村の属する行政村の中心には、共産党の末端組織の責任者である「文書」と呼ばれる支部書記や「文書」などの役職が配置され、P村を含む行政村すべてのことに関わるほか、自然村レベルには、村民に選ばれた村長、会計、婦女主任がおり、村内で何らかのもめごとが起こった場合の仲介役にあたる「調解」、泥棒などの荒事が起こった際に対処する「民兵」と呼ばれる役職もある。郷政府からの様々な連絡事項は、行政村の文書や文書から村長に伝えられ、村内で会議が開催されるといった具合である。

そのように、中国の行政組織に組み込まれるようになってはいても、ラフの村の景観は、彼らが長く暮らしてきた山地という自然環境に沿うようにできている。山地に長らく暮らしてきたラフにとって、自分たちの住む村内と、危険の多い村外の森とは峻別されるべきものである。中国領内の多くのラフの村には、村の頂上に「山神 *shan seu*」や「村神 *hk'a seu*」と呼ばれる小さな祠が存在する。これは、新たな村を拓く際に、森に棲む様々な精霊「ネ」や山の主に対して許しを請い、危害を加えられないようにする際に建てられるものである[22]。ラフにとって最も大きな行事である「年越し *hk'aw ca ve*」[23]の際には餅を供え、線香を点す場所であり、月経のある女性や家畜は近づけない。上述した様々な宗教的多様性のなかでも、キリスト教徒の村にはこのような山神は存在しないか、あるいは徐々に破棄されていくが、「線香を点す者 *sha tu pa*」と呼ばれるアニミストのラフの村には山神の祠がある[24]。そして、そのような村落には、村内の各家々に「家神 *yeh seu*」[25]と呼ばれる祭壇があり、山神と家神は入れ子のようになって村及び家屋内部の秩序を維持している。本節では、そのようなラフの日常生活のなかで秩序を作り出している村や家の空間配置を見ていくことにする。

1　村の空間配置

P村は、前述のように比較的標高の低い場所に位置し、山の斜面に沿うように広がっている（図1）。村の最も高い場所には「山神　*shan seu*」あるいは「村神　*hk'a seu*」と呼ばれる祠があり、その周辺の木は伐ってはならず、家畜の放牧も行ってはならない。そのため、山神の祠は鬱蒼と茂る森の中にある。女性、特に月経中の女性は近づいてはならないとされていたため、わたしが実際に山神の祠を目にすることができたのは、村に住んで数ヶ月経ったのちのことだった。ふだんは誰も近づかず、一見放置されているかのように見える竹壁と草葺きで作られたこの小さな祠が、村の様々な秩序を維持する上で重要な役割を果たしている。

アニミストであるラフの多くの村において、山神の祠より上の空間は村とは見なされない。村は山神の祠よりも下った部分に広がり、村の家々はすべて「山神が管理している *shan seu gua ve*」[26]と言われる。村とは家々が集まった場所のことを言い、村のもっとも低い場所に位置する家よりも下は村とは見なされず、畑地や水田が広がっている。村には明確な境界線がないが、多くのラフの村は山の斜面に作られるため、「村の上 *hk'a u*」や「村の下 *hk'a meh*」のように高低を示す表現で家の位置を指し示すことが多い。このように上下や高低の方向感覚が明確に意識されるのに対して、左右の境界についてははっきりとした表現はなく、どちらも「村の端 *hk'a ja*」と表現される。明確な境界はないものの、どの村のあいだにも林があり、異なる村の家々が隣接して建つということはないようであった。このような村の形態は、P村近隣の多くの村でも基本的には同様であった。

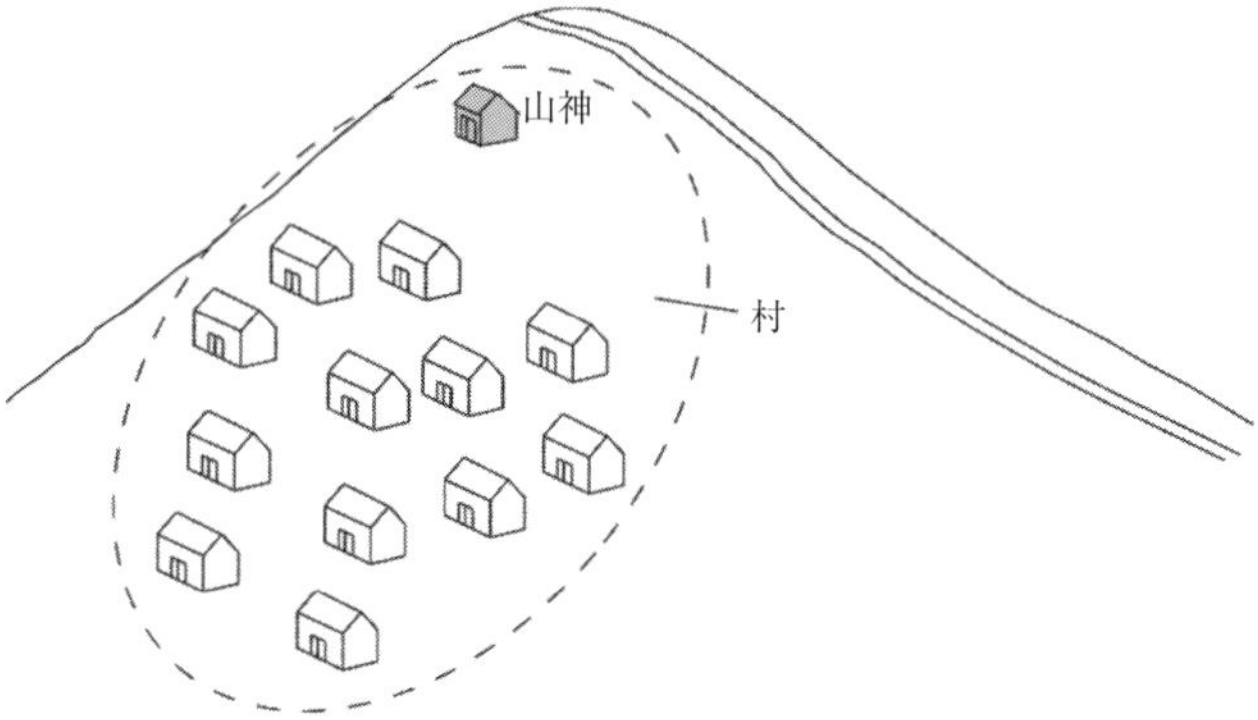

図１　村の模式図

山神の祠。

P村の人々は、毎年年越しの日（中国の春節と同じ日である）には山神に餅を供え、線香を点しに行かなくてはならない。また、年に一度行われる山神の修復（草葺き屋根と竹壁の簡素な祠は一年でおよそ朽ちてしまうので、毎年新しいものに修復する必要がある）には全戸が屋根葺き用の茅を提供しなくてはならない。祠の修繕に携わってもよいのは、女性と性関係を持ったことのない若い男性に限られるのだそうだ。[27] P村において、村民全員が必ず山神の祠と関わりを持つのは、この祠の修繕と、年越しに各戸から餅を供えることのみであり、一見すれば山神への祭祀は重視されてはいないように見える。[28] それでも、村の空間が山神の管理する空間であることは何らかの逸脱が起こる際にしばしば言及され、個々人の病に際して山神の力が必要だとされた場合には各自が山神を訪れて線香を点すなどのはたらきかけが行われていた。頭痛の原因はしばしば山のネに「咬まれた *che ve*」せいだとされ、山神に線香を点すことで治ると言われるほか、山のネに咬まれる（あるいは吹かれる）と気が狂うという話も聞かれた。後述するように、山神の祠を頂点とする村の内部と外部は、性に関する規範で隔てられ、村内での性的逸脱は山神の秩序への逸脱と見なされている。

2　家の空間配置

また、しばしば山神と対になって語られるのが、家の秩序を司る「家神」の祭壇である。家神の祭壇は各家にひとつあり、そこに線香を点すことで家の安寧が保たれると言われる。こちらも四つ足に板を二枚横に渡しただけの簡素なつくりであるが、家族の健康や、特に夫婦関係の安寧にとって非常に重要なものである。

ラフの家屋「イェ *yeh*」はたいてい山の斜面か稜線上に建てられるが、その際山頂に背を向けるように建てられ、扉は傾斜の下方に配置される。[29] そして、扉の反対側にある家の最奥部に家神の祭壇は建てられる。入り口が谷側であるのに対し、家神の配置される家の最奥部は山側に位置することになる。そのため、家神に近い奥側を「上の方 *aw na pa*」と

家神の祭壇
「大きいイェ」の正面奥にある。写真では年越し用の飾りとしてラフの伝統鞄がかけられている。

ラフの家屋
右手前の草葺き屋根が炉のある台所で、左奥のトタン屋根が祭壇と寝室のある「大きいイェ」。

言い、入り口に近い側を「下の方 *aw haw pa*」と呼ぶ。家神の祭壇は高さ一〇〇～一二〇センチメートルほどで、大抵水と米飯を備えるためのふたつの土碗が置かれている。その足下には線香を点す場所があり、ここに線香を点すべきだとされるのは家長の男性である。家の成員の体調不良に際して治病の儀礼を行うときには、この家神の祭壇へのはたらきかけが必須であり、線香やろうそくを点し、唱えごとでの家神への呼びかけが行われる。

家神の祭壇と並んで家屋の内部で重要な役割を果たすのが、日々煮炊きをする炉である。人は、生まれてからすぐ自分の住む家の炉に「魂 *aw ha*」を宿すとされ、炉や炉の火は人の命と関わる。心身の不調が起こったとき、呪医はその者の家の炉の火で線香を点し、その線香の火を見ながら不調の原因を探る。人は、身体のなかに魂を宿している他に、炉にもひとつ魂を宿し、炉の魂は身体の魂に対して錨のような位置づけにある。身体の魂が何らかの原因で身体から離反してしまった際に、人は体調不良に陥るため、それを呼び戻す際には炉の魂を通じた家への呼び戻しが行われる。このような魂に基づく人と家との関わりについて、詳しくは第5章で述べる。

このように、家屋の内部で重要な役割を果たすのは家神の祭壇と炉であるが、現在ではそれはふたつの建物に分けて配置されていることが多い。P村では、かつては家の中央に炉がある家屋がほとんどだったそうだが、現在では煮炊きをする建物と寝室を含む建物とが分離している家も多く、炉のある前者は「料理をして食べるイェ *aw te ca yeh*」、寝室などで構成される後者は「大きいイェ *yeh lon ma*」と呼ばれる。家の形態が変わっても、「大きいイェ」の最奥部には家神の祭壇が必ず必要だとされる。「平房」と呼ばれるモルタル製の白壁の家を建てた場合、祭壇を設置しない人もいるが、線香を点すための壺や瓶は必ず設置されている。

家の入り口を出たところにある前庭は、「アカ *a ka̋*」と呼ばれる。豚小屋や鶏用のカゴなどはこのアカに設置されることが多い。また、ものを干すスペースである露台もここに設置され、収穫の時期には米やトウモロコシなどを干すのに使われるほか、多くの来客があった場合や天気の良い日には、ここに椅子を出して客をもてなすこともある。さらに

「料理をして食べるイェ」のなかにある炉。

「大きなイェ」のなかにある家神の祭壇の前で、死んだ父母に対する儀礼が行われる。写真左奥は呪医。

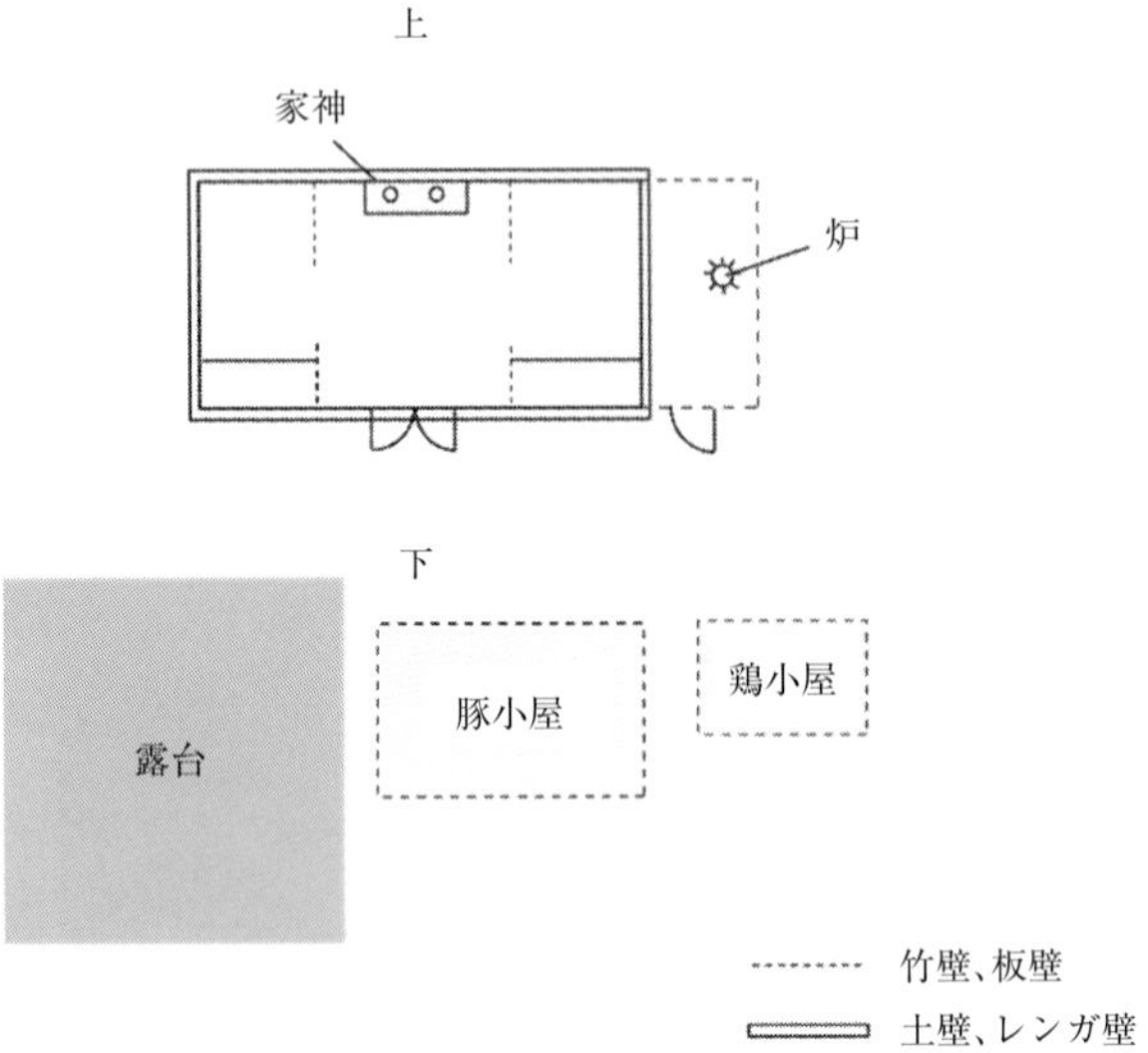

図２　Ｐ村で一般的な家の模式図

その下には大抵小さな菜園があり、葱や豆、白菜やかぼちゃなどが植えられている。それよりさらに下には他人のイェが続き、村の最も下部を過ぎれば農地が広がっている。

ラフの世帯は、一対の夫婦とその子が同居する形態を取ることが最も多い。詳しくは3節で述べるが、結婚後の夫婦は夫婦双方の父母のもとで一定の労働奉仕を行い、その期間を過ぎたのちに独立した家屋を建設する。子のうち一人は生家に残り、父母の面倒を見ることになるが、それはしばしば男子が望ましいとされ、末子の傾向がある。もっとも、それはあくまでもインタビューをしたときの模範的な回答であり、実際にはその居住形態はいろいろである。わたしが同居していた家族は、五人キョウダイのうち、下から二番目の男性が父母と同居していた。これは、末子の娘が江西省の漢族と結婚して村に不在だからである。同居の息子が出稼ぎで得た金を貯めて立てた「大きなイェ」の一室を父母の寝室としてあてがっているため、同居というかたちにはなっているが、父母と息子夫婦が同じ炉で煮炊きをすることはなく、別々の「料理をして食べるイェ」を建てていた。しかし、このことは村の人々にしばしば嫁姑の不和を感じさせ、わたしが村を歩き回っていると、ときおり「あんたの泊まっている家では今でも嫁と姑が別々にごはんを作っているのか？」と小声で尋ねられた。そのほかにも、かつて一人っ子政策が実施される以前は子が多かったため、子が結婚するたびに子夫婦が一定期間の労働奉仕をしてから出て行くというサイクルが繰り返されたそうだが、現在では二人しか産むことができないため、労働奉仕の習慣はかなり少なくなっている。たいていの場合、両家の父母が結婚後の扶養関係について相談を行い、親を扶養することになった子は独立して別に家を建てることは稀である。

イエは、夫婦が二人で建設するものだと言われ、その家の長である夫婦はそれぞれ「イェシェパ *yeh she hpa*（男性家長）」、「イェシェマ *yeh she ma*（女性家長）」と呼ばれる。家のなかは家神の管理する場所だと言われる。家神の祭壇に線香を点すことができるのは基本的にイェシェパである家長の男性のみであるが、イェシェパが儀礼の諸手続で忙しい場合にはイェシェマである妻が行うこともある。また、「漢族の一族のラフ」と呼ばれる漢族移民の末裔の家屋では、かつては月経中の女性が家神の祭壇に近づいたり背面を向けることは禁じられていたそうであるが、現在はそのようなタブーが守られている家はなかった(30)。

詳しくは後述するが、ラフ語には「家族」という言葉は存在せず、唯一家族と翻訳しうる言葉は「ひとつの家の人間 *te yeh chaw*」という言い方である。この「ひとつの家の人間」は、農作業における互酬的な労働交換の単位であり、儀礼が行われる単位であり、また、会議に参加する際に代表者を出す単位でもある、最も基本的な社会単位である。家は、人々を分節し、秩序立てる重要な単位である。

3　空間秩序と性行動

P村の人々は、日々多数の精霊「ネ」に対する慰撫を行い、ときに自らを「線香を点す者」と述べる。日々の健康は、ふとした際に危害を加えてくる精霊を適切に慰撫し、死んだ父母や祖父母が供犠の要求をしてきた場合に適切にそれに応えることで維持されている。村には「モーパ *maw pa*」と呼ばれる呪医がおり、心身の不調や良くない夢を見た場合には人々は呪医モーパに診断を依頼する。[31] モーパは、何によって不調や不幸がもたらされたのかを診断する際に、依頼主の家の炉の火を点した線香の火を見て行うか、あるいは依頼主の家からモーパの家まで持ち寄られた、患者の身体にこすりつけた卵や米を用いる。[32] そして、ほとんどの治病儀礼において、呪医が最初に唱える文言は、「シャーォ、天は四本、地は四方、村の上の村神よ、家を治める家神よ *Sha-o, muh ma aw ceh mi ma aw hpaw, hk'a u hk'a she hpa-o, yeh seu yeh she hpa-o*」という呼びかけである。呪医モーパ曰く、家神と山神に対して呼びかけ、彼らの力を借りることによって精霊や祖霊に対処するのだという。このように、山神や家神は、人の不調を治す上で力を貸してくれるものである。わたしのホームステイ先の女性家長Mによれば、毎年年越しになると山神に餅を供えにいくのは、「他人があなたを管理しているのではない、山神があなたを管理しているのだということをきちんと覚えておくためだ」という。そうしなければ、「他人があなたを管理するようになれば、そのうち狂ってしまう」のだそうだ。また、のちにみるように、家神がその家の者を「見なく」なることによって人の気が狂ってしまうことになるという語りも存在する。家神や山神は、人の健康を維持するために人々に依拠され、人を管理しているものであり、それらに見放されてしまえば人は精神に異常をきたしうるものである。

■空間秩序と治病儀礼

このような、山神と家神に護られた空間内での健康や安寧を願う手続きのうち、最も頻繁に行われるのが以下に見る治病儀礼である。家の成員に危害を加えるとしてP村で治病儀礼の対象になっていたのは、自然界の精霊（山のネ、水のネ、雷のネなど）や、死んでしまった先祖、悪意を持った者の放った呪術「グ *gu*」、人肉を食らうとされる妖術者の身

妖術「ト」の家屋内部への侵入を防ぐため、入り口にはしばしば蜂の巣やサボテンなどがつるされる。

体から夜中になると飛び出して人にかみつく妖術「ト *taw*」などであった。そのほかにも、本人自身の体力が弱っている場合などに、突然の驚きや恐怖で魂が身体から飛び出してしまって不調をきたすこともしばしばである。これらに対する処置には、家の中で行わなくてはならないもの、家の中で行ったのち外に出さないといけないもの、家の外で行うべきもの、村の外で行うべきものなど様々なレベルで空間の分離が図られていている。ここでは、わたしがお世話になっていたお宅の赤ちゃんに対して行われた治病儀礼のプロセスを例にとって見ていくことにしよう。わたしがホームステイしたばかりの頃、家には生まれたばかりの小さな赤ちゃんがおり、しばしば体調を崩しては母である女性家長Mの胸を痛めていた。この赤ちゃんに対しては、とにかくありとあらゆる治病儀礼が試みられていた。そのため、その一連の治病のプロセスの一部を紹介することにする。

二〇一〇年五月一七日、わたしがP村に住み込んでおよそ一ヶ月が経った頃のことである。その日の夕方、皆が農作業から帰ってくる頃、突然ふらりと男性が家にやってきた。彼は、P村の下の集落で二人しかいないモーパのうちの一人であった。ちょうどこの日の前日にも、赤ちゃんの父の父方の祖父母に対して「食事を捧げる *aw teh ve*」を行ったところだったが、赤ちゃんの体調が思わしくないため、女性家長Mがモーパに診断に来てもらうよう声をかけておいたようであった。モーパは簡単なあいさつののちにキッチンに入り、女性家長Mが用意していた線香を炉に点して診断を開始した。彼の診断方法は、線香に点した火の光を凝視するというものだった。そうすると、火の中に原因となる精霊が顕れるのだという。診断の結果、この赤ちゃんには「グ」が咬んでいることと、家のなかに「ジョ *jaw*」と呼ばれる精霊がいることが分かった。グとは、誰かを憎く思う者が、相手を罵る言葉を発したり、さらに何らかの生け贄を捧げて相手に危害を加える呪術を行うことによって放たれ、相手の家にやってきて家の成員を咬んでしまうとのことであった。このときに赤ちゃんを咬んだグは、赤ちゃんと同居している父方の祖父が昔他人と諍いを起こしたときのもので、相手が発したグが長らく浮遊していたのちに、体力の弱い赤ちゃんを見つけて咬んだのではないか、とのことだった。そのため、申の日と午の日のどちらかに、「グを刈り取る *gu g'ui ve*」手続きを行うべきだという診断が下ったが、この日は卯の日であったため、また日を改めることになった。そのほか、赤ちゃんの魂が怖がって出て行ってしまったことを危惧して招魂手続きが行われることになった。モーパは、炉と家神の祭壇の前に線香を点すよう女性家長Mに指示したのち（本来男性家長のやることであるが不在のため女性家長が行った）、かごのなかに一碗の米と銀の腕輪を入れたものと、一羽の鶏と酒瓶を携えて、家の外の道まで持っていった。そして、道と敷地との境界線に線香を点し、そこにかごを置いたのち、道に向かって魂が帰ってくるようにと唱えごとによって呼びかけた。そののちに、鶏の首をその場で切って血を地面にふりまき、酒を四隅にこぼしてからすべてを再び家に持ち帰った。モーパの説明によれば、このときに、かごのなかには赤ちゃんの魂が帰ってきて入っているはずだ、とのことであった。米はこの家でとれたものであり、しばしば魂のよりしろだと言われるため、魂が帰ってくる

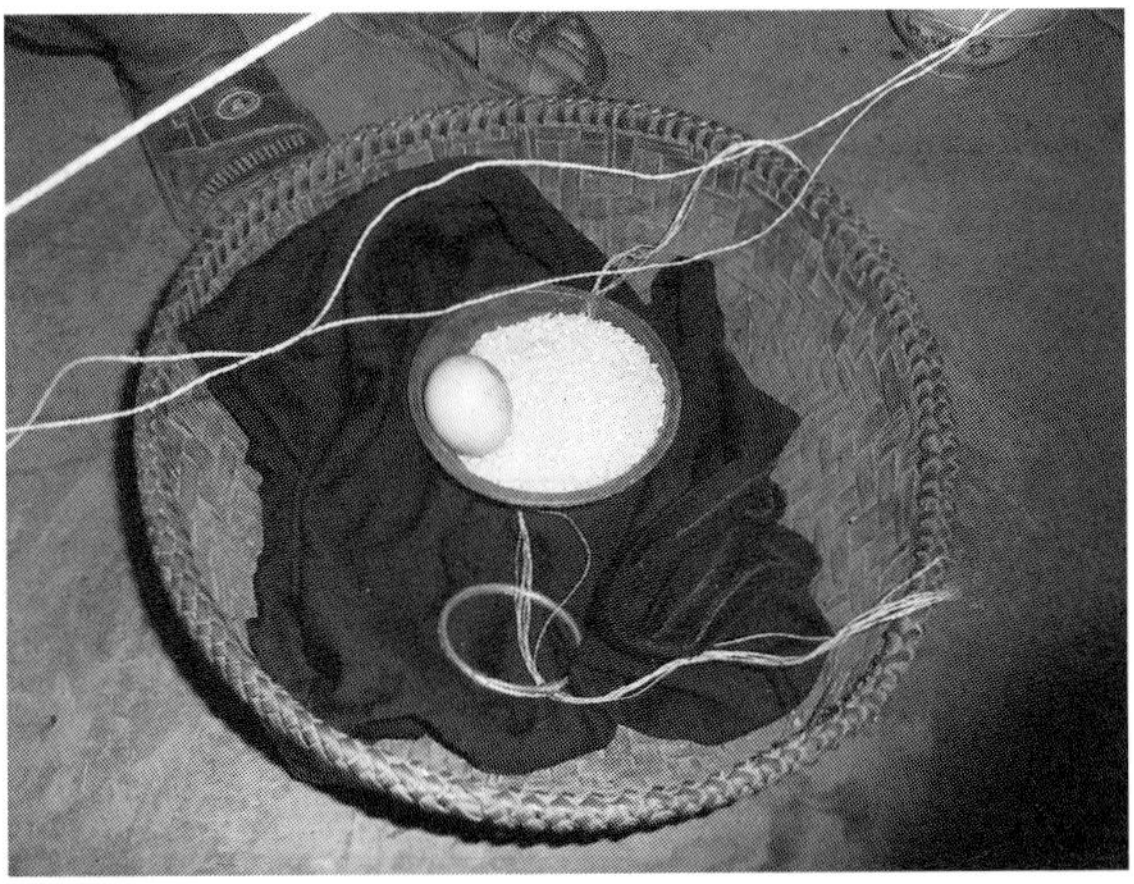

招魂の際に用いられるかご。中に病人の衣服、手首に結ぶ糸、米を入れた器をのせる。金属の腕輪など、魅力的なものを入れると、病人の魂が帰ってきやすくなるという。写真では、供犠の鶏の代わりに卵が添えられている。

上：道ばたに向かって魂を呼び戻す唱えごとを行う呪医モーパ。
下：唱えごとののち、魂の入ったかごを家の中に持ち帰る。

場所がわかりやすいように、また銀の腕輪は装飾品の魅力によって帰りたいと思わせるために用いるとのことであった。その後、鶏の尾羽を炉の火であぶって赤ちゃんの身体にこすりつけることで「魂を身体へと移し」、赤ちゃんの手首に白い糸を結びつける。これは、戻ってきた魂と身体とを結びつける手続きである。

その後、本来ならこの鶏を調理して食べたのち、大腿骨を用いた卜占によって招魂が成功したかどうかを占う[33]のだが、この夜にはさらに追加で「ジョ」を追い払う手続きが行われた。ジョとは家のなかに居着いている悪い精霊で、家の外に追い出さなくてはならない強い精霊である。モーパは、招魂手続きが終わったのち、竹の皮で作った小さなラッパ上の容器をふたつ用意して、そこにソバの実[34]、茶、酒、米、塩、米飯、鉛の破片を同量入れて、線香と小さな雄鶏を携え、すでに日が暮れて真っ暗になった屋外へ懐中電灯を持って出て行った。家からかなり離れた草むらのなかで唱えごとを行ったのち、鶏の首を切って血を流させ、今度は生のままその場で大腿骨を抜き取って観察をはじめた。その後、大腿骨と嘴、翼、つま先を切り取って再びなにごとかを唱えた後、その場で草むらになげすてた。残った鶏肉は、先ほどの招魂で用いた鶏とともに鶏粥をつくって、全員で食べることになった。ジョを追い払った際の大腿骨はすでに草むらに捨てたため、招魂のために用いた鶏の大腿骨の骨を用いた診断を行い、本当に魂が帰ってきたかどうかを確認していた。

ここから分かるのは、儀礼によって変化する空間の用い方である。最初に行われた招魂では、まず家の外で手続きを開始し、外をさまよっていた魂を呼び戻して家の中に連れ戻す手続きが採られている。その反対に、ジョを祓う儀礼では、家のなかで用意したものを家の外で投げ捨て、鶏の骨などもまた外で投げ捨ててしまう（鶏が小さいときにはすべて捨てて一切食べないこともある）。そしてこの手続きのあいだ、家神の祭壇には常に線香が点され、家の中が浄化されて悪いものが家の外に追い出されるように手続きは進められる。

村の境界に関わるような例としては、一度、P村の下の集落で、祖先に対して食事を捧げる大規模な儀礼が採られたことがあった。このときは、特に病気の人がいたわけではなかったが、たまたまある家が購入した子豚が脱肛であった

儀礼ののちの鶏粥は、みんなの好物である。肉が満足に食べられなかった頃、鶏粥を食べたいがために呪医モーパになろうとする者もいたという。

鶏の大腿骨を用いた卜占。大腿骨に空いた孔に楊枝を差し込み、孔の数や位置、楊枝の角度によって占う。東南アジア大陸部から西南中国にかけて広く見られる卜占である。

ため、「異常状態にある *hki ue*」と見なされて急遽祖先への饗応が行われることになった。通常とは異なる形状の家畜や、雌鶏のように鳴く雄鶏など異常行動を取る家畜は、祖先が欲しがっていると見なされ、祖先に対して与えられる。このような手続きは、通常人が病気になったときに祖先に対して家畜を捧げるのと同様に「飯を置く *aw teh ue*」と呼ばれる。このときは、異常状態の子豚以外に鶏が一羽用意され、通常の「飯を置く」手続きと同様に、家の庭先から祖先の墓がある方向に向かってモーパが唱えごとを行っていた[35]。そして、その場で鶏をつぶして血をふりまき、酒をそこにこぼしたのち、鶏は家に持ち帰って大腿骨の卜占のため調理がなされることになった。しかし、肝心の脱肛の豚の方は、異常な形状であるため村内で殺すことを許されず、首にひもをかけて村外まで連れて行って村の脇の藪で屠殺することになった。下の集落の各戸からほぼ全員が参加し、足場の悪い草むらで豚が殺されたのち、肉は均等に参加者の戸数で分配された。わたしのホームステイ先からは誰も出席していなかったが、わたし自身が参加していたため、ひとかけらの肉を配分された。ところが、その後この儀礼を行ったモーパに詳しい話を聞きたいと思って村内に戻ろうとすると、「肉を持ったまま村に入ってはだめ！」と主宰者の女性に注意され、村の脇の細い道を通ってまっすぐ家まで肉を持ち帰るようにと指示されてしまった。悪いものを一度村の外に出してしまったのだから、それを再び持ち込んではいけない、というのである。各戸からの参加者は、どこにも寄り道せずに村の脇の道を通って自分の家に肉を持ち帰り、それを家から出さずに食べてしまわないといけないとのことだった[36]。ここからも、村の内外で持ち込んでよいものと悪いものが分けられていて、村の浄化を妨げるようなものは外へ出し、中へ持ち込んではならないことが分かる。そのほか、自然界の精霊に危害を加えられた場合には、危害を加えられたとされる場所にモーパと病人（あるいは病人の家族）が赴いて、そこに供え物をして家には持ち帰らないことが通常である。

「異常状態 *hki ve*」の家畜は、祖先が欲しがっていると見なされる。そのような家畜は村外で屠られなくてはならない。写真は、村の外へと運び出される脱肛の子豚。

通常の治病儀礼では、供犠の家畜は儀礼の主催者宅で調理され、参加者によって共食されるが、「異常状態 *hki ve*」の家畜は細断されて村人全員に分配される。

■性行動と関わる空間秩序

さて、そのような村／家の秩序に関わる山神や家神であるが、その祠や祭壇には一体誰が／何がいるのであろうか。わたしからの問いかけに対し、村人たちの共通見解と呼べるようなものは聞かれなかった。山神の祠については、笑い半分に「グシャ（ラフの至高神）なんじゃないか?」と答えてくれた人もいた。あるいは「山の主だ *hk'aw she hpa yo*」と答えてくれた人もいた。家神についてもはっきりとせず、グシャかと尋ねれば「家神にグシャはいない」という答えが聞かれ、祖先がいるのかと尋ねれば、そうかもしれないと答える人や、そうでないと答える人もいるなど、様々であった。

山神については、北タイのラフの調査を行ったウォーカーが、新たな森を拓いて村を造る際に、その地にいる精霊に森を拓く許しを請い、それを祀ると説明している［Walker 1983］。また、西本は、北タイの伝統派赤ラフについて、グシャという表現が至高神でありながら様々な名称を持つ個別の存在として語られることもあると述べる［西本 二〇〇九：一八九―一九〇］。これらの説明を付き合わせれば、山神にいるとされるグシャや山の主というものは、森を拓く際に祀られたものであり、同時にグシャの顕現のひとつであると捉えることができるだろう。家神については、より不明な点が多い。家の祭壇に先祖が住むというのは、祖先の位牌が配置される漢族の家屋を想起させるが、後述するように、ラフは系譜的な親族集団を持たず、祖先に対する考え方が希薄であり、「家神に死んだ年寄りたちがいるわけではない」と答える者もいる。家神の祭壇は、特に何がいると言われるわけでもないが、人の不調の回復や生活の安寧を願うときにしばしば線香が点され、家の秩序を保つためのものである。そして、そのような家の秩序は、その家の家長である夫婦二人によって保たれている。

中国のラフに関する人類学的研究は、ラフの男女平等の理念を強調してきた。それは「一対 *te ceh*」を基礎とするラフの観念が男女一対（dyadic ego）の理念に根ざし、男女平等を基底としているというものである。神話や儀礼における「対」へのこだわり、親族の双系的傾向、男性家長と女性家長の対等性などがその根拠として挙げられている［Du 2003;

Ma 2013]。P村においても、労働は男女の別なく行われ、村の会議に出席する各戸の代表は男性でも女性でもよく、多くの場合女性の出席者が半数近くを占めており、ジェンダーにまつわる規範が希薄であることは確かであろう。それに対して、ラフ村落において重要な差異は未婚者と既婚者の別である。ラフには成人儀礼は存在せず、結婚が一人前と見なされる唯一の契機である[Du 2003: 53–54]。人は夫婦になり、夫婦一対で名を呼ばれるようになってはじめて社会的な認知を得られる[Ma 2013: 106]。その逆に、未婚であれば、たとえ六〇歳を過ぎていても子どものように（つまり本名で）呼びかけられるという[Du 2003: 57]。そして、未婚者と既婚者は、主に性行動を行いうる場所の点において、村落や家屋の内と外で隔てられている。

山神や家神の秩序に対する最も大きな逸脱のひとつに、姦通がある。妻を捨てて遊び歩く夫、夫を捨てて好きに振舞う妻、配偶者のある者との姦通は、そのままでは「山神／家神がその者を見なく」なり、いずれ体調不良や精神異常、果てには死を招くと囁かれる。なかでも家の中での姦通は、「その家の『オリ *awli*（規範）』をめちゃくちゃにし、その家の鶏や豚の大量死を招く」と言われて強い叱責を受ける。違反が発覚した場合、違反した二人から家に対する「オリ（賠償金）」を提出することが求められる。家屋が四つの角から成るため四の倍数が求められる（通常四〇〇元）。[37]もし他人の家で性行為に及んだことが分かれば、その家に対しても「家のオリ」を提出しなくてはならない。被害者である家の主がさらに村裁判を村長に要請した場合は、どこで何度性交したのかが公開の場で執拗に尋問され、それぞれの家に対する「オリ」の他に、村の秩序に対する「オリ」が求められることになる。こちらも四の倍数が基本とされ、[38]わたしの調査中に起こった裁判では男女各二〇〇元の支払いが求められた。「夜に外で誰かと少し遊ぶくらいなら許せないわけではないが、家に入ってくるなんて、家のオリを何と考えているのだ」というのが、姦通の叱責の際にしばしば言われる文言である。この「オリ」の遵守は重大で、来訪者が宿泊する場合も男女別の部屋があてがわれ、夫婦が他人の家においても同室で眠ることはない。

未婚者の性行為についても、これと同様の理屈が当てはまる。正式な結婚手続きを取っていない未婚男女が村内で同居している（多くの場合男性方の家に女性が住み込む）場合、その家の主（未婚男性の父母）は村への「オリ」（四〇元）を支払う義務が生じる。未婚者の性行為自体は村外で行われる限りにおいては厳しく禁止されてはおらず、多くのラフの女性は男性に劣らず恋愛に積極的である。女性家長Mによれば、稲刈りが終わり、農閑期が始まる農暦八月ごろ、農作業の終わる夕方には水浴びをして身だしなみを整えた若い女性たちが連れだって出かけていくことは、よく見られる光景だったそうだ。P村の若者が男女の語らいを行う場所は時代とともに少しずつ変わり、山神の祠の上方にある森、村の外の学校へと続く公道、三キロメートルほど離れた村役場で毎晩開かれるダンス場、五キロメートルほど離れた商店へと変遷を遂げているが、恋愛はすべて村外で夜に行われ、村内に持ち込まれることはない。夜はおしゃれをして恋に強気である女性たちが、昼間野良着を着て農作業に勤しんでいるときに、夜のうちに関係のあった男性から声をかけられても、返事をすることすら恥ずかしいものだそうである。

以上のように、村や家の空間配置の上で、未婚者と既婚者は分けられている。そして、外にいる未婚者を既婚者へと移行させ、社会的に承認するのが結婚である。

3　結婚がつなぐ関係性

体系的な父系親族集団を構成する漢族とは異なり、ラフにとって親族集団という観念はかなり希薄で曖昧模糊としている。ラフの人々にとって、双系的に広がる親族関係は外延の曖昧な「オヴィオニ *aw vi aw nyi*（年上と年下のキョウダイ)」、あるいは「オチュオカ *aw ceu aw hk'a*(ひとつの種類、ひとつの筋)」という言葉で言い表される。オヴィオニとは、基本的に同世代のキョウダイやイトコを指すが、きわめて外延があいまいで、どこまでも拡大解釈の可能な言葉であり、互いに関係の近しさや親密さを表現しあう場合にしばしば「我々はオヴィオニだ」という言い方をする。それに対し、オチュオカはもう少し距離感のある言葉である。オチュオカとは、世代を超えて、血縁関係や姻戚関係を辿れる関係にある人を指し、オヴィオニと呼び合うほど親密さがなくなってしまった人を指すことが多い。ある人に誰かとの親族関係を尋ねると、あみだくじを上へ向かって辿るように血縁関係や姻戚関係が参照され、その結節点を示したのち「だから我々はオチュオカなのだ」と説明されることが多かった。オチュオカの「オカ *aw hk'a*」には「筋、道筋」という意味があるが、先祖から辿られる系譜というよりも、一人の人を基点として父母双方に遡ってみた際に、どこかに結節点があるという想起の方法のほうがこの「オチュオカ」の観念に近い。「オチュオカとは子どもの配偶者の親など姻族を指す言葉だ」と説明する人もいるが、姻戚関係と血縁関係は必ずしもそのように峻別されてはおらず、自らの血縁関係のある親族であっても、オヴィオニと呼び合うほどの親密さがなくなった人のことはオチュオカと表現されていた。

　通婚の範囲に関して、「ラフはオヴィオニとばかり結婚する」という発言と、「オヴィオニとは結婚できない」というふたつの一見相矛盾する表現がある。通常、通婚はオヴィオニ／オチュオカのネットワークの範囲を大きく越えることなく行われることが好まれる。これは、素性の分からないものから妖術「ト *taw*」をもらってしまうことを忌避するためである。トとは、昼間は人の姿だが、夜になると体内のトが動物に姿を変えて身体を飛び出し、人肉を食すると言われる類の人間であり、ラフのみならずあらゆる民族のなかに存在するという。また、「トを持つ者 *taw caw pa*」は、小さなねずみや猫の姿をしたトを持っている[39]とも言われ、それが親から子へと受け継がれる。すべての子に受け継がれるわけではなく、一部の者にのみ継承されるという説明も聞かれた。結婚した場合も、夫婦のあいだで感染し、トを持った人と結婚すればトを持ってしまうとされる[40]。そのような一族と交わってしまうことを怖れるために[41]、できるだけ近しい親族との結婚を望む傾向はあるものの、父母の双方あるいは片方を同じくするキョウダイや、キョウダイの配偶者のキョウダイ、そして父方平行イトコと結婚することはできない。このインセストタブーからは、まず、オヴィオニのなかでもキョウダイとイトコのあいだに線引きがなされていることがうかがえる。キョウダイの配偶者のキョウダイと結婚できない理由については、村人の説明によれば、「結婚すると、配偶者のキョウダイも自分の実のキョウダイと同じようになるからだ」という。結婚を機に双方に広がるオヴィオニ関係のなかでも、キョウダイがインセストの範囲にあたるのだろう。また、母方平行イトコは問題ないのに対して父方平行イトコの通婚が禁止されるのには、漢族からの姓の受容が一部関わっていると推測される。ラフは従来姓を持たなかったが、漢族との接触や戸籍登録の過程で現在では姓を持っている。漢族と同様に、子どもは基本的に父親から姓を継承するため、父方平行イトコや異母キョウダイは同姓となり、結婚できない。ラフがいつ頃から姓を持つようになったのかは不明だが、このような「同じ姓を持つ人間と結婚させてはいけない」というアイデアそのものが漢族からの借用なのかもしれない(42)。

「ラフはオヴィオニとばかり結婚する」という発言と、「オヴィオニとは結婚できない」という発言とが一見奇妙に共在しうるのは、オヴィオニという言葉が伸縮自在で外延があいまいであるためだが、前者を「妖術持ちの混ざらない範囲で、これまでに何らかの通婚関係にあるオチュオカの範囲内で結婚させることを指向する」と捉え、後者を「配偶者のキョウダイを含むキョウダイとは結婚させてはいけない」という意味だとおよそ捉えることができるだろう。

結婚は、ラフ語で「夫を求める／妻を求める　*awhpaw hui ve*／*awmima hui ve*」と呼ばれる。「求める *hui ve*」という単語は、結婚に関することのみならず、食糧などあらゆるものを「求める」ときに一般的に用いられる言葉である。「求め合う *hui da ve*」と言った場合、単に男女のあいだに性関係がある状態を指すこともある。しかし、それが村外で行われている場合は、ただ「友だちがいる　*awchaw caw ve*」「遊んでいる *gui da ve*」と言われることが多く、「夫を求める／妻を求める」とは呼ばれない。この表現は、村外の恋人関係を越えて村内にその関係が持ち込まれるとき、すなわち、男性方親族による仲人「ツカパ　*ci ka pa*」から女性方父母への結婚の申し込みや、婚礼に関する様々な取り決め、婚礼の実施、男女の同居などが開始したのちに用いられるようになる。

1　結婚に関わる諸手続

中国に居住するラフの結婚に関する慣習は、中国が経験した激動の政治的・社会的変化に伴って様々な変化を経てきた。ここでは、ラフの結婚手続きの変遷と、結婚を契機としてつながれる人々の関係性について論ずる。

P村のおばあさんたちに話をきいたところは、共産党中国の成立よりも前は、親が娘の配偶者を決めることがほとんどだったという。当時、村外で恋人関係にあった相手との結婚に親が反対する、ということも少なくなかったそうだ。娘の結婚をめぐって親や親族が考慮するのは、まず妖術「ト」を持つ筋の忌避であった。そのため、近しい間柄同士での結婚が望まれ、なかでも交叉イトコ婚は最も理想とされ、「兄弟と姉妹の子の結婚（オウパオヌマヤ結婚　*aw u hpa aw nu ma ya hmi da ve*）」という特別な名が付いている。また、娘の将来の居住地における土地の大きさも重要な問題であった。開拓型焼畑耕作の時代[43]には、相続すべき固定的な土地がそれほどなかったため、おそらく土地の大きさはあまり考慮されなかったと思われるが、定住化と水田への依存の高まりに伴い、配偶者選択における重要な問題となった。土地は、基本的に息子に均分相続され、娘にはほとんどの場合相続されなかったようである。よほど土地が広く余裕がある場合には、娘に対しても息子同様に均分相続できる世帯もあったが、P村で話を聞いた限りでは、「漢族の一族のラフ」と呼ばれ、かつて広大な農地を保有していた李家一族のみが娘に対して土地相続を行った経験を持ち、他には一世帯も存在しなかった。唯一の例外は、女性に男性キョウダイがおらず、男性が婿に行かなくてはならない場合である。つまり、娘と娘婿が父母の扶養を行う場合のみ、娘にも土地が与えられる。これは昔も今も同様のようであった。しかし、集団農業の時代には、土地の公有とともに、親が子の結婚に介入することが少なくなっていったようである。合作社時代末期に結婚したある四〇代の女性は、「まさかそれぞれの土地を持って暮らす日が来るとも思わずに、声をかけてきた（土地のない）男性とそのまま結婚してしまった」と語る。一九七八年の改革開放と家内生産責任制の導入によって土地が再び分配されたのちは、娘の配偶者の土地の広さを親が考慮する姿勢も少しは見られたが、ハイブリッド米や農薬の導入によって単位面積当たりにかかる労働力が低下しつつあることや、一九九〇年代後半から起こった若年層の出稼ぎの増加によって、単純に土地の広さだけでは結婚相手の善し悪しを判断できないようになってきている。現在では若者同士の恋愛に基づく結婚が主流であるが、末子相続の傾向があるため、親の扶養を期待される子の結婚については他の子に対するよりも親からの介入が強い。

ラフの婚礼は複雑で決まり事が多い、というのがP村の人々の共通した意見である。仲人ツカパによる結婚申し込みの際に必要とされる礼品、そのときに語らなくてはならない言葉、婚礼の日に行うべき細かな手続きについての話は尽きない。両家の家の家神の祭壇に「頭を下げる *ok'o pui ve*」という儀礼的手続きも欠かせないものであり、その際に老人たちが語る結婚の心得は非常に長く、わざと椅子を用意されずに「頭を下げ」させられる新郎新婦は足がしびれて非常に辛いのだという。このような結婚をめぐる手続きには村ごとに細かな違いがあるが、基本的な手続きを単純化して述べると、①仲人ツカパによる求婚「ヤミナヴェ *yami na ve*」および婚資と日取りの取り決め、②婚礼当日に両家で行われる儀礼手続き「頭を下げる」、③ケチャヴェ（*kheh ca ve*）と呼ばれる豚をつぶして行う披露宴、からなる[44]（表2）。②と③で構成される婚礼自体は全部で三日間行われ、一日目に女性方で「頭を下げる」と大きな披露宴ケチャヴェを行い、二日目は男性方で「頭を下げる」と小さな披露宴を行い、その後三日目には両家の親族が女性方に集まり、「姻族を認識する *haw zeu ve*」と呼ばれる顔合わせが行われる。

しかし、そのような華やかな婚礼が常に行われてきたわけではなかった。集団化以前の婚礼は、現在行われるのと同

表２　ラフの基本的な婚礼の行程

ヤミナヴェ	①男性方の仲人ツカパが新婦父母に対して結婚の希望を伝える ・合意ののち、婚礼の日取りと「過礼（婚礼でふるまう豚肉や米、酒など）」の量を相談する
婚礼一日目	・新郎と新郎方親族、新婦宅へ向かう ②新婦宅の家神に対して新郎新婦が「頭を下げる」 ③新婦宅で豚をつぶしての披露宴「ケチャヴェ」
婚礼二日目	・新婦と新婦方親族、新郎らとともに新郎宅へ向かう ②新郎宅の家神に対して新郎新婦が「頭を下げる」 ③新郎宅での食事（小さな披露宴）
婚礼三日目	・新郎新婦双方の父母及び親族が両家を訪れあい、「姻族を認識する」

「頭を下げる」手続き。中央の頭巾をかぶってしゃがんだ女性とその右の男性が新郎新婦。

じように、男性方から差し出された豚をつぶす盛大なものが多かったという。女性方が招待した親族たち全員が満腹になるだけの豚肉を用意できないと、男性方親族はなじられたそうである。しかし、集団化ののちはそのような盛大な婚礼を行うことが不可能になり、「煙草を飲む結婚」(その日だけは草煙草でなく配給制の紙タバコを吸う贅沢からそう呼ばれた)や、「歌を歌う結婚」(共産党を礼賛する歌を歌った)などが行われた。この時期は、家神の祭壇そのものが封建迷信として破壊され、家神に頭を下げるという手続きを欠く婚礼がほとんどだった。婚礼の際に夫婦生活の心得を語る人間も、村の長老たちではなく共産党幹部であったという。

改革開放の始まる一九八〇年代ごろからは、婚礼は徐々にかつてのように戻っていった。披露宴も、歌やタバコから、豆のスープを飲む結婚、豚をつぶす結婚へと少しずつ豪華になっていった。集団化時代に禁じられた家神の祭壇も復活し、家神に「頭を下げる」手続きも行われるようになった。集団化時代に結婚した親から生まれた子らの結婚においては、「親が頭を下げていない家の家神の祭壇に子が頭を下げることはできない」ために、親たちが結婚十数年ののちに改めて家神に頭を下げる手続きを行うという対応も見られた。経済発展に伴い、披露宴でふるまわれる食材には変化が見られるようになってきたが、あくまでも重要視されるのは豚の大きさであり、「豚を分けて食べる *va pa ca ve*」という言い方で婚礼を呼ぶ人もいる。「過礼 *gaw li*」と漢語を借用して呼ばれる男性方から女性方への婚資の品には、基本である豚、酒、米、薪から、茶、タバコ、糯米、豆、銀の耳飾りなどまで経済状況に応じて様々なものがあるが、最も重要なのは豚である。しかし、「分けて食べる *pa ca ve*」という言い方からも推察されるとおり、この豚は婚礼の際に共食されてしまい、その後新たな夫婦やあるいは女性方父母に残される財としての価値はない。さらに、豚は常に男性方親族から女性方親族に渡されるべき婚資と言えるわけではなく、婚礼参加者が多く豚肉が満足に用意できない場合、夫方だけでなく妻方からも豚が差し出されることも稀にあったそうである。このような結婚に際する婚資は、後述する遠隔地婚出において漢族男性から父母に対して支払われる数千~数万元の金銭に比べてはるかに安価であった。

婚礼三日目に行われる「姻族を認識する」という手続きは、一日目、二日目に行われる「頭を下げる」や披露宴ケチャヴェほどの華やかさはないものの、結婚に伴う親族関係の広がりを捉える上で興味深い。竹編みの四つ角のテーブルを両家の親族が囲み、仲人ツカパが男性方親族とそれぞれの親族呼称を紹介する。その後、新婦の兄あるいは母方オジが、女性方親族とその親族呼称を紹介する。男女の結婚によって双方の親族は「オチュオカ *aw ceu aw hk'a*」になり、「今後は、出会っても他人のように『おじさん』などと呼びかけてはいけないよ。これで我々はオチュオカになったのだから、それをきちんと認識して、互いを呼び合わなくてはならない」と諭され、この結婚によって変化する親族呼称を確認しあう。新郎新婦にとって、結婚相手の親族呼称は自らのものとなる。つまり、配偶者がそれぞれの親族に対して用いる親族呼称は、自らも同じように用いなくてはならない。新郎にとっての伯父は新婦にとっても伯父であり、新婦にとっての弟は新郎にとっても弟である。唯一、男女のあいだで呼称が異なるのは、舅と姑、つまり配偶者の父母への呼称である。新郎の父／母に対しては、新婦は「父／母」ではなく「わたしの祖父／わたしの祖母」と呼ばなくてはならない[45]。新郎もまた、新婦の父母に対してそのように世代をひとつ飛び越えた呼び名を用いなくてはならない。

2　結婚後の関係性の広がり

婚礼を挙げたのちの男女は、女性方父母のもとで三年間の労働奉仕、男性方父母のもとで三年間の労働奉仕を行ったのち、男女がひとつの家を建てて独立するという居住形態の変遷を伴うのが理想とされていた。そのため、子の多かった時代は、複数の子とその配偶者が一軒の家を出たり入ったりするサイクルが常態であったという。しかし、このような結婚後の双方への労働奉仕の習慣は、一九五五年から開始された土地改革と、それに続く合作社の設立と集団農業の開始に伴い行われなくなっていった。共同の土地を共同で耕し、個人の労働に応じた労働点数制が取られるようになると、誰の土地に対して労働奉仕をするという発想や行動そのものが成り立たなくなった。その後、一九八〇年代に土地が再分配され、生産責任制が導入されたことによって、ムコ・ヨメによる労働奉仕の習慣は復活するが、現在では一人っ子政策によって出産可能人数が二子のみに制限されているため、労働奉仕に伴う子らの多重居住状況はほとんど起こらず、結婚後すぐに男女の父母どちらかの家に住みに行くという形態が採られることが多い。

また、結婚後に起こる大きな変化として、呼称の変化が挙げられる。外の村から婚入してきた者は、その配偶者の名を以て「〇〇の妻／〇〇の夫」と呼ばれるようになる。さらに、ふたりのあいだに子が生まれれば、子の名前を用いて「〇〇の母／〇〇の父」と呼ばれるようになる。子が生まれたにもかかわらず、その人本人の名前[46]で呼ばれ続ける人は少なく、また周囲の者も子を持った者を本名で呼ぶのは失礼にあたると考えている。P村に住む五〇代の女性は、自分の夫に対してさえ「〇〇の父よ」と呼びかけているので、そのことについて尋ねてみたところ、「最近の若い者は子どもが生まれたあとでも夫や妻を本名で呼ぶ者がいるが、昔の人はオリ（規範）が大きく、結婚相手であっても名前では呼びかけないのだ。名前で呼びかけられるのは、未婚男性や未婚女性だけだ」と語ってくれた。このような、家族の成員との関係性によって呼びかけられるというラフの呼称の特徴は、のちに述べる女性の遠隔地婚出の進展のなかで、女性の結婚状態や配偶者との関わりをめぐる村人たちの判断が表れる場となっている。

ラフは、世代を超えて継承される親族集団の観念が希薄であるため、男女の結婚は非常に多様な関係性を生み出す結節点である。結婚によって男女の親族が双方向的に「オチュオカ」あるいはより親しい名称である「オヴィオニ（キョウダイ）」として認識されるのみならず、男女は双方の親族に対して「オヴィオニを認識する」ことが「オリ（礼儀）」として求められる。これは、農繁期の労働力の提供、諸儀礼への参加、日々のちょっとした食材の提供などが同居の有無に関わりなく期待されることを指している。自ら及び他者の結婚を結節点として双方向的・重層的に拡大するこれらの関係群は、最大公約数として「我々はみんなオヴィオニだ」といった言説を生み出し、ほぼ無限に拡大していくように思えるが、「オヴィオニは三代経てば他人になる」という物言いによって切断もされる。実際にはこの「三代」も流動的なものであるが、心情的に親しくしたい間柄の者を除けば、三代経てばオヴィオニに対して行うべき諸義務（儀礼への参加、労働交換など）から解放されるといった意味合いである。

このような、結婚を通じて双方向的に形成される「オヴィオニ」や「オチュオカ」関係という点から見れば、後述するような、どこの誰とも分からない外地漢族男性との遠隔地結婚は、通常の結婚とは大きく異なる文化的断絶を伴うものである。ほとんどの場合、漢族との遠隔地結婚が姻戚関係を結ぶことはなく、女性は生家の重層的な関係から切り離されて漢族世界に飛び込むことになる。

3　離婚・自殺・駆け落ち

ところで、このような結婚に基づく関係の結びつきが強いほど、離婚は困難になる。ラフの結婚の安定性には地域ごとに大きな差異が存在し、瀾滄県南部や耿馬県、またタイのラフのあいだでは、離婚が非常にたやすく行われ、「一人、二人の夫を持ったことのある女性は珍しくない［雲南省編輯組（編）二〇〇九：三二］」と言われる。しかし、瀾滄県北部では離婚が困難だとされる例が複数報告されている［Du 2004; Ma 2013］。P村においても、「親が離婚させるのでないかぎり、子どもは離婚できない」というのがかつての通説であった。P村でこれまでに起こった離婚は、文革期の混乱のなかで起こった国外逃亡による離散や遠隔地婚出を除けば、一九八〇年代以前では一九六〇年代に三件、七〇年代に三件のみである。これらの離婚はいずれも賠償を伴わず、両親の話し合いを経て承認されたという。(47) このような、結婚に際する親の介入と離婚の困難さ故に、ときに離婚したくとも叶わない事態が起こりうる。そのような場合に、他異性との駆け落ちや自殺を図る者もおり、このような悲恋のストーリーはラフのポップミュージックのテーマにもなっている。[48] 特にP村を含む瀾滄県北部一帯のラフにおける自殺率の高さは群を抜いており、自殺の原因と対策を把握するための調査が瀾滄県県長らによって実施されるほどであった。[49] 杜（Du）は、このような中国国内のラフにおける自殺率の高さを、一九五〇年代の中国の政治的激変やその後の集団化政策のなかで、ラフの男女平等のイデオロギーとは齟齬をきたすような社会変化が起こった結果として位置づけ、論じている［Du 2004］。

ところで、自殺や駆け落ちを語る際に、女性たちのあいだでは後述する遠隔地婚出との連続性が語られる場合があることは注目に値する。P村に嫁いできたある女性の母親は、娘の結婚について、「本当はあんな貧しい男と娘を結婚させたくなかったけれど、もし反対すれば娘が漢族のところに逃げてしまうか、それとも自殺を図るかと心配してしぶしぶ了承した」と語ったが、これは、遠隔地婚出や自殺が、村のしがらみからの「逃避」の方途のひとつであることを示している。遠隔地婚出を表現する際にしばしば用いられる「ポイ *hpaw-e*（逃げる）」という動詞は、遠隔地婚出だけでなく駆け落ちを指す言葉でもある。また、「昔は夫婦げんかが起こっても逃げる（ポイする）場所もなく、自殺する者が多かったけれど、最近はポイするところがあるので自殺する者は少なくなった」と語る女性もいる。このような説明はしばしば女性によってなされ、男性からそのような説明を聞くことはなかった。もちろん、自殺した者にその要因を尋ねることは不可能であり、実際にはこのような単純な図式で自殺と遠隔地婚出との関係を説明し尽くすことはできないが、ラフ女性自身が遠隔地婚出と自殺をこのようなかたちで結びつけているのは示唆的である。

もっとも、離婚や死別などが起こった際の再婚は、非常に速やかに行われる。病で夫を亡くした女性が、夫の死後半年もしないうちに新たな夫を迎えることは珍しくない。これは、農業を成り立たせるために、男女の力がなくてはやっていけないためである。杜（Du）は、「箸は一本では使えない」というラフの格言を用いて男女一対の観念を論じたが［Du 2003］、まさに箸一本ではうまく食事ができないために、再婚が必要となる。もっとも、すでに子どもが大きくなって親を養ってくれる場合にはその限りではない。P村には、夫の死後再婚せずに暮らしている女性が三人いたが、いずれも五〇代を越え、子と同居していた。女性と同様に、男性も離婚や死別ののちにはすぐに再婚相手を探すが、近年では女性の遠隔地婚出に伴って女性の人口が少ないため、再婚相手がなかなか見つからない男性もいる。先述したように、ラフにとって家神の秩序は夫婦によって成り立つものであるが、その家の秩序を担う夫婦のどちらか片方が死亡したのちは、再婚をしない限り、老親扶養を行う次世代の夫婦がその家の秩序の担い手となってゆく。

やや記述的にラフの家族や結婚に関わる事柄を述べてきたが、以下に整理しておこう。ラフ村落は、山神や家神によって秩序立てられている。家神の秩序はその家の家長である夫婦の調和によって維持され、その秩序からの逸脱である姦通は、人を狂わせてしまうほど甚大な効果をもたらす。そのような性行為をめぐる規範のため、村や家の外で形作られる未婚男女の関係性を村内に持ち込むのが結婚＝「夫を求める／妻を求める」という契機である。婚礼の規模は時代によって変化してきたが、男女の結婚によって親族関係は双方向的に結ばれ、男女は生家の父母に対しても婚家の舅姑に対しても労働奉仕などが求められる。その一方で、離婚が困難であるという側面は、夫婦関係に深刻な問題が起こった際のストレスを高める。そのようなストレスとしがらみから逃れる方途のひとつとして、かつてから存在した自殺や駆け落ちの延長線上に、女性の遠隔地婚出という選択肢が登場してきたという語りが存在する。

だが、事態はこの説明のように単線的に引き起こされているのではない。では、遠隔地婚出という事態は、ラフの村の婚姻観にどのような変化をもたらしているのだろうか。そのことについて考えるために、次章ではまず、P村において遠隔地婚出がどのように進展してきたのかを見ていくことにする。

註

（1）片岡樹氏による教示。
（2）ラフのキリスト教への集団改宗については片岡が詳しい［片岡 二〇〇六］。
（3）後述するP村の人々の佛房への参拝は、おそらく文革期の弾圧を越えた一九九〇年代までは細々と行われていたようであるが、P村が当時参拝していた佛房が過激な宗教運動によって政府の規制を受け始めたことにより、衰退していったようである。

(4) 共産党中国におけるラフの佛房信仰の弾圧については馬が詳しい［Ma 2013］。

(5) 民族識別工作についての詳細は、中国全体については毛里［毛里 一九九八］、雲南省については松村［松村 一九九三］などを参照のこと。

(6) ラフ語で蜂は「ペ *peh*」であるため、そのイニシャルを取った仮名である。

(7) "面包（食パン）"のような四角い形をしているからこのように呼ばれる。大型バスの通らない田舎への主要な交通手段である。

(8) 「社」とは、行政村の下位区分である「社区居民小組」の略称だと思われる。中国において、通常「社」とは人民公社を指すが、それとは規模が異なる。本書では、「社」という現地用語を用いることでかつての人民公社や合作社との誤解を生む可能性があるため、「村」という名称を用いることにする。

(9) この始祖はラフだと語られるが、その姓はラフにはほぼ存在しない「*eh*」という発音であり、これはおそらくシャンやワに一般的な姓である「岩」姓であると推測される。P村近隣には他にも、孤児であったラフがシャンに拾われて育てられたという張姓の先祖譚があり、シャンとP村のラフとのあいだに何らかの関係を想像させるが、史実は不明である。

(10) 翻訳不明。ルイスの辞書には「*la tsuh*」は「海」と書かれている［Lewis 1986］。しかし、P村での用法と意味が合わない。

(11) 募乃の石氏土司は雲南最後の土司として著名である。詳細は、その子孫である石炳銘の自筆の伝記『雲起雲落』［石 二〇一〇］や、［馬 二〇一二］を参照のこと。

(12) この募乃銀山が一八一〇年に閉山されるに伴って、失業者となった漢族移民たちの力を吸収してラフの宗教・政治運動が進展していった。詳しくは［片岡 二〇〇七b］参照。

(13) 二〇一二年上半期における瀾滄県全体での一人当たり純収入は二〇五一・九五元である［普洱瀾滄ラフ族自治県数字郷村新農村建設信息網ウェブサイトより］。

(14) おそらく明・清朝期の軍事移民及びそれに付随して南下してきた商業移民の末裔と考えられる。

(15) 啓姓の老人によれば、彼らは一九五三年に西盟のワがまだ共産党軍と戦闘を繰り広げていたときに、共産党側の軍の兵として戦い、その後P村近辺に住み着いたそうである。

(16) 組とは社の下位区分である。

(17) ラフロメは、一九九〇年にラフの一支系として確定されたが、ラフの多数派言語であるラフナ語を解さない。中国の言語学者によれば、チベット・ビルマ語系イ語支のビソ語（bisoid）であるという［王 二〇〇六：二六四］。

(18) 改土帰流とは、清朝雍正年間に実施された辺境統治政策で、従来の土司・土官を封ずる間接統治から、朝廷の任命する官吏による直接統治への転換が行われた。

(19) 大躍進政策とは、農業・工業の大増産を見込んで毛沢東が実施した政策で、その急進的な性格から経済の混乱を招き、全国的に多くの餓死者を出した。瀾滄県でも急激な集団化が行われた結果、多大な食糧の減産を招いた［雲南省瀾滄拉祜族自治県誌編纂委員会（編）一九九六］。

(20) P村の住人のなかには、高齢であっても大躍進期と文化大革命との区別がつかない人が多く、正確な年代を答えられないことが多いが、実際にミャンマーへ逃げて再び帰村したある夫婦は一九五八年という年を記憶していた。

(21) P村では、ミャンマー側に逃げた者たちが、「カムコ」と呼ばれるラフの長唄を録音機に録音し、それを子孫らがP村まで持ってきたそうである。そして、P村に住む親族らが再び自分たちの歌うカムコをその録音機に録音し、子孫らがミャンマーへ持って帰ったそうである。

(22) 西本は、山神の祭壇（タイ側のラフは「村の上方の祭壇 *hk'a u pa*」と呼ぶ）について、「山のネ（精霊）」の祭壇であると整理している［西本 二〇〇九：二六一］。しかし、P村では、山神の祭壇に住む「山の主 *hk'aw she hpa*」は「山のネ」とは異なるものと言われ、前者が後者の管理者であるように語られていた。

(23) 基本的には中国の春節と同じ旧暦の元旦に行われるが、村によってその開始時期はまちまちである。大年（*hk'aw lon ma*）と呼ばれる最初の五日間は「女性の年」だと呼ばれ、その後三日間行われる小年（*hk'aw ne*）は男性の年だとされる。

(24) 山神は、様々な地域で宗教運動に伴い衰退と復興を繰り返してきたようである。西本は、タイの赤ラフの村落において、村から少し離れた山の奥に山神の祭壇がかつては存在したという語りが聞かれる一方、カリスマ運動が起こり、至高神グシャに対する信仰を重んじる風潮が高まるほどに山神の祭壇は衰退し、その代わりに村の中央に神殿が建設されるようになると分析する。そして、雲南から北タイへと南下した黒ラフの村落では山神の神殿があると片岡が記載していることから、山神に対する祭祀は宗教刷新運動よりも古いものと推測している［西本 二〇〇九：二六一－二六八］。中国国内の大乗仏教の影響を受けた地域でも、山神の祭壇はほとんど祭祀されず、佛房が参拝される形態を採るようになる。さらに、キリスト教への改宗が進むと、祭壇そのものが放棄されてしまう。

(25) 「家神 *yeh seu*」という表現は、ラフ語の家屋「イェ」と、漢語の「神 shen」との合成語と推測される。タイの赤ラフを調査した西本によれば、このような屋内の祭壇は家神ではなく「イェボパ *yeh bon pa*」（*bon* は功徳、*pa* はしばしば男性を指す人称）と呼ばれるそうである［西本 二〇〇九：二五四］。

(26) 「管理している *gua ve*」は、漢語の「管 *guan*」の借用である。

(27) 実際に私が特別に参加を許可された山神の祠の修繕作業では、中学生の男子二人と、出稼ぎから帰ってきていた未婚男性二人だった。修繕が終わったのちに、村内でもラフの伝統に詳しい七〇代の男性が祠に唱えごとをして線香を点していた。

(28) 張勁夫は、ラフの山神祭祀の衰退要因を現代の科学技術や市場経済の浸透に関連づけている［張勁夫 二〇〇九］。

(29) ラフの家屋には大きな地域差が見られる。管見の限り、焼畑農業を営む人々は簡素な竹壁・草葺きの家屋を建てる傾向があり、定住化が進むにつれてより堅牢な建物になっていくようである。また、タイのラフには高床式の家屋が多いのに対して、中国に住むラフでは土間式の家屋が多い。これは周辺に居住する民族の影響であろう。瀾滄県のラフの家屋を見ても、比較的北部に位置するP村では土間式の家屋が一般的だが、タイ族の住む盆地に近い南部へ行くにつれ、高床式の家屋が見られるようになる。

(30) このような漢族移民にとっての家の観念と、ラフにおける家神の観念や後述するような「炉に宿る魂」といった観念が、歴史上どのような影響関係にあったのかは定かではない。現在では、ラフと「漢族の一族のラフ」とのあいだにこれらの観念についての説明の違いはほとんど見られなかった。

(31) タイでラフニ（赤ラフ）の調査を行った西本は、グシャ（至高神）の側とネ（精霊）の側という二分法がラフに存在し、人の不調への対処として行われる諸儀礼には、至高神グシャと精霊ネのどちらにはたらきかけるかの違いがあることを指摘している［西本 二〇〇九］。グシャの側の儀礼は司祭が執り行い、「グシャに安寧と繁栄を請う」たり罪の浄化を祈るのに対して、ネの側にはたらきかける場合には、司祭とは別のシャーマン（呪医モーパのこと）が執り行い、精霊への慰撫や供犠といった直接交渉が行われるという。しかし、P村をはじめとする山神の祭祀を行う多くの中国のラフ村落において、司祭と呪医という区分はなく、村にはただ呪医がいるのみである。そして、不調に際する諸儀礼はすべて「ネをする」と総称され、至高神グシャへのはたらきかけと精霊ネへのはたらきかけは明確に言い分けられていない。これは、共産党中国における「邪教迷信」の廃絶のなかで司祭にあたるような宗教職能者が衰退し、各村で見つからないようにこっそり行われる呪医の活動のみが残ってきたためだと推察される。

(32) 一度病人の身体にこすりつけた米や卵には、病人の様子が現れるのだという。

(33) 鶏の大腿骨に通常ひとつからふたつ空いている小さな穴に楊枝を刺し、その穴の数や楊枝の角度で判断する。このような鶏の大腿骨を用いた占いの類は、西南中国から東南アジア大陸部にかけて広範に見られる。

(34) ソバの実は精霊にとっての米だと言われる。

(35) 墓地は通常村外の森の中につくられ、いくつかの場所に点在している。もともとは一族によって墓地が異なっていたようだが、その後墓地の交換や交渉によって入り交じるようになり、必ずしも姓によって墓地が分かれているわけではない。P村の最も多くの人が埋葬される墓地は、川を越えて向かいの山脈へ渡らなくてはならず、遺体を運ぶのに大変な労力が必要である。

(36) 各戸に肉が分配されることからも、悪いものも村人のあいだで分け合う風習があることが窺えるが、私のホームステイ先のおばあさんは「悪い肉なら食べたくない」と言って一切調理を許さず、結局その肉は食べられずに捨てられてしまったようだった。

(37) 辞書によるオリの英訳は、customs, traditions, habit, rule, law, method, way であり、しばしば「やり方」のように邦訳されるが［西本 二〇〇九：二六九–二七〇］、これらの他に、「オリを出す」「オリを渡す」といった用法がある。日本語でいう「誠意を見せる」といったニュアンスで、いわゆる賠償金のほか、精霊に働きかけて治病を行う呪医に渡される費用などもこれにあたる。語源はおそらく漢語の「礼 li」に接頭辞の *aw* がついたものだと思われる。

(38) この「四」という数字は、家の柱が四本であるからだと説明される。ウォーカーは、これをその家の男性家長と女性家長それぞれの父母であると考えていたが、インフォーマントからは「家の四つ角にそれぞれ守護精霊がいるのだろう」という説明を受けたと述べている。［Walker 2003］。

（39）トは、身体内部にあり、夜になると身体から飛び出して動物の姿で駆け回るという説明と、身体の外部に小箱のようなものに入れられて昼間は森などに安置されているという説明が聞かれた。

（40）トについて詳しくは片岡を参照［片岡　二〇一一］。

（41）トは基本的に遺伝か夫婦間感染によって広がるが、必ずしも血縁とは同一視できない。P村では、役人たちがトを撲滅するために「トを持っている者はかばんに入れて川にそれを捨てろ」という通達を出したという噂が聞かれた。このようにして捨てられたかばんを拾ったものが今度はトを持つようになり、現在では誰がトを持っているのかは分からなくなってしまった、という。

（42）「オヴィオニとは結婚できない」という発言は、中国政府による親族内婚をやめさせるキャンペーンが関わっていると推察される。一人っ子政策の推進のために設けられた瀾滄県の役所や各病院では、交叉イトコ婚を選好するラフに対し、近親相姦を繰り返せば障害者が生まれるのでやめるようにという通達を積極的に行っている。

（43）ラフは焼畑耕作に従事し、ひとつの場所に長く定住しなかったとされる［Walker 2003］。瀾滄県においても、民国二一年の報告に、水田面積の少なさと頻繁な焼畑移動のために耕地の統計が取れないと書かれている［《瀾滄拉祜族自治県概況》編写組（編）二〇〇七：一一三］。P村においては、河原の段丘では国民党時代から水田が行われていたが、それ以外の場所では水田が開墾されておらず、焼畑が中心の世帯も多かったという。「国民党の時代は土地が広く、自分でどこの土地を用いたければ用いることができた。男子が多く農業をがんばることのできる者は豊かになれた。」（七〇代男性）という話が聞かれた。

（44）ウォーカーは、本書で述べるような「頭を下げる」行為は中国側に顕著に見られ、漢族の影響ではないかと指摘している［Walker 2003: 477–478］。タイやミャンマーのラフの婚礼では「頭を下げる」は行われず、重要なのは「水を飲む」手続きのようである。「頭を下げる」事例と漢族との関わりを考えるためには、家屋の形態や家神の位置づけの比較など論ずるべき点はまだ多いが、それらについては別稿を期したい。

（45）この世代を飛び越えた親族呼称がなぜ行われるのか、説得的な理由はラフの村人からもラフ研究者からも得られていない。あくまで推測の域を出ないが、配偶者の父母であるため年長者への敬意を込めた表現なのかもしれない。あるいは、今後生まれる子の目線に立って世代を飛び越えているとも考えられなくはないが、そうすると自らの父母については祖父母と呼ばない理由が分からない。

（46）ラフの名前は二音からなるものが最も多く、前者に性別、後者に生まれた日の干支を対応させたものが多い。女性であればna＋干支、男性であればca＋干支となる。その他、第一子や末子であれば、二音目にそれを指す言葉が入ることもある。しかし、子どもの頃に病気がちであれば、その子がこの名前を背負いたがっていないと判断され、改名が行われる。その際には、生まれ月を用いた漢語の借用名（女性であれば生まれ月＋妹、男性であれば老＋生まれ月）がつけられることもある。

（47）言説レベルでは、離婚を希望した方が賠償を支払うべきだといわれるが、近しい間柄同士の結婚である場合は親同士の話し合いで免除になることも少なくないようである。

（48）中国のラフ族歌手である雅八（漢語名は胡暁華）の作曲した「別傷心、女孩」という曲のなかに自殺を仄めかす表現がいくつか見られ、わたしの調査当時P村の村人たちが歌っているのを時折耳にした。
(49) ラフの自殺に関する調査報告は［顧ほか 一九九五：李ほか 二〇〇五］を参照のこと。

第3章
遠隔地婚出の登場と変遷

P村の属する瀾滄県では、1988年にマグニチュード7.6の大地震が起こった。当時、P村のほとんどの家屋が土壁式であり、梁の上に米を貯蔵する習慣があったため、倒壊した家の下敷きになって多くの人が命を落としたという。この地震ののちに、生活基盤に壊滅的な打撃を受けたラフ女性たちの遠隔地婚出が急増することになる。写真は、瀾滄県城に建てられた地震の祈念碑。

1　現代中国における女性の婚姻移動

以上のようなラフの村での生活に、いかに中国の移動の問題が関わっているのか。P村における遠隔地婚出の詳細に入る前に、まず全国的な女性の結婚と移動に関する動態を見ておこう。中国国内において女性の長距離移動が頻繁になり、なかでも結婚による移動が盛んになったのは一九八〇年代以降のことである。これには、慢性的につづく中国のヨメ不足の問題に加えて、それまで人口流動を制限してきた戸籍制度の改革や、一九八〇年代以降に開始された経済の対外開放、そしてその結果拡大し続ける地域間経済格差が大きく関わっている。

中国の多くの漢族農村では、男子の跡継ぎを得るための女児嬰児殺しの風習が古くからあり、独身男子の過剰傾向がかつてから指摘されてきた。貧しい男性は配偶者を得ることができず、二つの家のあいだで女性を交換する「換親婚」や、三つの家のあいだで女性を交換しあう「転親婚」、あるいは「売買婚」などの方法で結婚を行ってきたとされる［張帆 二〇〇九：六二−六三］。一九四九年の中華人民共和国成立以降、それらの結婚の手法は封建的な家父長制の残滓として批判され、一九五〇年には婚姻法が制定されることとなる。ここには男女平等が明記され、女性を家父長制から解放することが目指されるようになった。しかし、一九七九年の改革開放政策の開始と一人っ子政策の施行によって、一対の夫婦が出産可能な子どもが一人に制限されたため、男児の跡継ぎを強く望む漢族社会で産児調節が行われるようになり、男子の過剰は拡大しつづけている。生殖技術の進展に伴い、胎児の性別を羊水穿刺・超音波診断によって判定する胎児の性別鑑定が一時期普及したが、鑑定の結果女児だと分かると堕胎しようとする者が後を絶たず、一九八九年に衛生部が胎児の性別鑑定を急遽中止することになった。しかし、この緊急通達を出すまでに既に性別予告が普及した地域ではより深刻な性比の不均衡が起こったと言われ、それらの地域の例として安徽・浙江・広西・河南・山東各省が挙げられている［若林 一九九六：九五］。後述するように、これらの省は、浙江をのぞいて統計上ラフ女性の分布が著しい地域であり、多くのラフ女性の婚出先となっていることが窺える。

1 経済発展と「流動人口」の出現

中国において遠隔地間の結婚が可能になったのは、一九八〇年代以降に人の移動規制が緩和されてきたことによる。中華人民共和国の成立以降、中国では農村から都市部への人の移動を様々に規制してきた。張英莉の整理によれば、都市部への人口の大幅な流入を危惧した政府によって一九五八年に設定された「中華人民共和国戸口登録条例（堀江注：戸口とは戸籍のこと）」の第十条第二項において、「公民が農村から都市に移転する場合、かならず都市労働部門の採用証明書、学校の入学証明書、または都市戸口登記機関の転入許可証明書を持参し、常住地の戸口登記機関に申請して転出手続きをとらなければならない」と定められ、農村から都市部への流入はほぼ不可能になった［張 二〇〇四］。都市への人口流入を制限するために、政府は農村戸籍保持者に対しては都市での一時滞在しか許容せず、都市戸籍を持つ都市住民が受けられる様々な福祉サービスから農村戸籍保持者を排除した。これが後までつづく「農村戸籍」と「都市戸籍（非農村戸籍）」の不平等へとつながっていく。

一九八〇年代になると、戸籍制度改革によって、省境を越える移動の制限が徐々に緩和されることとなった。経済の対外開放に伴って都市と農村の経済格差は拡大し、多くの農民が仕事を求めて都市に押し寄せることになる。そのような人の流動が社会問題化することを怖れて、人の動きに対応するように政府も様々な戸籍改革を余儀なくされることになる。一九八〇年代から徐々に戸籍制度改革が行われ、都市における暫住戸籍の配付や、「自理口糧戸籍」と呼ばれる食糧自給を条件とした戸籍の付与が開始されたことにより、コストのかかる方法ではありながらも都市への移動は徐々に容易になり、長期滞在も可能になってきた［張 二〇〇五］。一九八五年には『中華人民共和国居民身分証条例』が可決され、戸籍登録地とは異なる場所に居住する人民のために、戸籍とは別に居民身分証という個人携帯型のＩＤカードを一八歳以上の国民が取得できるようになっている。このように、戸籍制度は主に農村―都市間の移動を主眼としつつ改革されてきたと言ってよい。

こういった農村部から都市部へ流入する人口のことを、中国の人口統計では「流動人口」と呼ぶ。「流動人口」は戸籍登録地以外で長期間を暮らす不安定な存在であるといわれ、二〇一五年には中国の総人口の六人に一人にあたる二億四七〇〇万人に達している。(1)

2 労働力としての若年女性と婚資の高騰

移動規制の緩和とともに進展する労働移動の波は、漢族農村における結婚の慣行にも大きな影響を与え、婚資の高騰などによって貧しい漢族農村男性のヨメ不足をますます深刻化させている［Siu 1993; 原・石 二〇〇五］。韓（Han）およびイーズは、安徽省での調査をもとに、漢族農村において男性のヨメ不足が増大するプロセスを、女性の労働への参与と結婚費用との関わりから分析している［Han and Eades 1995; 韓 二〇〇七：一六八―二〇一］。安徽省では、女性も労働生産に関わる南部の稲作地帯とは異なり、従来女性は農業などの生産労働には携わらず、家で家事や織物をして暮らすものが多かったという。しかし、一九五九年から一九七九年までの集団化の時代に、徐々に女性も労働に参加するようになっていった。一九七九年の改革開放と家内生産責任制の導入、商品作物の導入などによって労働力の確保が各家庭にとって重要になった結果、娘は農業の担い手としての役割を求められるようになった。そのため、従来は、男女の結婚に際して贈与される結婚資金は、女方親から新郎新婦に渡される結婚支度金としての持参金が主であったのが、労働力である娘を手放す代償として女方親から男方親への物的要求が高まり、男方親の差し出す婚資の高騰や婚礼の豪奢化が進んだという。また、労働力の需要の高まりは、父系親族内部だけでなく姻戚関係のネットワークを用いた相互扶助の重要性を高め、そのネットワークをつなぐ女性の地位が高まっていることも、女方親が結婚に際して男方親よりも優位に立てる理由のひとつであるという。それらの結果、女方が満足するような高額の婚資を用意できない貧しい男性たちのあいだでヨメ不足が生じてきたというものである。[2] また、このような農業労働力としての役割のみならず、一九八〇年代以降、農村から沿海部都市への出稼ぎが増大するなかで、若い女性も出稼ぎに参加するようになってきた。「打工妹（出稼ぎ娘）」と呼ばれる若い出稼ぎ女性たちは経済力を持ち、出稼ぎから得られた収入の一部を結婚の持参金に当てるものも現れ［Siu 1993; Fan 2012］、その分婚礼の豪奢化が進んでいると見られる。また、「打工妹」たちの一部は、村に戻って結婚するよりも出稼ぎ先で出会った男性との結婚を志向するようになり、農村に残る男性の結婚難は深刻になるばかりである。

　これらを背景として、地元では結婚相手を得られない男性が、より貧しい遠方へヨメ探しに行くという現象が起こっている。ディヴィンは、一九九〇年代のセンサスデータをもとに、中国国内の女性の省境を跨ぐ結婚に関して、女性の送り出し地域となっているのは雲南・貴州・四川・広西各省であり、女性の受け入れ地域となっているのは河北・安徽・江蘇・浙江各省であると分析している［Davin 1999: 145］。つまり、西南部後進地域から、沿海部発達地域の後背地農村への女性の流れがあるということである。不完全な統計であるが、一九八五〜一九八八年に雲南省から四万六三一五人の女性が流出したという計算がある［王　一九九二］。本書の舞台である雲南省のラフ村落は、このヨメ探しの連鎖の末端に位置している。

もっとも、張によれば、これらの婚姻に基づく女性の移動は経済的には「水平移動」であるという［張（編）一九九四：九 ‐ 一〇］。それはつまり、結婚による経済的上昇を伴わない農村間の移動が主流であるということである。農村間の移動は、農村—都市間の移動ほど強く制限されず、戸籍の移籍手続きなども比較的容易に行いうる。しかし、経済的側面から見れば「水平移動」であったとしても、実際に移動する人々にとって経済的側面のみが重要であるとは限らず、何を基準として水平や上昇、下降を論ずるのかには注意を要する。第1章で述べたように、コンスタブルは、グローバル・ハイパガミーという言葉を用いてこれらの結婚と移動に関する問題を分析しているが、人々にとってどの要素が「上昇」であるのかは注意深く見ていかなければならないと指摘している［Constable 2005］。ラフの女性たちにとって、漢族地域への遠隔地婚出の何が大きな魅力であり、またどのような想定のもとに女性たちが婚出していったのかは、第4章、第5章で見ていくことにする。

2　雲南省における婚出状況

それでは、このような漢族地域でのヨメ不足の結果、西南中国では女性の婚出がどのように進展しているのだろうか。現在の中国のセンサスは省境を越える移動を他の移動とは異なる特別なものとして設定しているため、統計に現れる人口にも様々な偏りがある。本書が取り扱うデータに関しても、センサスに現れる人口に民族区分がなされていない情報が含まれているなど、様々な制約があるが、それでもセンサスから読み取れる限りの状況を把握しておく必要がある。

1　ラフの省外分布状況

二〇一〇年のセンサスにおいて、ラフ女性の省外居住人口は際だっている（地図3）。中国国内の総人口四八万五九六六人のうち、雲南省外に居住しているラフの人口は一万九五五人であり、総人口の二・三％が省外に暮らしていることになる。省外居住人口のうち、ラフ男性は二八九三人、ラフ女性は八〇六二人であり、省外人口の七三・六％が女性ということになる。

それらのラフ女性の分布を省別にグラフに示したものが図3から図5である。[3] 一九九〇年から一〇年ごとの経年的な変化を見てみると、一九九〇年ごろから女性の省外居住が際だっていたことが分かる。[4] また、二〇〇〇年には女性の省外居住が際だっていたのが、その後二〇一〇年には男性の省外居住も増えつつあることが分かる。二〇一〇年のグラフにおいて、ラフ男性の集中している広東省・浙江省・上海市などが、工場の多い全国有数の出稼ぎ先であるのに対して、ラフ女性の分布は農村部の多い山東省・河南省・江蘇省である。二〇〇〇年に比べて二〇一〇年における浙江省居住のラフ女性が増えているのは、おそらくラフ男性と同様に出稼ぎによるものだと推察される。

また、図6のグラフは、雲南省外におけるラフの居住地域を、男女別に中国の行政区分である城市・鎮・郷の三種別から示したものである。[5] 省外に居住するラフは、男性であれば半数以上が城市（大都会）に居住しているのに対して、ラフ女性は七割近くが郷（農村）に居住している。これは、ラフ男性の多くが出稼ぎのための移動であるのに対して、ラフ女性の省外移動のほとんどが出稼ぎではなく遠隔地婚出であり、その婚出先の多くが都市ではなく農村であることを示しているととらえてよいと思われる。雲南省内に居住するラフの場合、男女ともに郷（農村）居住人口が八割を越えていることを考えれば、少なくともセンサス上の区分から言えば、ラフ女性は移住前と移住後において居住する地域

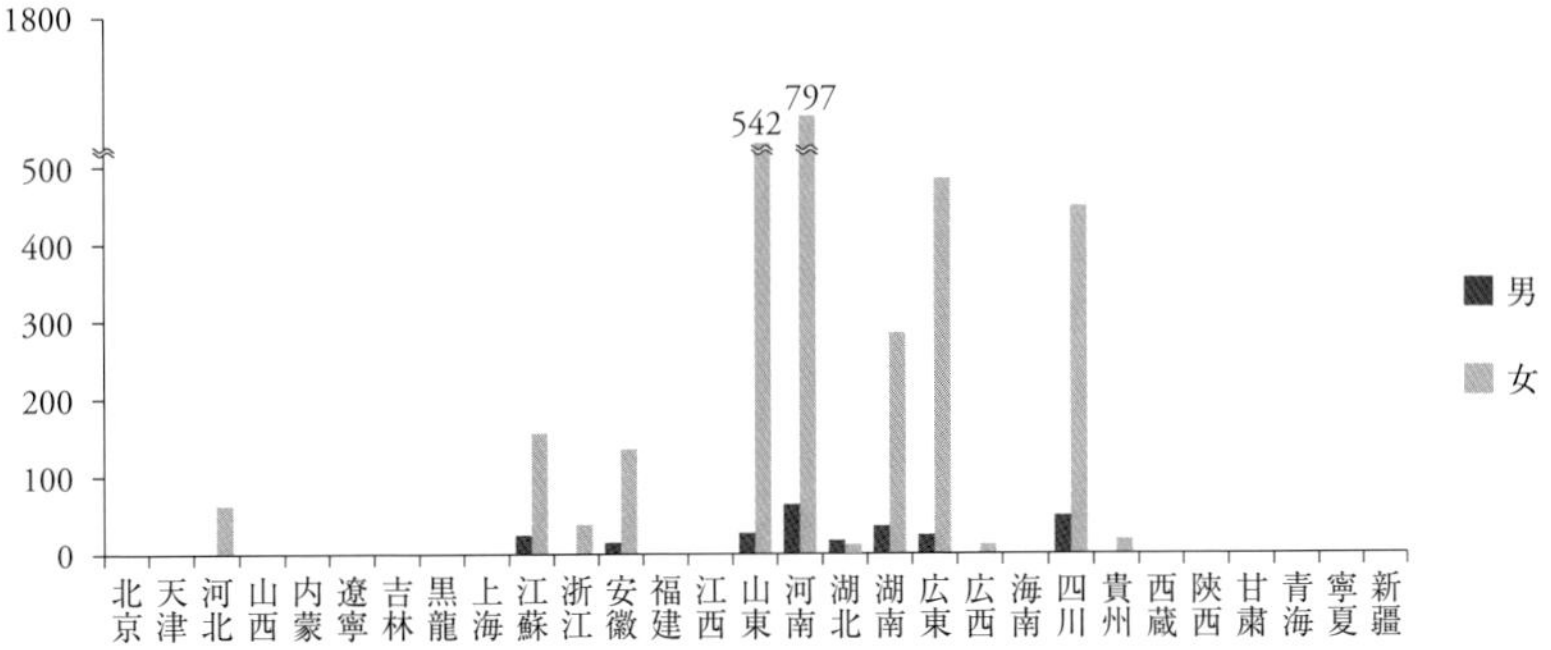

図3　1990年　ラフ男女別省外居住人口

［国務院人口普査辦公室 国家統計局人口統計司（編）1993: 829–837］より筆者作成。

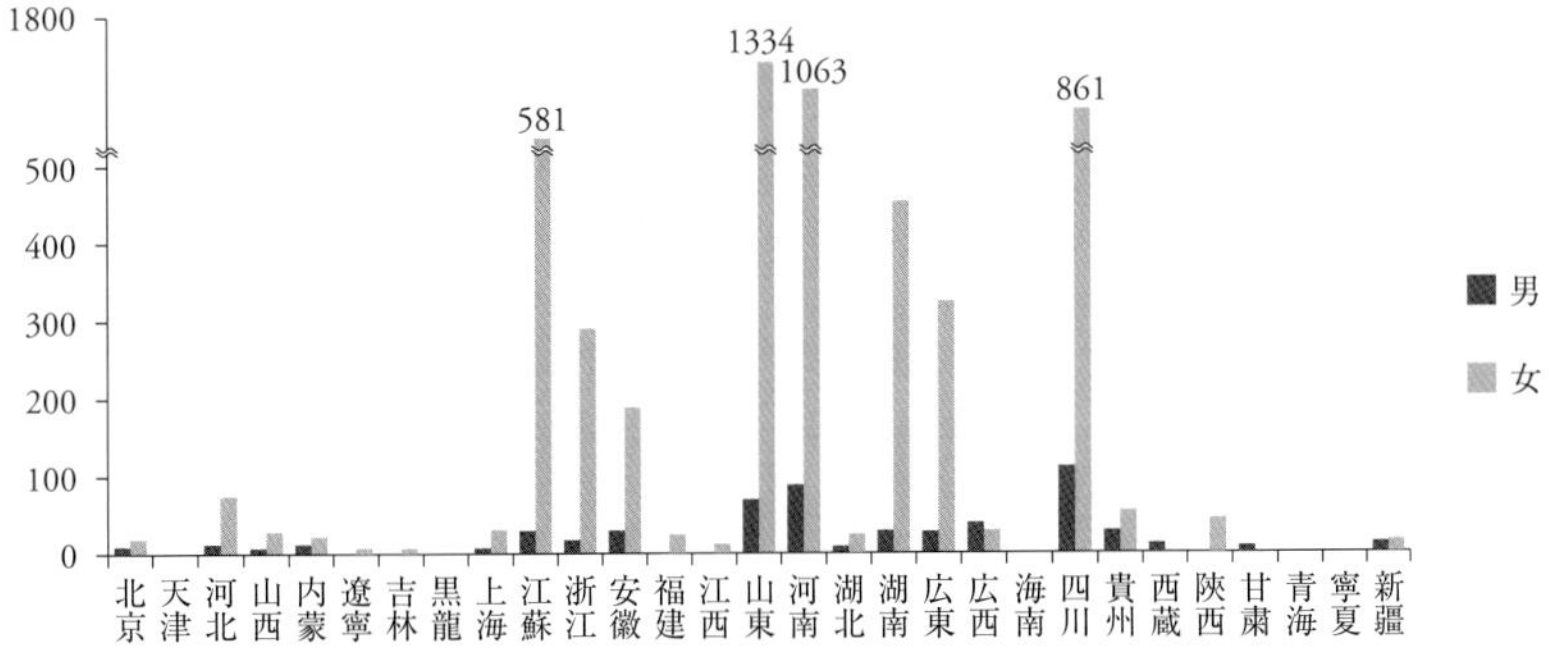

図4　2000年　ラフ男女別省外居住人口

［国務院人口普査辦公室 国家統計局人口和社会科技統計司（編）2002: 30］より筆者作成。

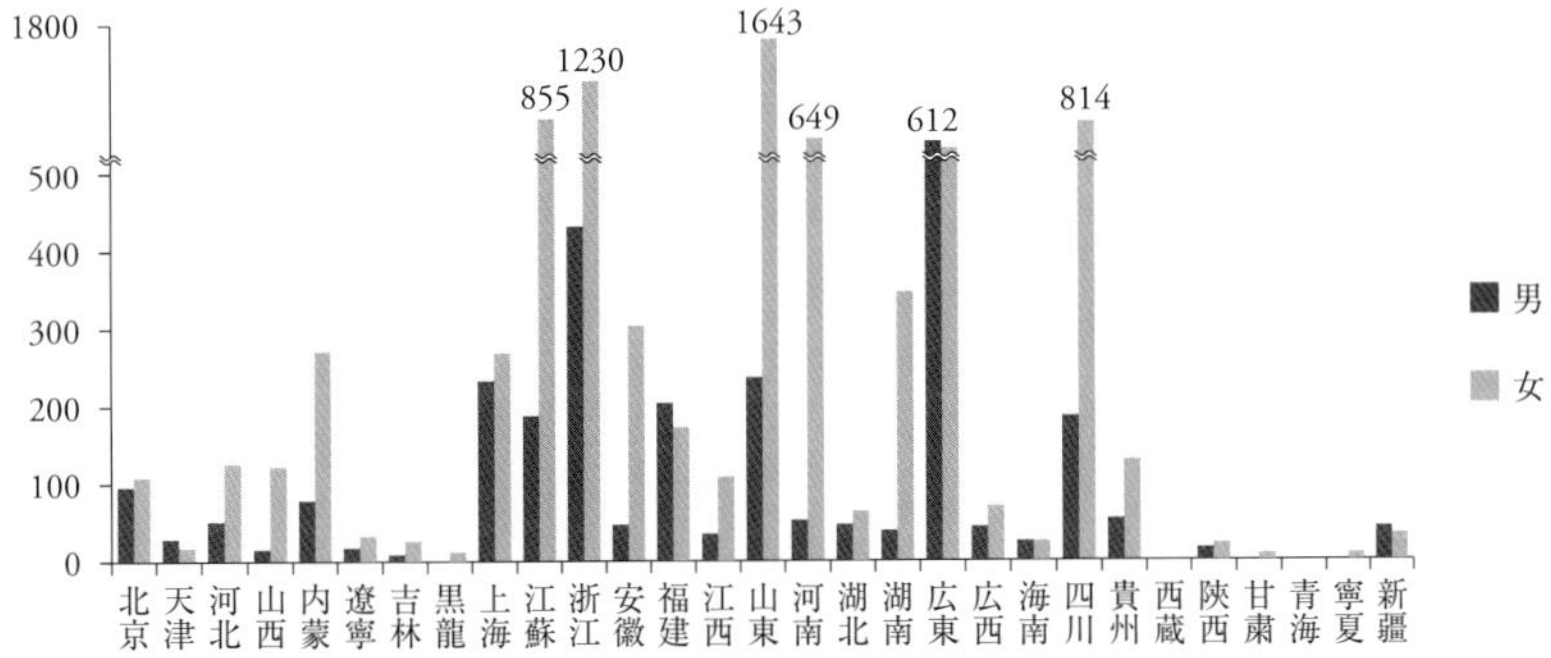

図5　2010年　ラフ男女別省外居住人口

［国務院人口普査辦公室 国家統計局人口和就業統計司（編）2012: 30］より筆者作成。

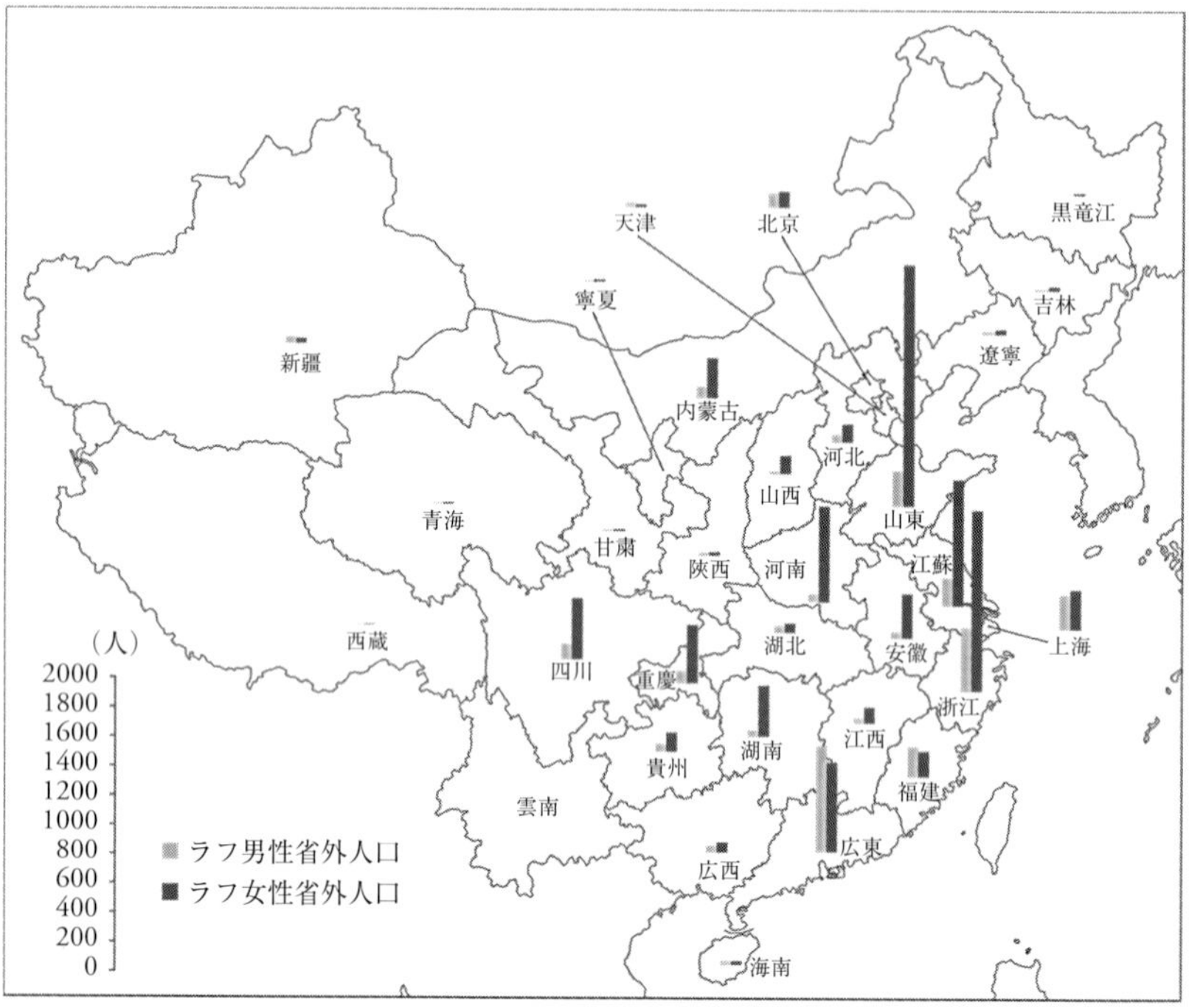

地図３　2010 年度　ラフ男女別省外人口分布

［国務院人口普査辦公室 国家統計局人口和就業統計司（編）2012: 30］より筆者作成。

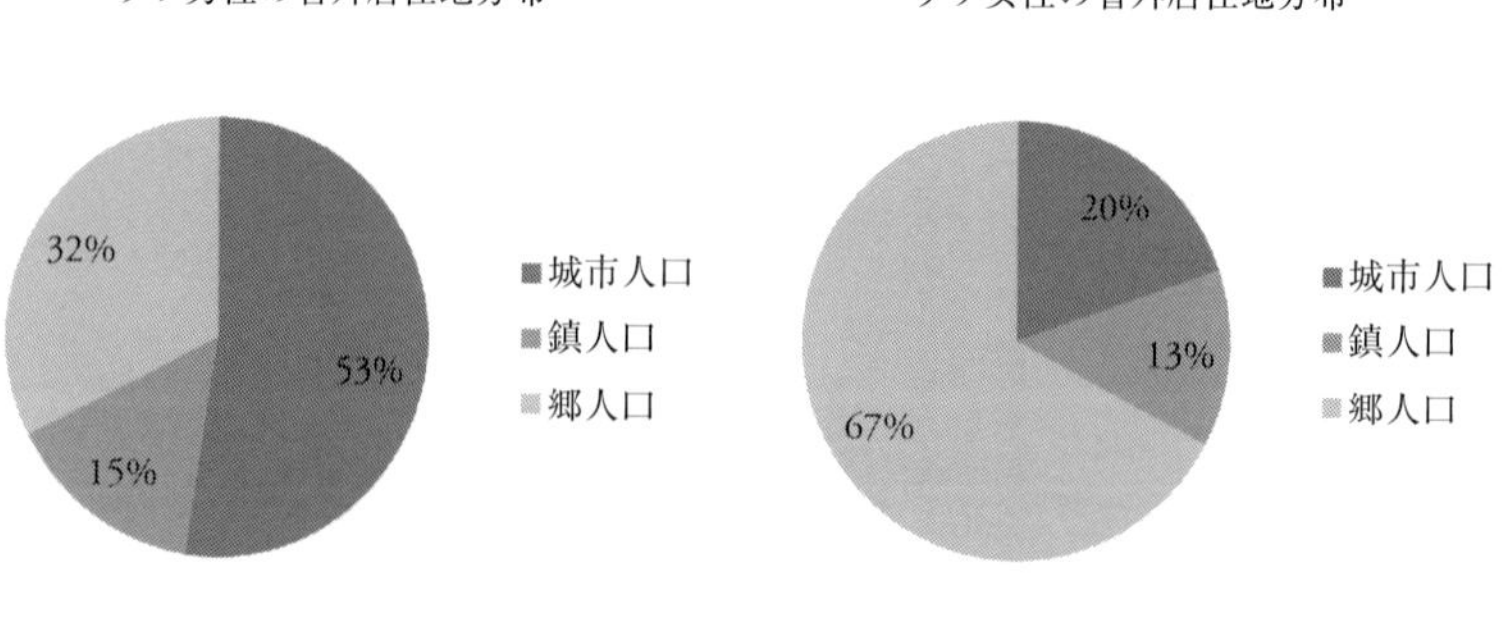

図６　2010 年　雲南省外に居住するラフの性別居住種別

［国務院人口普査辦公室 国家統計局人口和就業統計司（編）2012］より筆者作成。

区分に大きな変化がないと言えるだろう。もっとも、どちらも農村であると言っても、婚出前と婚出後のラフ女性の生活は大きく異なっている。それについては第5章で詳述する。

センサスからはおおむね以上のような傾向が見て取れるが、遠隔地婚出を行う女性たちの書類手続きにはしばしば不備があり、手続きの是非そのものがラフ女性やその父母、漢族夫側などとの交渉の材料となっているため、これらのセンサスには現れないラフ女性たちも多くいることが推察される。例えば、P村から遠隔地婚出を行ったある女性は、ラフ夫の暴力に耐えかねて遠隔地婚出を決行し、婚出先の河南省で役人に賄賂を支払って戸籍を新たに作り直したため、その戸籍にはラフという民族籍が書かれていない。周囲の漢族たちも、彼女が〝雲南人〟であることは知っていても、民族が何であるかまでは知らない。また、女性の遠隔地婚出は人身売買と重なる部分もあるため、懲罰を畏れてセンサス時に姿を隠す者もいると推察される。そのため、上述したようなセンサスに見られるラフ女性の分布はあくまで氷山の一角に過ぎない。

2　他の少数民族の分布状況の概観

西南中国から華東・中南漢族地域に婚出していくのはラフだけではない。馬は、雲南省西南部に住むラフとワが特に遠隔地婚出の甚だしい民族であるとし、両者をともに論じている［馬 二〇〇四b］。また、王は、婚前の男女交際が比較的許容されているハニやヤオの移動が甚だしく、婚後も女性が生家に残る傾向のあるタイ族にはほとんど起こらない現象であると指摘している。［王 二〇〇七］。しかし、二〇〇〇年のセンサスを見ると、タイ族の省外居住人口は男性二二〇二人に対して女性が八〇〇六人となり、やはり七八・四%が女性である。その居住地の内訳も、ラフとほぼ類似の傾向を示している。また、ラフと近隣の山地に居住し、ラフよりもさらに奥地に住むワについてであるが、省外居住人口のうち、男性二八四三人に対して女性が一万七四四人となっており、省外居住人口の七九％が女性である。ワと同じ山地民のひとつであるハニに至っては、男性二八一五人に対して女性が一万一八六八人であり、八〇・八％にのぼる。ここから、ラフのみならず、雲南の諸民族においても省外に居住する人口の過半数を女性が占めるという現象が分かる。

一方で、他の少数民族集住地域に目を向けてみるとどうだろうか。雲南よりさらに西方の青海省や甘粛省に主に居住するウイグルや、北方のモンゴル族については、このような省外居住人口に明確な男女比の差は見られない。雲南に境界を接する四川省や貴州省に居住するイやミャオの省外居住人口についてはやはりラフと同様の傾向を示すことから、本書が取り扱うようなヨメ不足に基づく少数民族女性の移動は、西南地域から華東・中南地域へと起こっていると言って差し支えないであろう。

3　P村における女性の遠隔地婚出の変遷

さて、それでは、漢族地域で巻き起こったヨメ不足の波が、瀾滄県のP村にどのように波及していったのかを、わたしのフィールド調査から以下に見ていくことにする。

わたしの滞在当時、P村には結婚適齢期の未婚女性がほとんどいないという状況にあった。既婚者を含めても、一〇代から二〇代における男性余りの状態は顕著である。P村における二〇一〇年時点での男女別の在村人口は図7のようになっている。このような男性余りの状態は、一九八〇年代後半から起こった漢族地域へのラフ女性の遠隔地結婚の結果である。P村において女性の遠隔地婚出が行われるようになったのは、一九八〇年代後半からであり、二〇一〇年から二〇一一年のわたしの調査時において、P村から遠隔地婚出を行った女性は実に五三人にのぼっていた。P村における遠隔地婚出の時代変遷は図8のようになっている。

P村の遠隔地婚出は、一九八八年に発生した瀾滄大地震の発生をひとつの契機としている。瀾滄大地震はマグニチュード七・六級の大地震で、県内で死者六五四人を出す大災害であった。P村の被害も甚大で、土壁・草葺きだった当時の家屋のほとんどが倒壊してしまった。そして、地震後の一九八八年から一九八九年ごろ、倒壊した道路の復旧工事のための漢族労働者が、村のそばの道路沿いにテントを張って住み着くようになった。そこで彼らと接触し、彼らに誘われてついていく(第4章参照)ラフ女性が急増した。地震による親の死、生活基盤の崩壊を憂えて、遠隔地婚出の斡旋を行っている町の仲介者の噂を聞きつけて自ら町に赴く女性もいたという。瀾滄県内の他のラフ村落では地震以前からすでに女性の遠隔地婚出が起こっていた地域もあるそうだが、P村においては地震が大きなきっかけのひとつとなっている。この時期に遠隔地婚出をした者は、親の叱責を怖れ、親に何も告げずに突然姿を消すことがほとんどだったという。

ところが、その波が収まった一九九〇年代初頭になると、徐々にヨメ探しの漢族男性が村の中に出現するようになった。これは、仲介者のネットワークが発達し、ヨメ探しの漢族男性を直接ラフの村まで連れて行くことが可能になったからだと推察される。村に最初にやってきたヨメ探しの漢族男性は、公道に一番近い家に住む目の見えない未婚女性と、村内に暮らす足の悪い女性を嫁に欲しいといって、それぞれ二〇〇〇元と六〇〇元を親に手渡したそうである。ちょうどそれと前後するように、先に遠隔地婚出をした女性が実家に里帰りをして、親戚や友人の女性を連れて行くというかたちでの遠隔地婚出も登場することとなる。これらの女性たちはヨメ探し漢族男性を村まで連れてくることも多く、村内の家々をヨメ探し漢族男性が訪ね歩くという風景もよく見られたそうである。この時期は、村から出稼ぎに行くラフ男性が登場する頃とも重なっている。ヨメ探し男性の姿が実際に目に見えるようになってきただけでなく、父母に対して巨額の金銭が支払われるようになったことで、遠隔地婚出への抵抗は徐々に少なくなり、女性の婚出は急速に増加

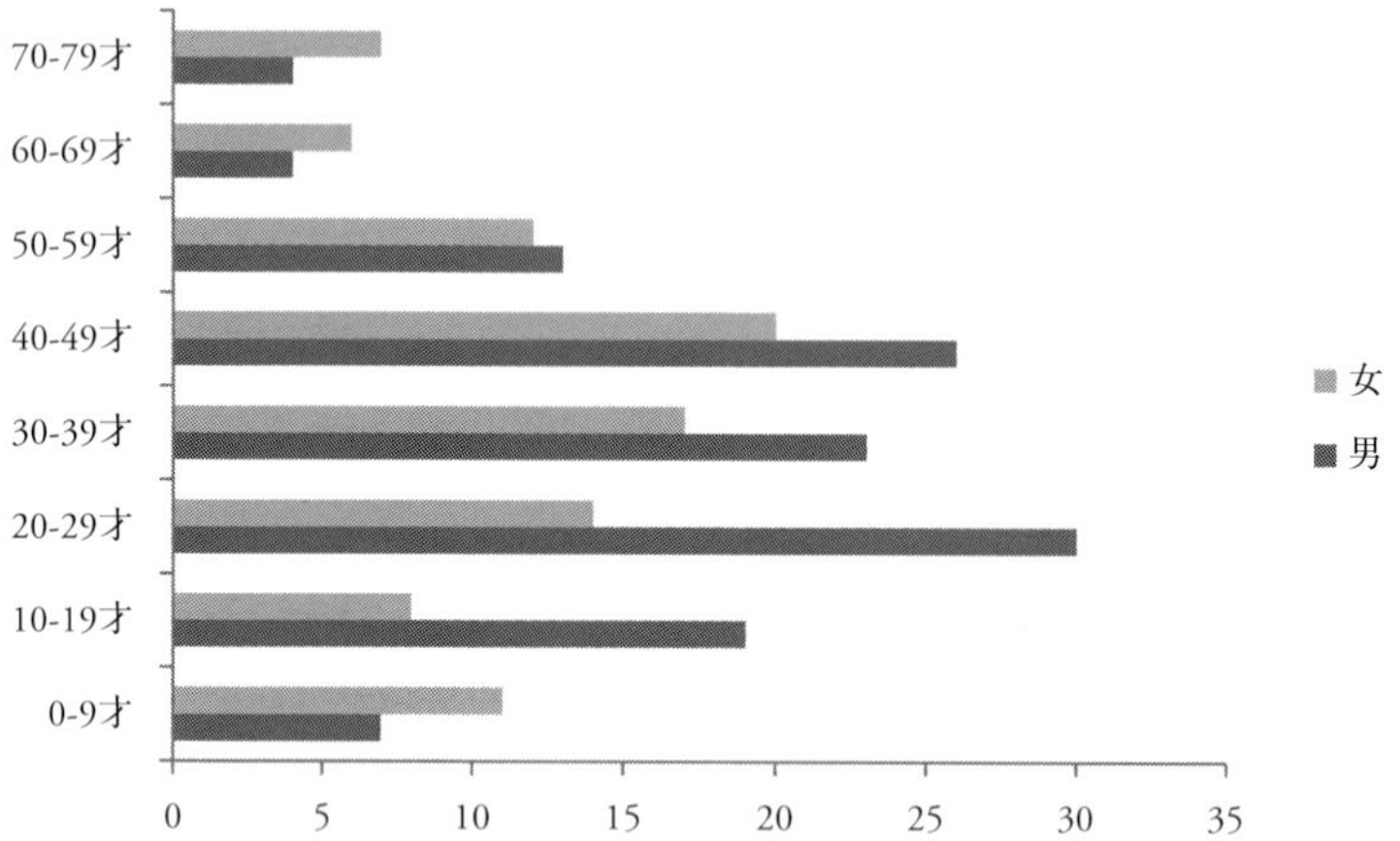

図７　2010年時点でのＰ村の年齢別在村人口
［出所：筆者の調査による］

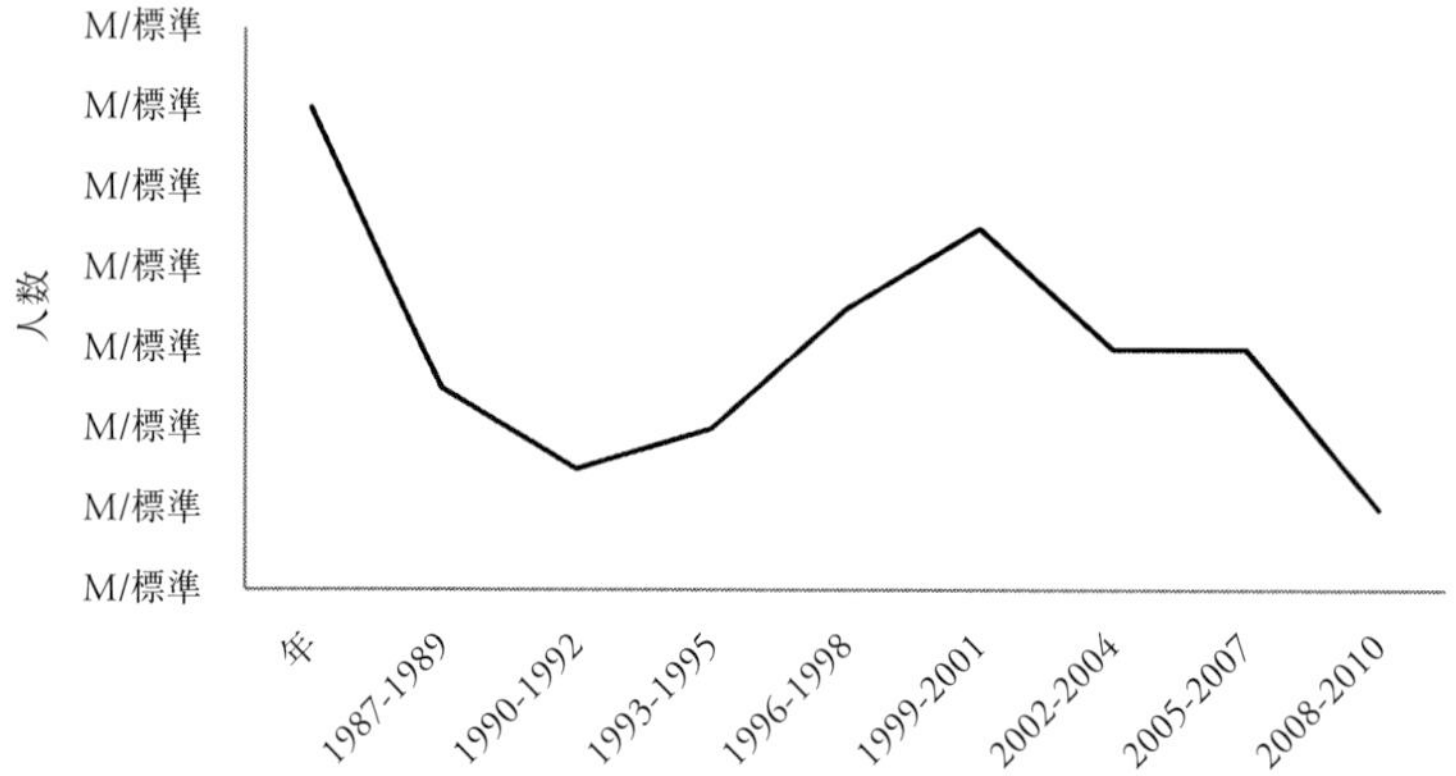

図８　Ｐ村における女性の遠隔地婚出の変遷
［出所：筆者の調査による］

する。ピークは二〇〇〇年ごろで、一年に何人もの漢族男性が村を闊歩し、親に金銭を渡してラフ女性を連れて行くようになったそうである。授受される金額は、九〇年代には三〇〇〇元から六〇〇〇元だったが、二〇〇〇年を過ぎてから一万元を超えるようになっていった。当時、女性たちの多くは漢族地域に憧れ、「へパ（漢族）のくに」の様々な噂が飛び交ったという。村に住む三〇代の女性は、「へパのところに行った女性は、行く前は日に焼けて真っ黒だったのに、帰ってきたときには肌も白く、いい服を着ているので、そういうのを見ているとわたしも行ってみたいと強く思ったものだ」と語る。また、一九九九年に安徽省に婚出した女性は、「当時は、ヘパが村にやってきて、その見た目がちょっとでもいいと、わたしが行く、いやわたしが行くといって、見えないところでラフの女たちのあいだで取り合いになったものだ」と笑い混じりに語る。その一方で、来訪した漢族男性が容姿などの点で女性たちに気に入られず、結婚相手を見つけることができずに帰っていく例もあったそうである。この頃は、娘、親、仲介者、ヨメ探し男性の思惑が交錯し、遠隔地婚出が増加する時期であった。

この当時、遠隔地婚出は必ずしも貧しい女性が父母に渡される金銭のために選択するものというわけではなく、むしろ女性たちにとって外の世界を見るための大きな機会のひとつと見なされていた。そのことは、裕福な家からも女性たちが次々に遠隔地に婚出して行っていたことから分かる。彼女たちからは、「当時は誰でも行っていたから」「ヘパのくにがどんなところか見てみようと思った」という語りが頻繁に聞かれた。P村において、省を跨いでの出稼ぎが増加してきたのが一九九〇年代半ばであり、その出稼ぎ者の多くが男性であったことを考えれば、ラフ女性たちにとって遠隔地婚出は、外の世界を見る絶好の機会と見なされたことだろう。

また、当時は遠隔地婚出という選択肢の登場によって、女性たちの配偶者選択における目が厳しくなってきつつあったことも窺える。以下に紹介する語りは、わたしが婚出先にも訪れ、親しく付き合うようになった女性ナウー（以下、人名はすべて仮名）のものである。

当時、D村よりも上の方の村の男たちなんてわたしたちは一切相手にしなかった。あっちは水が少なくて農業が苦しい。結婚して欲しいと言ってくる男たちはたくさんいたけれど、結婚してやらなかった。ラフの男と恋愛したことはない。漢族とばかり遊んでいた。(たとえ漢族であっても)一般の男(普通の、ありきたりな、といった意)は嫌だった(安徽省から里帰りをした二〇一一年六月二七日に聞き取り。詳細は第5章の事例16参照)。

しかし、このように遠隔地婚出の魅力が高まるほどに、それを用いて金銭の獲得を謀る者も現れることになる。一九九六年から一九九七年ごろに、一七歳で村から出て行ったと推定される二人の女性は、片方の女性の父方オジが仲介者に売ってしまったと村で噂されている。P村から遠隔地婚出を行ったと言われる女性たちのうち、この二人のみは今でも全く音信不通である。

また、仲介者の介在が盛んになるにつれて、紹介をめぐるトラブルも増えることになる。特に漢族男性自身がP村にはやってこず、先に遠隔地婚出を行った女性からの口コミなどによって女性が婚出を選択する場合、婚出ののちに、婚出先の生活が自らの思い描いていたものとは遠く隔たっていることに落胆して再び女性が帰村するという現象も起こるようになってくる。P村においても、そのようにして帰村してきた女性が一〇人ほどいた。

二〇〇〇年代にはほぼピークを迎えた遠隔地婚出であったが、女性の流出が甚だしいことに危機感をもった瀾滄県公安局[6]が、二〇〇八年ごろにヨメ探し目的の漢族男性の来訪を制限するという対処を取り始める[7]。瀾滄県から村へ続く公道の途中には定期的に検問が設けられて、省外から来たと思われる男性に対して人民警察による尋問が行われるようになった。その結果、ヨメ探し男性自身が村を訪れることはほぼ不可能となる。この頃には、遠隔地婚出によってすでに未婚女性の総数そのものが減少しつつあったこともあり、遠隔地婚出を望む女性の多くがラフ夫とのあいだに問題を抱える既婚女性に置き換わってきた。図9のグラフが示すように、ちょうどこの頃から、ラフ男性と結婚していた者が夫を捨てて遠隔地婚出を行うケースが、未婚者のそれを上回るようになる。遠隔地婚出を規制しようとする政府の対策によって、その思惑とは逆に遠隔地婚出は一層アンダーグラウンドなものとなり、様々な仲介者の役割をむしろ強めている。二〇〇〇年ごろのピークを過ぎたのち、取り締まりの強化にともないP村からの婚出人数は減少している。

女性の婚出先の特徴は、沿海部大都市地域のちょうど後背部に位置する農村である。P村から婚出した女性たちの婚出先の内訳は表3および地図4のとおりであるが、これは、センサスに見られる全国的なラフ女性の居住地分布とも大枠において合致する（図8）。全国分布に比べてP村からの婚出先に安徽省が突出して多いのは、後述する仲介者ネットワークと関わりがある。すなわち、友人同士のネットワークを用いて婚出する女性たちは、一カ所に集中して婚出する傾向があるからである。

遠隔地婚出において、漢族男性が女性に求めるものは、出産能力や農業労働力など様々であるが、なかでも最も重要なのは出産能力である。P村から遠隔地婚出を目論む女性たちがラフ夫とのあいだに問題を抱える既婚女性に置き換わってきたことで、頻繁に語られるようになってきた問題に、その女性が避妊手術を受けているかどうか、という問題がある。瀾滄県では、一人っ子政策によって、少数民族の農民であれば二児の出産が許されているが[(8)]、二児の出産を終えた女性に対しては輸卵管結紮手術を行っている。P村の人々の記憶によれば、瀾滄大地震の起こる一九八八年以前は、手術を受ける女性には一〇〇元を与えるという任意措置であったそうだが、九〇年代には半強制的な措置も取られ、農作業をして野良にいる女性が、その場で手を引っ張られて強引にトラクターに乗せられて病院へ連れて行かれたというケースもあった。一人っ子政策を行うにあたって、一部の少数民族地域では避妊具の使用がなかなか普及しないことから、このような強硬手段が執られたようである。現在P村の多くの中年女性の下腹部には手術跡があり、彼女たちは出

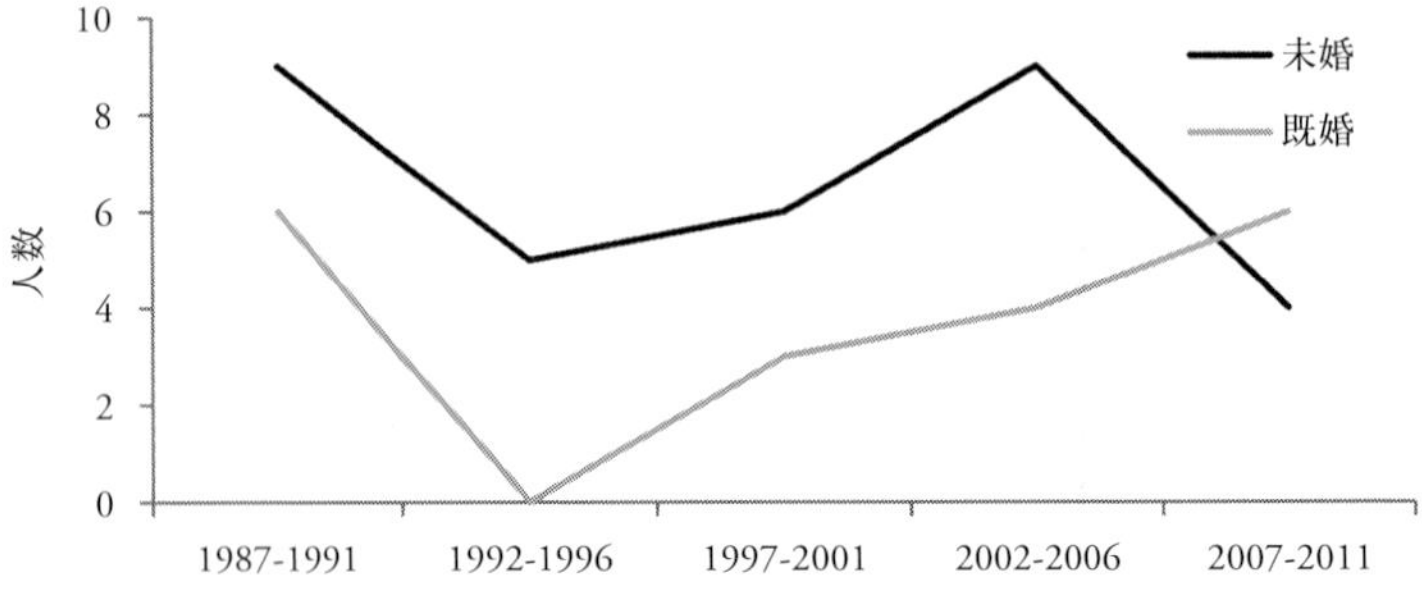

図９　Ｐ村の遠隔地婚出女性における婚出前の既婚・未婚状況

［出所：筆者の調査による］

表３　Ｐ村の遠隔地婚出女性の婚出先

山東省	江蘇省	河南省	安徽省	湖北省	湖南省	江西省	広東省	広西省	四川省	雲南省	不明	合計
4人	7人	3人	6人	1人	1人	6人	4人	1人	4人	6人	10人	53人

［出所：筆者の調査による］

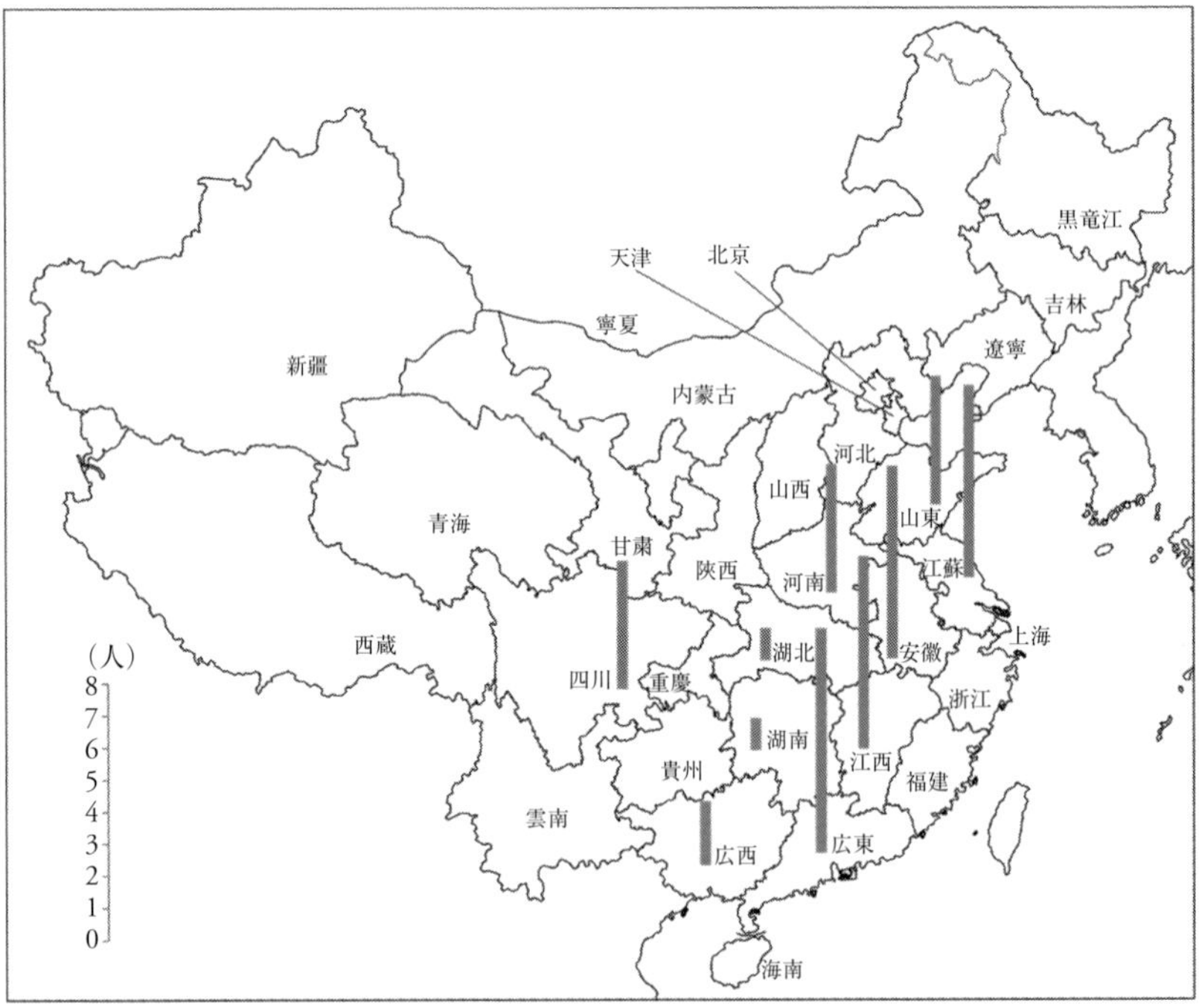

地図４　Ｐ村の遠隔地婚出女性の婚出先

［出所：筆者の調査による］

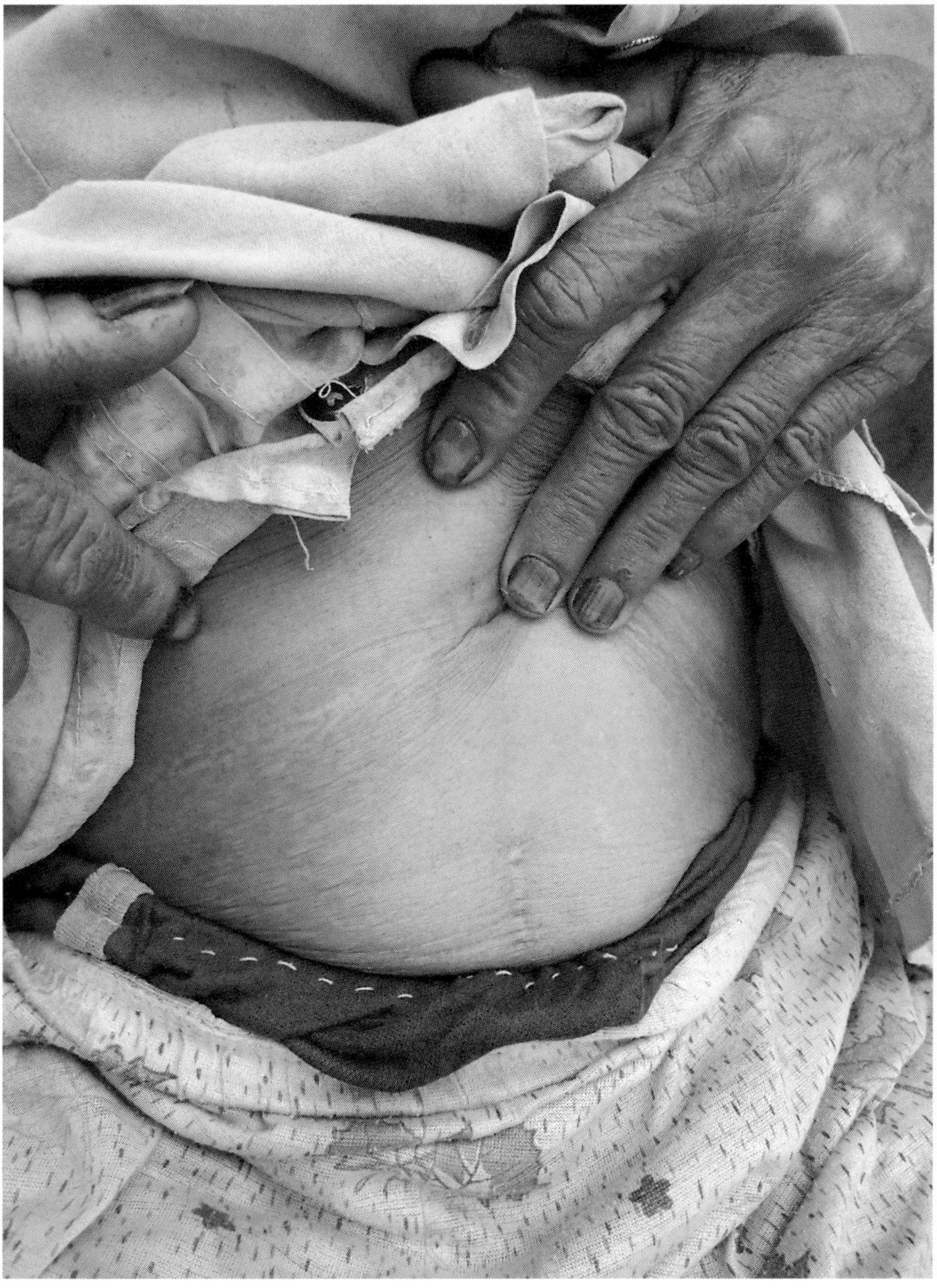

P 村のほとんどの母親が輸卵管結紮手術を行っている。写真は手術の際の傷跡。

産能力を持たない。二児を出産したにもかかわらず避妊手術を受けていない女性はわずか三人のみである。この手術を受けたのちに子どもが死亡してしまった場合には、彼女たちは新たな子を産むことができない。現在では半強制的な施術は行われていないが、病院出産が奨励されているため、病院で第二児を出産したのちにそのまま避妊手術を行って退院する女性たちも少なくない。

避妊手術をすでに受けた女性が、ラフ夫とのあいだに問題を抱えて漢族地域への移動を望んでも、その可能性は著しく低くなる。出産能力のない女性が漢族男性から求められることはなく、そのような女性がラフ夫との関係を放棄して漢族地域に行きたいと思った場合には、遠隔地婚出ではなく、すでに婚出した娘のところへ行って娘のもとで暮らすか、あるいは出稼ぎをしている子や親戚のつてを頼って出稼ぎに行くしかない。このように、女性の遠隔地婚出は、その出産能力に多くを負っている。

4 仲介者の役割

女性の遠隔地婚出を語る上で欠くことができないのが、様々な仲介者のネットワークである。山東省や安徽省、江西省の漢族男性が、なんのつてもないままに雲南省を訪れてすぐに女性に出会えるわけではなく、すべて誰かの媒介によって成り立っている。非識字者で漢語を話せないラフ女性が、単独で省外漢族地域に婚出することは不可能に近い。

ラフの人々は、女性の遠隔地婚出に関わる仲介者のことを表向きは「介紹人 *kaishaw pa*（紹介人）」と呼ぶが、非難の意味合いを込めた陰口では「女売り／女で商売をする者 *Yami haw pa*／*Yami ka te pa*」と呼ぶ。このように呼ばれているのはほとんどが漢族あるいはラフの男性仲介者である。町に拠点を持ち、専門に結婚斡旋を行う組織的なものから、出稼ぎ先で知り合った男性を地元の知り合い女性に紹介する個人の小規模なものまで、様々な人が関与しており、それはしばしば階層構造になっている。ここでは分析上、階層構造の最上部に位置するような、町に拠点を持ち、ヨメ探し男性に宿泊場所などを提供するような仲介者のことを①漢族仲介業者と呼び、それより下位に位置する、主に仲介業者のところまで女性を連れて行く、あるいは仲介業者のところから漢族男性をラフ農村まで連れて行くような役割を果たす者を②「紹介者」として呼び分け、③女性同士のつながりと合わせて三つに分けて記述する。そして、ラフ女性を生家から引き抜く仲介者とともに、夫となる漢族男性に引き合わせる重要なアクターとなりうる④漢族地域での媒介者についても最後に提示する。

1　漢族仲介業者

まず、①の漢族仲介業者であるが、これは瀾滄県内の町に住んで商売などを行いながら、ヨメ探し漢族男性の滞在先の提供、女性の斡旋などを行う人物を指す。これについては馬の研究に詳しく、女性の戸籍登録書と結婚状況証明書などの手続きを代行するアクターである彼らは地方役人と結託しており、双方の利益になるよう仲介料を取ることで成り立っているという［Ma 2013: 146–152］。わたしは調査中に仲介業者に出会うことはできなかったが、P村から婚出する女性たちの多くが、ホテル経営のオーナー女性を通じて省外に婚出していたことから、この漢族女性がそれと推察される。彼らは、女性を探してやってくる漢族男性に宿泊場所を提供し、ハブとなって女性とのマッチングを設定し、婚出の際の書類手続きなどをサポートする存在である。これらの漢族仲介業者のところにヨメ探し漢族男性がやってきて、そこにいる複数のラフ女性のなかから気に入った女性を選んで漢族仲介業者と交渉するという手続きが採られるそうである。この場合、女性の父母や親族に対してヨメ探し漢族男性からの金銭が渡されることはほとんどなく、仲介業者がすべての金銭を手にする。馬によれば、彼らはしばしば地元の役人と結託して、女性が「合法的に」婚出できるような手続きを取らせるのだという。馬の報告に見られる具体的手続きとしては、遠隔地婚出を希望する女性が、戸籍登録書と結婚状況証明書の取得のための費用として郷政府の役人に一〇〇〇元を支払う。そして、さらに結婚登録の申請費二〇〇〇元を支払う。各書類の取得のための諸手続は仲介業者が行い、手続き費用は総額八〇〇〇から一万元かかるそうである。そうして女性たちは「合法的」に婚出させられるという［Ma 2013: 148］。馬はこの費用を女性が支払うかのように書いているが、実際には女性を求めるヨメ探し漢族男性が支払っているのだろう。しかし、わたしの調査では、このような手続きをすべて踏んで出て行った女性の方がむしろ少なく、手続きの省略や不履行が様々な問題とほころびを生み出していた。これについては第6章で詳述する。

2　ラフ男性「紹介者」

第二に、このような漢族仲介業者の下位に位置づけられるものとして、主にラフ男性で構成される「紹介者」がいる。彼らは出稼ぎ経験者など漢語を解するバイリンガルである。彼らはしばしば漢族仲介業者のネットワークの末端に位置し、遠隔地婚出を希望する女性を漢族仲介業者のもとに送り込み、あるいは漢族仲介業者のところにやってきたヨメ探し男性を連れて女性を捜しに行く。なかには、それらのつながりをほとんど用いず、遠隔地婚出をした自らの親族女性のつながりを用いて斡旋を行う者もいる。彼らは漢族仲介業者とは異なり直に村を訪れるため、婚出が成立した女性の父母にもヨメ探し漢族男性からの金銭を一部渡すことが多い。彼らの多くは出稼ぎ経験を持ち、「くにを出る者 *muh taw mi taw pa*」と呼ばれ、しばしば邪術から身を守る術を学び、禁酒などのタブーを持つ。話し上手な者が多く、なかにはカムコと呼ばれるラフの即興の長唄を歌って女性たちを虜にする者もいる。このような人物はP村にも二、三人いたほか、P村周辺のどの村にも二〜三人は存在しており、実際に村人たちが対面する機会が多いのは上述の漢族仲介業者よりもむしろこの「紹介者」たちであった。ヨメ探し漢族男性が父母や仲介者らに支払う金額は、かつての二〇〇〇元から近年の三万元以上まで上昇している。三万元というと大金だが、「現在漢族地域で女性を一人娶ろうとすれば家を一軒建てなくてはならず、特に農村は都市よりも婚出先として条件が悪いためにより一層の婚資の追加をしなくてはならない。すべての準備や婚資を合わせると一〇万元はかかる。それに比べると、ラフ女性は非常に安い」（湖北省で、女性の婚出斡旋に関わる漢族男性への聞き取りより）というわけである。そして一般的に、仲介業者や紹介者に対しては、二〇〇〇元〜三〇〇〇元の仲介料が支払われると言われる。

P村に居住するラフ男性のなかで、紹介者となっているラフ男性には二つのタイプがある。ひとつは、漢族仲介業者のところまでラフ女性を連れ出すような、仲介業者の末端に位置するタイプである。もうひとつは、自分の親族のなかに遠隔地婚出を行った女性がいる場合、彼女の姻戚関係を用いて遠隔地婚出を斡旋するようなタイプである。

前者の例としては、たとえばP村のリシャがそうである。リシャ（仮名）は、三〇代の既婚男性である。彼は妻と弟らとともに、西双版納のゴム林で一年の半分程度を出稼ぎで過ごしている。二〇〇〇年、P村にある彼の家のすぐ三、四軒向こうに住んでいる既婚女性が突然いなくなり、リシャが漢族に売ったとして村の裁判が起こった。ちょうど稲刈りの頃で、行方不明になった女性の娘が生後七ヶ月ほどでまだ授乳している頃のことだった。女性の姑曰く、夫婦げんかもせず、ただ市場に行っただけだったのに、そうして姿を消してしまったという。近所の人によれば、彼女の夫は女遊びが盛んで、結婚初期に妻の実家に暮らしていた際に、妻の叔父の妻と不倫したことがあったという。行方不明になった女性は現在湖南省にいるらしく、そこでも娘を一人産んだらしい。リシャは、漢族のところへ行きたいという彼女を知り合いの漢族仲介業者に送り届けて金を得たとして、村長を通して談判が行われ、二〇〇〇元の罰金を女性の夫に支払ったそうだ。

このような紹介の方法は、わたしがP村に暮らすなかで明示的には一人しか分からなかったものの、潜在的には誰もが行いうるものである。偶然町で仲介業者と知り合いになり、自分の親戚女性や友人を仲介業者のところまで連れて行くというパターンである。また、P村でしばしば語られる他村のうわさ話では、恋愛をしていた男女がけんかをして、怒った男性が恋人を漢族仲介業者に売ってしまったというような話がある。このような男性は「女売り」と陰ながら揶揄されることも多いが、継続的に行われることは少なく、偶然タイミングが重なっただけだと推測される。

また、このような漢族の仲介業者とラフ男性の「紹介者」とのつながりが窺える例として、わたしが湖北省でラフ女性の漢族夫から耳にした以下のような話もある。P村に暮らすサンメイという女性は、知人男性の紹介で村までやってきた江西省出身のヨメ探し漢族男性と結婚し、今では彼とともに湖北省で出稼ぎ暮らしをしている。わたしが彼女を訪ねて湖北省を訪れた際、駅まで向かえに来てくれたサンメイの夫は、わたしと二人でバスに乗っているときに、サンメイとの結婚の契機について以下のように語ってくれた。

(堀江：どうしてサンメイと出会うことになったのですか?)深圳で出稼ぎをしていた頃に知り合った人の叔父の妻が雲南人だというので、〝雲南は女性を探すのが容易だ(雲南找姑娘容易)〟と言われて探しに行った。瀾滄では小鐘という男性に出会い、その男性とP村の男性が親しくしていたため、そのつてを使ってサンメイを知った。瀾滄は飯も満足に食えないほど貧しいところで、食事も口に合わない。我々は一日に三回食事を取るが、ラフは一日に二回しか食べない。午後の三時くらいに食事をしたら、そのあと夜も何も食べない。とにかく生活の苦しいところだった。

ここからは、まず先に雲南省の女性と結婚した経験のある男性から漢族仲介業者を紹介してもらい、その後漢族仲介業者がラフ男性の「紹介者」に連絡してラフ女性を探しに行くという行動パターンが見て取れる。

一方、これらの漢族仲介業者―ラフ男性紹介者の階層構造には含まれないタイプとして、親戚の女性が遠隔地婚出を行ったあと、その女性の嫁ぎ先との関係を利用して女性を移動させるものがある。このタイプの「紹介者」は、漢族仲介業者のネットワークにはおそらくほとんど関与せず、自らラフ女性を送り込むため漢族地域まで行くことがある。P村でこのタイプの仲介を行っていたチャレーは三五才、既婚で、二人の息子がいる。元地主一族の子孫だが、文化大革命の時代に両親が地主への暴力を怖れてミャンマーに逃亡したため、チャレーはミャンマーで生まれる。一九八〇年代に、ミャンマーの情勢不安を逃れて家族全員で再びP村に戻ったが、土地改革が終わった後だったため、彼の先祖の広大な土地はすべて他人のものとなり、貧しい生活を強いられることになった。彼の妹が二〇〇二年に江西省へ婚出したのを契機に、二〇〇三年ごろ、チャレーは妹のつてを頼って妹の夫の勤める建設会社に出稼ぎに行った。その際、漢族地域では女性が少なく、結婚に多額の婚資がかかることなどを知り、妹の夫とともにラフ女性を送り出す仲介者となる。自分自身がラフ女性を送り届けに山東省や安徽省を訪れていた。彼は現在P村で最も大きな家を建て、「妹がヘパとポイしたから彼の家はあんなに大きくなった」と陰ながら揶揄される。

ここで取り上げた事例はどちらも既婚者だが、未婚男性でこのような紹介者に携わるものも他村には存在するようである。若い女性があまりにこれらの「紹介者」と親しくしていると、親族たちは警戒し、女性をたしなめる。このようなことは、わたしの滞在中に何度か見られた。

P村において、「漢族に連れ去られた」という物言いが少ないのは、ラフ男性の「紹介者」が女性の婚出に深く関わっているからである。女性は、見知らぬ漢族よりも身近な知り合いにアクセスすることの方が多い。ラフ男性の紹介者らは、得られる報酬のため、また、漢族男性のヨメ不足解消のため、そして女性にとってもよい生活が送れることを想定して、いわば「チャリティのようなつもりで」［Ma 2013］ラフ女性を漢族地域に送り出すが、それが結果としてラフ男性のヨメ不足を連鎖的に招き、ラフ社会の崩壊を自ら招いているとも言える。もっとも、彼らは村人たちにとっても親戚であることが多く、極端な詐欺や人身売買というよりは女性の希望に沿った紹介といった意味合いを持つため、公に非難されることは少ない。リシャの場合は村の談判に発展したものの、もし「紹介者」が強制的に女性を連れ出したという確実な証拠を提出できない場合、訴えた側が罰せられる可能性もあるため、容易なことでは訴えられないという事情もある。しかし、女性の父母やキョウダイとは関係が悪化し、全く口をきかずに過ごしているようだった。これらのラフ男性は、必ずしも漢族仲介業者の末端というだけでなく、自らの親戚／姻戚関係を利用することも多いため、女性は各地にばらばらに送り込まれるのではなく、ひとつの場所に固まりやすいという特徴がある。これは次に述べるラフ女性のネットワークにおいても同様である。

3　ラフ女性のネットワーク

これらの、主に男性で構成される仲介業者・紹介者以外に、女性の婚出に重要な役割を果たしているのが、先に婚出した女性たちのネットワークである。先駆者女性たちは、婚出先には配偶者を得られないたくさんの漢族男性がいる現状に接し、また里帰りの際にはしばしば地元女性たちの羨望のまなざしを受け、友人や親族の女性を連れて行く。先駆者女性は、漢語も話せない状態で漢族農村に送り込まれるため、「あともう一人だけでもラフ語で話せる友だちがいればどんなにいいだろう」としばしば感じるそうである（P村で、里帰り中の女性への聞き取りより）。一方、後続女性にとっても、見ず知らずの仲介業者によってどのようなところかも分からない男性のもとに嫁ぐよりも、身近な知り合い女性から紹介されて友人の居住地の近くに嫁ぐ方が安心である。その結果、雪だるま式に婚出が続くことになる。その際には、基本的に婚出を希望する女性の両親に承諾を取り、漢族男性から親に金銭を渡しての婚出というかたちを取る。遠隔地結婚の紹介を行う先駆者女性たちは、多くの場合、単に紹介だけを行い、ヨメ探し漢族男性から仲介料をもらわない。安徽省に居住し、女性の紹介をしたことのあるナウーの話によれば、彼女が里帰りをしたいタイミングか、あるいは漢族男性がヨメ探しに行きたいタイミングに、ヨメ探し男性が彼女の里帰りの交通費を出して、ともに彼女の実家を訪れる。そうしてヨメ探し男性は未婚女性のいる家を訪ね歩き、女性のなかから嫁に欲しい人を探して交渉する。このような場合、先駆者女性は実家に帰る機会を得、ヨメ探し男性はヨメ探しの機会を得る。そのため、仲介料などは発生しないことが多い。そして、興味深いことに、P村では彼女たちは「紹介者」や「女売り」とは呼ばれず、村内で揶揄されることもない。もっとも、このような女性たちのなかにも、継続して女性の紹介をするうちに、徐々に仲介料を求める者も現れ、P村の女性の一人がそのような仲介業に手を出しているという話も耳にした。

この例として、安徽省における連鎖的な婚出がある。安徽省は、P村一帯から婚出した女性たちが集住する地域のひとつである。P村出身のナウーは、一九八八年の瀾滄大地震ののち、P村から三キロメートルほど離れたD村に住む母方伯父の家で養われていた。一九九九年に、漢族夫を連れて安徽省から里帰りをしていたD村出身のシェクという女性が二人のヨメ探し漢族男性を連れてきたため、そのうちの一人と結婚することにしたのだという。シェクは、ナウーの伯母方の親戚だそうである。ナウーは一人で行くことがためらわれ、P村で仲の良い友人であったナヨに声をかけ、二人はともに婚出することにした。ナウーは一九九九年に婚出したのち、何度か里帰りを繰り返しているが、その際友人であるナヨの父方イトコにあたる女性を連れて安徽省に嫁がせている。彼女たちは安徽省の隣接する県内に住み、しばしば顔を合わせて暮らしている。

以上、仲介者を三つに区分して論じたが、実際にそれらの境界は曖昧であり、それぞれが緊密に連携している場合もあれば、ばらばらである場合もある。②の「紹介者」がラフでなく漢族男性である場合もあり（そもそもラフ語と漢語の双方を話せる者も多く、一見してラフと漢族の境界線はかなり曖昧である）、彼らが①の仲介業者に近いほど斡旋の規模を拡大することもある。いずれにせよ、女性が漢族地域へ婚出したいと思えば、必ず「ヘパのくに」へと開かれていくような複雑に張り巡らされたつながりがそこかしこに存在すると言ってよい。P村において、紹介者であるラフ男性や遠隔地婚出を行った女性など、すでに村内の様々な人間がラフ女性の遠隔地結婚にコミットし、遠隔地結婚への入り口になっている。これらの仲介方法は、主に一九九〇年代後半から二〇〇〇年代の全盛期に形成され、携帯電話の普及に伴って発達していったものであるが、二〇〇八年のヨメ探し漢族の来訪制限以降、ますますその役割を強めていると考えられる。

これらの仲介者は、ラフ女性たちに「ヘパのくに」の素晴らしさを語り、強い憧れをかき立てる存在である。「ヘパのくにでは市場の近くに住み、農業をせず毎日家のなかで過ごしているらしい」「出産ののち、ラフは一二日経てば野良に出なくてはならないが、漢族は一ヶ月ゆっくり休み、肉ばかり食べているらしい」といった語りは、わたしの調査中にラフ女性たちの口からしばしば聞かれた。ラフ女性にとって「ヘパのくに」というのは、具体的な地名を伴わない、美化された都市の暮らしをイメージさせる憧れの世界であった。これはまさに、政治・経済的優位の上に文化的優位を重ね合わせたファンタジー［Del Rosario 2005］だと言えるだろう。

ところで、これらの諸仲介者の動きにも、近年では変化が見られる。三節で述べたように、二〇〇八年以降、公安局の取締の強化によって、ヨメ探しの漢族男性自身がラフの村落を訪れにくくなっているということが、仲介者の動きにも関わっている。仲介者の摘発がたびたび起き、漢族仲介業者とラフ紹介者の多くは非合法な人身売買を行う者として取締の対象になっているため、現在では仲介を行わなくなった者も多い。上述のラフ紹介者であるチャレーも現在では仲介を行っておらず、「かかってくる電話にはほとんど出たくない。ヘパのところへ行きたいというラフ女性はたくさんいるし、娘をヘパのところへ嫁がせたい親もいる。また、ラフ女性を紹介して欲しがる漢族男性もたくさんいる。電話に出ればそれらのことに対応しなくてはいけなくなるので、面倒なのだ」とのことであった。

4　漢族地域での媒介者

以上の三種の仲介者たちが、ラフ社会からラフ女性を連れ出すアクターであるとすれば、漢族地域の側にもラフ女性を漢族男性のところまで送り届けるアクターが存在する。こちらについては、調査の制約上詳しくは分からなかったが、婚出先の河南省で話しを聞くことのできた女性ナロの語りからある程度の様子は窺える。

……村から町、町から県城、県城から河南、と女売りが何人もいて、最終的に河南省で漢族が金を払うまではそいつらに金も分配されない。……そうして河南に来たのち、先にポイしていたラフ女性の家にしばらくいた。（堀江：漢族夫はどうしてあなたのことを知ったの？）彼の妹がその村に嫁いで住んでいて、ここに雲南女性がいるとわたしの夫に伝え、そうして彼が見に来た。

ここから読み取れるのは、先に婚出したラフ女性がハブとしての機能を果たしているということ、仲介者は地域を跨ぐたびに異なる者であったこと、そして、漢族地域での女性のネットワークである。なかでも注目されるべきは、漢族地域で夫となる漢族男性とラフ女性とを引き合わせるアクターが女性であったことである。漢族の結婚は紹介婚が多く、特に農村では、媒婆／媒人と呼ばれる仲人による結婚相手の紹介が現在でも一部行われている。自由恋愛による結婚の割合が多いと言われる都市部でさえ見合いが五八パーセントに達するという報告がある［陳 二〇〇八：一九〇］。

ジョーダンは、このような様々な仲介人のうち、結婚によって移動する女性たちのネットワークに着目している [Jordan 1999]。男性は、自らの生家を離れることなく暮らし、他地域での情報は友人たちとの訪れ合いなどによって得るが、婚出によって他地域に移り住んだ女性たちは、男性たちとは異なる類の情報を多く知ることができる。特に、移り住んだ先の地域に住む結婚適齢期の青年についてや、家庭事情について非常に詳しくなるため、そのような地域の新たな状況をキョウダイや生家の者たちに伝えることで、仲人として重要な役割を果たすという [ibid: 334-336]。ラフの遠隔地婚出においても、このような女性たちのネットワークが最終的な漢族男性との結婚に一役買っていることが窺える。

以上、全国的な女性不足の進展から、雲南省におけるラフ女性の省外分布状況、P村での遠隔地婚出の進展を見てきた。一九九〇年代から拡大してきた多様な仲介者たちのネットワークは、一人の女性が誰かに「ヘパとポイしたい」と告げれば、必ずどこかの漢族地域へとつながっていくような、複雑に張り巡らされたつながりである。このようなネットワークは、ヨメ不足の漢族地域と瀾滄県内の諸アクターとの相互交渉によって作られていったものであったが、それはすでにP村に居住する人々をも当事者として巻き込んでいる。P村において、一九八八年の大地震による生活基盤の崩壊が引き金となって進展してきた遠隔地婚出は、そののち一九九〇年代後半の漢族男性の来訪、仲介者ネットワークの拡大、二〇〇八年からの漢族男性の来訪制限という時代状況に合わせて、様々に様相を変えてきた。それは、多様なアクターの相互作用によって起こってきたものであった。

それでは、このような様々な状況の重なりによって引き起こされた遠隔地婚出について、P村の人々はいかに語るのであろうか。次章では、より細かな個々の事例に焦点を当て、女性の移動という現象の原因を人々が何と語るのか、そのP村内での様相を見ていくことにする。

註

（1）人民網二〇一六年一〇月二〇日記事より。

（2）持参財と婚資のバランスや、それに基づく婚家での妻の立ち位置は漢族の親族研究において重要なテーマであった［Freedman 1970; 植野 一九八七：堀江 一九八七：中生 一九九一］。持参財と婚資のバランスは地域によって様々であるが、バックが一九三〇年代に行った整理によれば、中国北部においては女方の持参財が重視されるのに対して、中国南部では男方からの婚資のみの贈与に基づく結婚への抵抗は少なかったという［Buck 1937、筆者は原著未読、中生氏［中生 一九九一］による整理より引用］。これらの研究は少数民族を包含していないようであるが、ラフのあいだにも持参金という発想はほとんど無い。

（3）一九九七年に重慶市は四川省から独立して直轄市となったが、図4の二〇〇〇年センサスと図5の二〇一〇年センサスでは、一九九〇年との比較のために重慶市を四川省に含めた数字を提示している。

（4）この人口に含まれるのは、①当該県・市に常住し、かつこの県・市に常住戸籍を登記している者、②当該県・市に常住して一年以上になり、常住戸籍は他地域に登記されている者、③当該県・市に居住して一年に満たないが、常住戸籍の登録地から離れて一年以上になる者、④センサス調査時に当該県・市での常住戸籍の登記手続き申請中である者、⑤本来当該県・市に居住しており、センサス調査時に国外で仕事や学業に従事し、暫時常住戸籍のない者、である［国務院人口普査辦公室国家統計局人口統計司（編）一九九三：五〇二］。そのため、一年未満の期間で出稼ぎと帰還を繰り返す男性移動労働者はグラフには表れていない。

（5）中国の行政単位において、「城市」とは一般に「直轄市」や「副県級市」、「地級市」など「市」のつく行政区画を指し、「鎮」とは、農村地域のうち商工業が一定程度発達し、非農業人口が比較的集中している場所を指す。「郷」は農村の末端行政区画である。

（6）公安局とは各地方自治体に配置された公安機関のことである。これに対して公安部とは、より上位の中央官庁にあたる。

（7）二〇〇四年、国際労働機関（ＩＬＯ）は、政府系の中華全国婦人連合会と連携して中国西南部において人身売買の撲滅プログラムを開始した［ヴィステンドール 二〇一二：二四五］。その後、二〇〇八年には「中国反対拐売婦女児童行動計画（二〇〇八―二〇一二年）」が公布され、特に女性や児童の流出元と流出先地域の地方政府公安局に警備強化の協力を呼びかけている。

（8）少数民族への優遇の一環であるが、公務員や教員など役職についているものは一子の出産しか許されていない。

第4章
遠隔地婚出をめぐる村人たちの語り

遠隔地婚出を行った女性たちは、P村で様々な噂の的になる。どういう経緯で行ったのか、誰について行ったのか。女性が単身で婚出することは事実上不可能であるため、さまざまな仲介者や仲介のプロセス、そこに介在した金銭などをめぐって村人たちの噂になる。写真は、大きな儀礼のために親戚たちが集まって共食をしているところ。儀礼のホストである手前の女性の一人娘は、父母の出稼ぎ先の西双版納を訪れた際に出会った漢族男性について遠隔地婚出を行った。現在では雲南省臨滄県に住み、二人の娘がいる。P村に帰ってくることはほとんどないが、電話でときどき連絡を取り合っているそうである。

わたしの娘はヘパと行ってしまったんだよ。人があの子を売ったんだって。一七才、一六才で、中学もまだ卒業していないいんだよ。まだ数ヶ月残っていたのに。人についていって、ともにごはんを食べて、そうしたら眠くて、気を失ってしまったっていうじゃないか！　ウーア、ナヴァ（注：堀江のラフ名）よ、あの子はショッツを放たれたのではないか。何も覚えていないというのだから。その人についていくことばかりを覚えているようにさせられると、そういうものがあると言うから。お前も、他人と食事をしてはいけないよ。人さらいがいるというから。

この語りは、P村の四〇代女性の水牛の放牧にわたしが同行した際、人影のない森のなかで二人きりのときになされたものである。これが、わたしにとって「ショッツ *shawzi*」というものの存在を初めて耳にした瞬間であった。ショッツとは、様々な薬草を用いて作った薬であり、それを人に塗り、口の中で呪文をつぶやいて吹けば、「相手が自分のところに来ることばかりを覚えている」ようにさせられるものと語られる。基本的に男女関係に際して用いられるもので、いわゆる媚薬に近いもののように連想される。ラフの村での暮らしは、このような人を操作しうる様々な術やアクターに関する語りであふれていた。そして、女性の遠隔地婚出に際しても、このような媚薬や邪術の疑いが取り沙汰されることがある。本章では、女性たちが遠隔地に移動していく場面において、その移動の原因や理由が女性や彼女たちを取り巻く人々によってどのように解釈され、語られるのか、当事者の語りの様相を見ていきたい。そして、それらの語りのなかで、女性の移動を引き起こした原因や、その責任が誰に帰されるのか、という問題を取り扱う。

ここには、移動する女性の意志決定や行為主体性を強調する近年の議論を批判的に継承・検討する含意がある［Fan 2002; Constable 2003; Hsia 2008; Freeman 2011 など］。女性の移動に関する一連の議論で頻繁に登場する構造対行為主体性という図式には、女性を構造的被害者とする見方と、日々困難な戦いを強いられつつも果敢に抵抗する主体的行為者と捉える見方のふたつが存在する。本書でこれまで論じてきたラフ女性の遠隔地婚出について言えば、その移動には数多くの仲介者が関わっており、しばしば巨額の金銭が飛び交っている。そのため、仲介業者やヨメ探し漢族男性、女性の親など様々なアクターのあいだで詐欺まがいの行為が行われることもあり、その点に着目すれば女性は限りなく被害者に近い。しかし、そのような権力構造があることを知っていたとしても、それを承知の上で「それでも行きたかった」という女性が数多くいることも事実である。では、女性自身がそれを承知していれば被害者ではないのか、という問題が浮上する。仲介者が金目当てで婚出を斡旋することを知っていたら、婚出先がどこかを知っていたら、どの男性と結婚するかを分かっていたら、つまり、「何をどこまで知っていれば『知っていた』ことになるのか」は、想定する以上に曖昧である［稲葉 二〇〇八：五一–五二］。このように、女性の被害者性と主体性という一見対局にある性質は、互いに分かちがたく絡み合っている。

エイハーンは、従来のように研究者の分析によってのみエージェンシーを論ずるのではなく、当事者自身の語りに目を向け、「彼らがいかに自らや他者の行為について語り、出来事の責任をどのように起因させるのか、そしていかに自らや他者の意思決定の過程を語るのか」を追求するアプローチの必要性を論じ、そのような研究手法を「メタ行為者言説 meta agentive discourse」と呼んでいる［Ahearn 2001b: 41–44］。わたしは、このようなアプローチを、エスノメソドロジーからの着想を踏まえてエスノ・エージェンシーと呼び、論ずることにする。そこで、本章では、女性が流出する場であるP村において、女性の移動がどのように語られ、位置づけられるのか、村内で繰り広げられる様々な発言に着目し、女性の移動の責任のありかについての諸解釈を描きだす。

第1節ではまず、村人たちが女性たちの婚出についていかなる表現を用いて語るかを、婚出した時期に合わせて見ていくことにする。そうすることによって、女性のおかれた社会背景や時代状況によって、遠隔地婚出にも様々な表現が用いられていることが明らかになる。その上で、第2節においては遠隔地婚出という出来事をめぐって、女性自身を含む異なるアクターによってなされる異なる語りの様相に着目する。それは、婚出の責任が誰に／何に帰せられるか、ということについての語りであり、互いに齟齬をはらむそれらの語りを通して、女性の婚出の責任が常に曖昧さをはらんでしまうことを指摘する。これが、ローカルな場面において現れるエスノ・エージェンシーの語りである。その上で、第3節では冒頭で述べた性愛呪術に関する語りにフォーカスする。そこでは、女性自身が「何も覚えていない」と語ることによって性愛呪術の疑いが生起し、結果として彼女の責任を分散させる効果を持つような、特殊な語りが近年増加していることを指摘する。

1　遠隔地婚出の時期とその特徴的な語り口

まず、わたしの滞在先の女性家長であるMとわたしの語りのなかから浮かび上がる、女性の移動をめぐる微妙な判断を見てみよう。以下の会話は、調査が始まって五ヶ月ほど経ったある日、わたしが滞在していた家の庭先で複数の村人たちと世間話をしていたときになされたものである。

M：あの家の娘ナヌーも、二人とも〝ヘパのくに〟にいるんだよ。
堀江：オ、ヘパとポイしたの？
M：ポイしたんじゃない、結婚して行った。父母も金を得てから行ったんだよ。

調査の初期、「ポイ」という言葉の持つ響きに鈍感であったわたしは、女性の遠隔地婚出をすべて「ヘパとポイした」とノートに記しており、人に質問をするときも「あなたの娘はヘパとポイしたのか」と問いかけることが多かった。しかし、その問いに対する人々の答えは、「エー、ヘパと行ったんだよ」「人に着いていったのだよ」「人が彼女を売ったのだよ」などの様々な言い換えが行われることが多かった。上記のMとの会話のなかで「ポイしたのではない」というはっきりとした否定の言葉を受けてはじめて、わたしは女性の「ヘパのくに」への移動にも様々な表現・評価があるという当たり前の事実に気づくことになった。

女性の遠隔地婚出を一般的に語るとき、ラフの人々はしばしば「ヘパとポイする　*Hehpa geh hpaw-e ve*」という言葉で表現する。「ヘパ *Hehpa*」とは漢族のことであり、「ポイする *hpaw-e ve*」とは逃げる、飛び出すという意味である。「ヘパ」とは漢族一般を指す言葉であり、通常は県城に住む役人や町に住む商人たちが、彼らが出会う典型的な「ヘパ」である。ところが、「ヘパとポイする」という定型句が語られるときには、通常ならば含まれるはずのこれら近隣の漢族は含まれず、あくまでどこか遠いところからやってきたヨメ探しの漢族男性を指す。実際にはそれが民族登記の上では漢族でないこともあるが（わたしの調査時に〝ポイ〟したある女性の結婚相手はイであった）、それらは特に考慮されず、どこか遠い「北のくに（しばしば〝ヘパのくに〟と表現される）」からヨメ探しにやってきた男性はすべて「ヘパ」と総称される。

次に「ポイ *hpaw-e ve*」という動詞について説明する。ラフ語の語彙のなかで、移動を表す動詞には「行く *k'e ve*」や、それにさらに動詞を加えた「結婚しにいく *hui k'e ve*」「働きにいく *g'a ga k'e ve*」などがあるが、女性の遠隔地婚出を指す場合に「逃げる、飛び出す *hpaw-e ve*」という動詞がしばしば用いられることは注目に値する。「ポイ」は、家出や駆け落ち、政治・経済的理由による国外逃亡、叱られた人間が怒ってその場を立ち去ること、また、恐怖や驚きで魂が身体から飛び出すことなどを指して用いられる動詞である。「ポイ」という言葉には、それまで置かれていた位置からの逸脱や断絶が含意されており、女性の遠隔地婚出は、村人たちにとって村との断絶を伴う逃亡だと見なされていることがこの言葉から窺える。「ラフの女はヘパとばかりポイする」という語りは村に暮らすなかでしばしば聞かれ、揶揄のニュアンスで言われることも多い。

しかし、必ずしもすべての遠隔地婚出が「ヘパとポイする」と呼ばれるわけではない。「ポイ」という言葉が突然の消失や逃亡といった含意を持つのに対し、女性のなかには、「彼女はポイしたのではなく、ヘパの夫を求めに行ったのだ」と表現される者もいる。この「夫を求めに行く *aw hpaw hui k'e ve*」という表現は、通常のラフの結婚の際に用いられる表現である。そこには「喜んで *ha leh leh*」「喜び合って *ha leh da leh*」といった形容句さえ付加される。これらの表現ははっきりと言い分けられているわけではなく、状況や話し手によって変化する、女性の行動への評価と見なすことができる。ここでは、「ヘパとポイする」現象も「ヘパの夫を（喜んで）求めに行く」現象もともに遠隔地婚出という名で呼び、これらの表現の違いが何に基づくものなのか、その変化がどのように起こってきたのかを考察の対象とする。

注意しなければならないのは、時系列の問題である。女性の遠隔地婚出に関するすべての語りは、過去に起こった出来事に対する人々の解釈の物語である。そのような解釈は、女性自身の行動や発言、女性の周囲で当時起こっていた諸状況を付き合わせた上でなされる。当然のことながら、近年起こった出来事と、一〇年前に起こった出来事とでは、近年の方が話の内容も詳細であり、過去に遡るにつれて、女性が移動した当時の状況だけでなく、その後の里帰りや他の噂などで聞かれた話によって事態の再解釈が起こり続ける。このような再解釈のプロセスについては、本章では資料的な限界から明確に分析の対象とすることはできないが、その過程の一部が分かる場合にはそれを記載することにする。また、これらの物語には、それを話す相手との関係も大きく関わっている。本節では、主に女性にとって非常に近しい存在であった母親やキョウダイの語りと、同じ村で暮らしていた友人たちの語りを取り扱うが、彼女たちが外部からやってきた調査者であるわたしに語るという構図もまた、その発話や物語に影響を与えていることに留意する必要があるだろう。

以下に登場する様々な遠隔地婚出女性たちのなかには、P村に里帰りをしてわたしと直接出会うことになったり、その後わたし自身が彼女たちの嫁ぎ先を訪れるなどして大変親しい関係になった人たちもいれば、彼女たちの父母や親戚たちから一対一のインタビューを通じてわずかな情報を聞くにとどまり、結局本人には全く会えなかった人までさまざまであり、情報の厚みに個人差がある。特に、初期の頃に婚出していった女性たちについては、近年では里帰りをすることもほとんどなく、彼女たちの婚出の状況については村人たちのあいだで会話にのぼることも少なかったため、わたしからの質問に家族が答えるというかたちでの一対一のインタビュー形式によるところが大きくなってしまった。一方、里帰りも頻繁で、その進退がしばしば村人たちの口先に登るような女性については、彼女の移動をめぐる様々な解釈を耳にすることができた。このような、多様なアクターによる多彩な語りを聞くことができた女性たち――安徽省に嫁いだナウーとナヨ、わたしのホストファミリー宅の娘サンメイ――のストーリーは、本章および次章の流れに合わせて複数の事例として提示することになってしまったが、章が進むにつれて、本人のみならず彼女を取り巻く様々な人たちの語りのなかから、多角的に彼女たちの人生が見えてくるような構成になるよう留意したつもりである。事例が細切れに出てきてしまう点については、ご容赦いただきたい。

わたしの調査当時、「ポイ」という言葉にはしばしば批判的な意味が込められていた。「ラフの女はポイばかりする」

と女性を集合的に表現する言葉には、女性の放縦や奔放さを非難するようなニュアンスが含まれていた。そのため、女性自身や女性の近しい親族のあいだでは、「ポイ」という強い表現を避け、「行った」という表現が使われることが最も一般的であった。しかし、同時に、「ポイ」という言葉が同情的な意味合いで用いられる場合もあった。それは、ポイをせざるを得ない状況まで女性が追い込まれた、と考えられる場合である。また、女性の移動は、性愛呪術という不可解な作用を及ぼす他者からの操作であると見なされることもあった。このような個々の女性の行為に対する評価が、誰によって、どのような状況下で成されるのか、それぞれの会話の場面に留意しながら以下に論ずる。

1　一九八〇年代後半〜〝道路を造る者たちと行った〟

一九八〇年代以前には漢族との結婚がそもそも稀であったP村において、一九八八年の瀾滄大地震による震災後の苦しい生活から逃れるためのラフ女性の婚出は、村人たちにとっては女性の突然の消失という怪奇現象として現れた。彼女たちの行動は、「道路を造る者たちとともに行った *yakaw te pa hk'asi k'e ve*」や「へパとポイした」と語られる。これは、一九八八年の大地震ののち、復興のための道路工事でP村周辺の公道沿いにテントを張って住んでいた漢族男性たちと結婚するために、ともに村を離れた女性たちを表している。この時期に村を離れた女性をめぐる語りを以下に見てみることにしよう。

〈事例1　自殺未遂の末、一九八九年に一八歳で婚出したナラ〉

ナラは、P村で最も有力な家のひとつである「漢族の一族のラフ」の李家の娘である。彼女の父方の祖父は漢族移民の末裔であり、谷向かいの村から婿養子としてP村にやってきて、多くの息子に恵まれ、P村近隣にたくさんの耕地を拓いた人物であった。ナラは親の勧めで父方の交叉イトコにあたる男性と結婚し、娘を一人産んだが、娘は地震のときに死んでしまった。村から遠隔地婚出を行った女性たち全員の背景について、ホームステイ先の女性家長Mに順繰りに話を聞いていたある夜、ナラの遠隔地婚出の顛末についてMが語ってくれたのは以下のような話であった。

ナラは、兄の再婚の婚礼に参加しようとしていたんだって。兄の妻は地震で死んでしまったので、上の方のN村の女性と再婚しようとしていて。そのときにナラは夫と口論になり、夫が婚礼に行くなと反対したので、ナラは毒草[1]をかじって自殺を図ったんだって。森の中で倒れているナラを見つけた夫は、妻が死んでしまったと思って嘆き悲しみ、自らも妻の横に落ちていた毒草をかじった。そうして、酒を飲んでいたために夫の方は助からなかったが、ナラは一命を取り留めた。そのときわたしはまだとても小さかったが、よく覚えている。ナラが村に運ばれてきたところをのぞきこんだわたしに向かって、「わたしの娘よ…」とかんちがいして声をかけ、そおっとわたしのほおをなでたので、それがとてもおそろしかった。彼女の娘はもう死んでしまっていたからね。その後、夫は死んでしまい、ナラの子どもも地震のときに死んでしまっていたこともあり、道路工事のヘパとポイしてしまった。

ナラの遠隔地婚出は、自らの自殺未遂や夫の死、地震に伴う子や親族の死といった不幸が立て続けに起こった末の出来事であり、地震による生活基盤の破壊と密接に関わって引き起こされたものであった。生活基盤が大きく崩れるなかで、よりよい生活を求めて決死の覚悟で近隣の道路工事の男性とともに出て行くことは、P村の多くの人々から、やむにやまれぬ事情の末の「ポイ」と語られていた。また、別の日に、P村で一人暮らしをしているナラの長姉宅に遊びに行き、ふたりきりで話をする機会があった日に、ナラの一件が話題にのぼったので、「どうして彼女はポイしてしまったのか」と聞いてみたところ、「在るのに飽きて *hpeh baw leh*」ポイしたのだろう、とぽつりと語った。この「在るのに飽きる *pheh baw ve*」という表現は、翻訳が難しいが、自殺を引き起こすような心理状態についてしばしば用いられる。[2] 女性家長Mの説明によると、「〝在るのに飽きる〟というのは、喜ばしいことがなにひとつなく、腹立たしくて、考えが何も浮かばず、もうこれ以上ものごとを思い悩みたくない、と思うようなことだ」と説明してくれた。ナラの遠隔地婚出は、村人たちから同情をもって語られることも多かったが、ナラの母や男性キョウダイらはわたしの質問に対して多くを語らず、ただ「ポイした」と言いにくそうに語った。それは、ナラが行った自殺未遂という行為がそれほど外聞のいいものではないからだと推察される。

ナラの婚出先は雲南省内であり、[3] その後多くの女性が婚出することになる江西省や安徽省ほどの距離ではない。当時P村近隣に道路工事に来ていた漢族男性は、比較的近距離から来ていたことが分かる。

実は彼女は、わたしの長期調査が後半にさしかかった頃にP村に里帰りをした上、漢族夫と娘も呼び寄せ、ともに再びP村で暮らすようになった女性である。帰村後、彼女は村の発展のために様々な活動を呼びかけ、村の婦女主任を担当するまでになったが、彼女自身も婚出したときの状況についてわたしには多くを語ってくれなかった。ただ、「夫も子も死んでしまって、そうしてわたしはポイしたんだよ」と小声でわたしに語ってくれたのみだった。上述の女性家長Mやナラの姉の語りはすべて、わたし自身がナラに出会う前、つまり彼女の里帰りの前になされたものである。

〔事例2　一九八九年に一九歳で四川省に嫁いだウーメイ〕

ウーメイは、六人兄弟の末娘である。父親は、瀾滄県で改革開放が開始され、大包干（生産責任制）が実施された一九七九年ごろに病で亡くなり、その後は母親が子どもたちを育てていた。ウーメイの父方オバにあたる女性の家へわたしが聞き取りに行ったとき、彼女が語ってくれたところによれば、「ウーメイは、地震後の復旧工事が行われたときにやってきた車道作りのヘパとこっそりポイして出て行った。（他のラフ女性と）二人で連れだって四川省に行った。その二年後に一度帰宅し、再び四川に戻っていった」とのことであった。その後、このウーメイが村に戻ってくることはほとんどないそうである。

ウーメイが四川に婚出した際、ともに四川に行ったもう一人のラフ女性はナプーという名で、彼女はウーメイとともに一度P村に里帰りをした際に、そのまま四川には戻らず、今ではP村のラフ男性と結婚して暮らしている。ウーメイとともに四川に婚出した当時のことは、現在の夫の手前ほとんど語りたがらないが、わたしがウーメイの父方オバ宅を訪れていた際にナプーがやってきたことがあり、ウーメイの父方オバが「お前が遊んでいた（恋愛をしていた）のは〝蚊に咬まれた者〟だったんだって？」と冗談めかしてナプーに尋ねる場面に出会ったことがある。これは、ナプーがかつて四川省に行った際に結婚した相手の漢族男性が、P村近隣で道路工事をしていた際に蚊に咬まれ、その跡が身体のあちこちにあったことを指しているが、この際に、「遊んでいた *gui da ve*」という、ラフの若い男女の恋愛に用いられるのと同様の表現がなされていることは重要である。道路工事が行われていた当時、労働者たちは道路脇にテントを張って寝泊まりしており、それはP村の女性たちが水牛の放牧をする場所からそう遠い場所ではなかった。そのため、外から道路工事にやってくる若い男性はラフ女性たちにとって恋愛の対象ともなっていたようである。女性の親たちにとって娘の突然の消失は不可解な怪奇現象であったかもしれないが、女性たち本人にとっては、災害によって弱体化していた村の生活基盤とは対比的な外界への憧れと、漢族男性に対する恋愛感情に基づく移動という側面もあったことが窺える。ウーメイのオバからなされたその問いかけに対して、ナプーは笑いながら「そうだ」と答えていた。

そのような、道路工事の漢族男性との恋愛という側面がより顕著に語られているのが、次の例である。

〔事例3　一九八九年に、道路工事にやってきた四川省の男性についていったアメイ〕

アメイは、四人姉妹の三番目の女性である。アメイ宅でアメイの母がわたしに語ってくれたことによれば、

アメイは、地震ののち、道路工事のヘパとポイした。こっそり結婚しに行ったのだ。あとで聞いたところによると、相手のヘパは四川人で、本当は弟の方と恋愛をしていた（*gui da ve*）のだが、結婚最低年齢に達していないというのでそのヘパの兄と結婚させられたのだそうだ。弟の方は自分がアメイと結婚したいと言って父とけんかをしたらしい。……今では（アメイには）息子と娘が一人ずついて、初等中学も卒業したそうだ。何度も里帰りをしており、ここにも三年間住んで、うちの上の土地に家も建てたんだよ。アメイの息子はここで生んだ。わたしのムコ（*aw ma*）のヘパは彼の弟よりも気が優しくて、殴らず怒鳴らず、農業をさせても強い。そののちに、アメイの妹の夫とアメイの夫のそりが合わず、四川に戻ってしまった。

このようなラフ女性と道路工事の男性との「恋愛 *gui da ve*」は、父母から反対されるため、女性たちは父母に何も告げぬままにこっそり村を離れることしかできなかった。そのため、父母は村を突然離れた娘に対して「道路工事のヘパとポイした」といった表現をすることになる。アメイの場合は、非常に珍しいことではあるが、結婚後、アメイの夫がアメイとともにP村にやってきて三年間住みこみ、息子の出産もP村で行われたため、アメイの母から「ムコ *aw ma*」と呼ばれ、働き者だという高い評価を得ている。そのために、アメイの母は「ヘパとポイした」という表現を用いながらも娘や娘婿を非難するような口ぶりを見せることはなかった。

この事例からは、道路工事のためにP村にやってきた男性が、ラフ女性の恋愛対象になっていたことが分かる。また、漢族男性は雲南省に隣接する四川省の出身であり、後に述べる安徽省や山東省ほどの遠距離ではない。

次の例は、上記のような道路工事の男性とともに婚出したわけではないが、地震後の生活基盤の崩壊のなかで遠隔地婚出を選択したシェイという女性である。彼女はわたしの調査中に里帰りをして出会う機会があったため、以下にシェイの母親、妹、本人それぞれの語りを示す。

〔事例４　地震で父を亡くしたのち、一九九一年に仲介業者のもとへ行ったシェイ〕

一九九一年に村を離れたシェイは、三人兄弟の長女で、弟と妹が一人ずついる。一九八八年の瀾滄大地震が起こったときに父は亡くなってしまったそうだ。地震のおよそ三年後、一〇月ごろに畑の耕起を行ったのち、シェイは突如村からいなくなってしまったそうである。まだシェイが里帰りをしていない頃、わたしが彼女の生家を訪れた際にシェイの母親は以下のように語ってくれた。

わたしの娘シェイはヘパと行ったんだよ。あの子は学校に行ったことがない。突然いなくなって、他人についていった（*shu hk'a si k'e ve*）。そうして三年間音信不通になった。その後帰ってきて、そのときに（漢族夫が）一五〇〇元くれた。その後も数年に一度二〇〇元、三〇〇元と送ってくれる。（堀江：今はどこにいるの？）今は湖北省にいる。最近は湖北省にもラフ女性がたくさんいるらしい。

また、結婚後生家のすぐ上に家を建てて暮らしているシェイの妹は以下のように語った。

父が地震で死んで、当時は弟がまだ小さかったので、姉は本来男性がやるべき牛耕をやっていた。姉は強かったが、それが辛くてポイしたのだろう。銀山の工場[4]に出かけて、そのままいなくなった。姉は心の優しい人だった。心の優しい人はみなポイしてしまった。わたしは夫や母と喧嘩もするのに、村に残っている。そういうものなのだろうか

シェイに関しては、上述のナラの例のように親やキョウダイなどの近しい家族が言葉を濁すこともなかった。このシェイは二〇一一年の春節に数年ぶりの里帰りをしたので、その際に本人にも話を聞くことができた。以下は、その際にシェイとわたしの二人でなされた会話である。

（堀江：紹介者は竹塘郷の人？）いや、もっと南の方の人。紹介者はヘパだった。当時わたしは漢語も知らなかった。〝吃飯（ごはんを食べる）〟など少しだけ話せる程度。（堀江：怖くなかったの？）そう、怖くなかったよ。漢語も知らず、瀾滄（瀾滄県城のこと）にも行ったことがないのに、紹介人のヘパのところに自分で行った。当時自分はかなり運が良かった方だろう。でもはじめの二ヶ月はおかゆや包子が咽を通らず、泣いて過ごした。ラフ文字でないと文字も知ら

ない。昔はラフ文字で親に手紙を書いたものだけれど、[5]今では電話があるので書かなくなって忘れてしまった。（堀江：逃げ帰ろうと思わなかった？）最初の頃はそう思ったけれど、（ヘパのくには）過ごしにくいとは言っても本当に過ごしにくいというわけではない。煉瓦造りの土の家に住んで、向こうの人たちも貧しかった。……一九才のときに行った。夫は紹介者に金を三〇〇〇元渡した。旅費なども渡すし。今なら三万元くらいだろうけど、当時は出稼ぎをしてもひと月で一二〇〇元くらいしか得られない頃のことだからね。（堀江：当時、あなたのお父さんもお母さんもあなたがどこでどうして暮らしているか知らなかった？）父は地震の時に死んだ。当時はこっそり行くのでないと行くこともできなかった。年越しを過ぎてから、牛耕をして、牛耕も終えたのちに……わたしがヘパと行ったとき、体重は四〇キログラムもないくらい小さかった。ははは、最近は太ってしまったけどね。ここみたいに美味しい米は食べられないけれど、ヘパのくにの食べ物は〝栄養〟ばかりあるから。

シェイの例では、母親や本人自身が「ポイ」ではなく「行った」という表現を使っている。これは、多くのラフ女性が自らの行動を「ポイ」とは表現したがらず、「行った」という穏やかな表現を好むことと同様である。上述したように、女性の父母は、娘の行動について「ポイ」ではなく「行った」という表現をすることで、「最近のラフ女性はヘパとばかりポイする」という揶揄を避けようとすることが多い。一方、シェイの妹は「ポイ」という言葉を用いている。しかし、そこに揶揄のニュアンスは感じられず、姉の心の優しさと「ポイ」とを結びつけて語っている。P村で、町の仲介者を通じた遠隔地婚出としてかなり初期にあたるシェイの婚出については、地震による生活基盤の破壊のなか、母の手伝いのために通常なら女性が行わないような苦しい農作業すら行ったうえで、それに耐えきれずに村から「ポイ」したと見なされ、近年の女性の放縦さと結びつけられることもなく、むしろ同情を持って語られていた。「牛耕を終えてから行った」という遠隔地婚出の直前のエピソードは、おそらくシェイが里帰りをした際にその苦しさを語ったものと思われ、彼女の遠隔地婚出を語る際にしばしば聞かれる定型句となっていた。

以上のように、一九八〇年代後半の漢族男性との婚出は、「道路工事のヘパと行った」や「ヘパとポイした」と表現されることが多く、すべてが父母の同意を得ないまま、女性が突然村からいなくなるという形態を取るものばかりであった。この時期の婚出に際してしばしば言及されるのが、地震被害のひどさや家族の死、そして貧困の苛烈さである。地震後しばらくの時期は、「当時は貧しくて食事も満足に食べられなかった。新しい服を着ることもほとんどなく、年越しのときに一度だけ、市場で父母が買ってきてくれるだけだった」というのは、遠隔地婚出をした女性だけでなく、すべての村人たちに共通の経験である。当時は、ヨメ探しの漢族男性が村までやってくることもなく、「あの頃まではヘパをほとんど見たこともないし、遠くからヘパが見えると怖かったものだ」と多くの女性が語る。六〇代の女性によれば、かつてはヘパと言えば税の取り立てなどを行う役人のことを主に指していたのだという。そのようななかで、地震被害の復旧のために近隣にやってきた道路工事の若い労働者は、P村のラフの人々がそれまで出会ったことのない類の漢族だったのではないだろうか。地震による生活基盤の崩壊のなかで、漢族労働者のもとへ嫁ぐというのはラフ女性たちにとって決死の覚悟を伴うものであったが、ときに恋愛という側面があったことも窺える。地震被害が起こってまもなくの婚出であったことから、これらの女性の婚出がのちに述べるような女性の「乱れ」として非難されることもなく、多くの遠隔地婚出はやむを得ない選択だと見なされているようであった。

前章でも述べたように、この時期の婚出先は、雲南省内や、雲南省と省境を接する四川省が主であり、のちに顕著になる安徽省や河南省などへの婚出ほどの遠隔地に婚出しているわけではない。漢族男性たちも、配偶者となる女性を求めてP村にやってきたわけではないという意味で、中国全体のヨメ不足に起因するヨメ探しの連鎖という構図とはやや異なるが、これがP村における女性の遠隔地婚出の端緒となったのは間違いない。最後に述べた一九九一年のシェイの例は、他の女性たちと同様に地震被害による生活基盤の崩壊が引き金となったものであるが、近隣の鉱山での賃金労働という新たな仕事の形態が生まれてくるなかで、女性自身が漢族仲介業者の存在を知っており、自らそのネットワークを頼っている点で、後述する仲介者ネットワークが徐々にP村の人々に知られるようになっていたことを窺わせる。

2　一九九〇年代後半～〝ヘパが見に来て結婚して行った〟

一九八〇年代後半から一九九〇年代初頭までのラフ女性の婚出が、基本的に父母に内密での移動であったのに対し、一九九〇年代後半に起こった大きな変化は、ヨメ探し漢族男性たちが直接村を訪れて父母と結婚の交渉を行うようになったことである。これは、仲介者のネットワークが発達し、ヨメ探しの漢族男性をラフの村まで連れて行くことが可能になったからだと推察される。この頃には、先に遠隔地婚出した女性が実家に里帰りをして、親戚や友人の女性を連れて行くというかたちでの遠隔地婚出も登場する。これらの女性たちはヨメ探し漢族男性を村まで連れてくることも多く、村内をヨメ探し漢族男性が歩き回る光景もよく見られたそうである。この時期は、村から出稼ぎに行くラフ男性が登場する頃とも重なっている。ヨメ探し男性の姿が実際に目に見えるようになってきただけでなく、父母に対して巨額の金銭が支払われるようになったことで、遠隔地婚出への抵抗は徐々に少なくなり、婚出女性はうなぎ登りに増加する。ピークは二〇〇〇年ごろで、一年に何人もの漢族男性が村を闊歩し、親に金銭を渡してラフ女性を連れて行くようになったそうである。授受される金額は、九〇年代には三〇〇〇元から六〇〇〇元だったが、二〇〇〇年を過ぎてから一万元を超えるようになっていった。

〔事例5　一九九一年ごろに江蘇省に嫁いだ、目の見えないナチュ〕

ナチュは、P村のなかでも最も公道に近い場所に住んでいた女性である。四人兄弟（長男は若くに病で死亡）の末娘で、生まれつき目が見えなかったようだ。彼女は、P村から二〇キロメートルほど南へ行ったN村の女性が連れてきた漢族男性の申し出で、江蘇省に婚出したそうである。これが、P村においてヨメ探し目的の漢族男性が実際に村を訪れて婚出した初めのケースであったようだ。その際、ナチュの父母には二〇〇〇元が渡されたそうである。

わたしの滞在中、P村の上の集落で牛をつぶす大きな治病儀礼が行われたある日、そこへ参加していたナチュの兄が炉を囲んだ場で語ってくれたことによれば、

ナチュのときは、ヘパが見に来て、そうして結婚していった。目を治してやるとばかり言っていたが、どうやらやってないいんじゃないかなぁ？　夫のヘパは容姿もよくないので、もしナチュの目が見えるようになればポイされるのではと心配で治してやらないというわけだ。それに対して、ナチュは目こそ見えないけれど、見た目はけっこうかわいいんだ。そうして子どもを三人産んで家にいるらしい。

と語り、村人たちの笑いを誘っていた。

このナチュのケースが、P村における遠隔地婚出女性に関して「結婚していった *hui k'e ve*」という表現がとられた最

初期のものだと思われる。これは、通常のラフ同士の結婚の際に語られる「夫を求めに行く *awhpaw hui k'e ve*」と同様の表現である。ナチュの兄の発言からは、身なりも容姿もよくない漢族男性に対して、目こそ見えないけれど美しい自分の妹を嫁がせてやったという自負が表れているようだった。ナチュの婚出の後、漢族男性の来訪は年々増加していった。わたしのホストファミリーの女性家長Mは、自分が未婚だった頃を懐古しながら、「当時は一年に数人、ヘパが村に見にやってくるということはあった」と語る。

この当時、遠隔地婚出は必ずしも貧しい女性が金銭のために選択するものというわけではなかった。むしろ、女性たち自身にとっては外の世界を見るための大きな機会のひとつと見なされていた。P村において、省を跨いでの出稼ぎが増加してきたのが一九九〇年代半ばであり、その出稼ぎ者の多くが男性であったことを考えれば、当時出稼ぎにほとんど参加していなかったラフ女性たちにとって、遠隔地婚出は外の世界を見る絶好の機会と見なされたであろう。このような女性たちからは、「当時は誰でも行っていたから」「ヘパのくにがどんなところか見てみようと思った」という語りが聞かれた。そのような例の一人が、以下のナトである。

〈事例6　一九九五年に「自ら広東に売られに行った」ナト〉

ナトは、わたしの調査当時P村から三キロメートルほど離れたD村に暮らしており、わたしがホームステイ先の女性家長MとともにD村を訪れた際に、Mから「自分からヘパに売られた経験のある女性がいる」[6]ということで紹介された女性である。彼女はD村で有数の地主の孫であり、彼女が遠隔地婚出を行った当時、D村のなかでかなり大きな家に住み、父はビルマ国境に近い地域でヤギの放牧の請負の仕事をしていたために他の家よりも現金収入が多かった。Mは、かつてMの姉がナトの兄と結婚していたことから、かなりナトと親しくしているようだった。ナト宅で、Mとわたし、ナト、近隣に住む同年代の女性の五人ほどでテレビを見ていたときに、ナトは、かつて行った広東省への遠隔地婚出について以下のように語ってくれた。

当時は誰でも行っていたし、どんなところか行ってみようと思ってさ。（笑い）友人と、オヴィオニの女性と三人で一つの場所に売られた。でも漢族は年寄りで、それほど過ごしやすくもなく、嫌になって三人一緒に逃げ帰ってきたんだよ。（M：この子ったら歩いて帰ってきたって言うんだよ！）バスや列車を使うとへパに見つかるのではないかと思ったので、歩いて帰ってきた。船などに乗り、木の上で眠って、ひたすら歩いて帰ってきた。（一同感嘆と笑い）

その後、ナトは昆明の公安局に見とがめられ、犯罪性の有無を確認するために一ヶ月ほど昆明に引き留められて取り調べを受けたようである。広東省から雲南省まで徒歩で帰ってきたというナトの帰郷の物語は壮絶に聞こえるが、ナト自身は笑いを交えながら、あたかも冒険談であるかのように語ってくれた。ナトはそののちD村有数の経済力を持つ土着漢族（へパシュイ）の男性と結婚し、二人の子をもうけている。ナトのように、自ら「どんなところか行ってみようと思って自分から売られた」と表現する女性は少ない。わたしがD村で過ごした時間が限られたものであったため、ナトと周囲の人々との会話を子細に観察できたわけではないが、このような語りは同年代の女性か、親族関係の遠い人に対しては笑いを交えた冒険談のようにして語られるが、現在の夫やその父母に対しては多くを語らないようにしているようであった。

一九九〇年代から二〇〇〇年にかけての時期、女性たちの多くは漢族地域に憧れ、「ヘパのくに」の様々な噂が飛び交ったという。村に住む三〇代の女性は、「ヘパのところに行った女性は、行く前は日に焼けて真っ黒だったのに、帰ってきたときには肌も白く、いい服を着ているので、そういうのを見ているとわたしも行ってみたいと強く思ったものだ」と語る。また、一九九九年に安徽省に婚出した女性は、「当時は、ヘパが村にやってきて、その見た目がちょっとでもいいと、わたしが行く、いやわたしが行くといって、見えないところでラフの女たちのあいだで取り合いになったものだ」と笑い混じりに語る。その一方で、来訪した漢族男性が容姿などの点で女性たちに気に入られず、女性を得られずに帰っていく例もあったそうである。この頃は、娘、親、仲介者、ヨメ探し男性の思惑が交錯し、遠隔地婚出が増加する時期であった。

次の事例は、父母が娘と漢族男性との結婚自体にほとんど抵抗を示さず、むしろ歓迎している様子が窺える例である。

〈事例7　二〇〇五年に安徽省に婚出したナヌーの母親の語り〉

ナヌーは、二人姉妹の長女である。婚出当時一七歳で、妹はまだ小学生だったそうだ。ナヌーの母は、娘の婚出について以下のように語った。

ナヌーはヘパが見に来て、結婚していった。（堀江：そのときお金を受け取ったの？）一万五〇〇〇元だったよ。（堀江：行くなとは引き留めた？）別に行くなとは言わなかった。喜んで結婚していったのだ。娘がヘパのくにに行く前は村の上の方に住んでいたけれど、娘が結婚したときにヘパがくれた金で今の場所に家を建てた。娘を連れにヘパがやってきたとき、みんなで瀾滄に行って、食事をともに食べてから行った。当時存命だった夫もともに行った。婚礼はこちらでは挙げなかったけれど、ヘパのくにであげたらしい。もらった金のうち一万四〇〇〇元で家を建てた。

ナヌーをはじめとするこの時期の婚出のひとつの特徴は、娘の婚出に際して父母や親族が食事会や婚礼に近いことを行って娘を送り出すケースが増えることである。ナヌーの場合は、婚出する娘と漢族男性を囲んで町で食事を行っている。これらの行為が、ラフの婚礼で行うような「披露宴 *hkeh ca ve*」と呼ばれることはないが、「喜んで食事をしてから結婚していった」と表現されている。彼女の婚出以降、このような食事会を行って村を離れる女性たちが増えていくことになる。そのような新たな結婚が進展するなかで、「ポイ」という表現は減少していき、「ヘパと結婚しに行った」という表現がなされるようになる。本節の冒頭で見たように、村人たちもナヌーの婚出を「ポイ」と表現することは皆無であり、女性家長Mも「ポイしたのではない、結婚していったのだ」とわたしに説明してくれた。この時期は、遠隔地婚出が単なる村外の関係ではなく、村内の関係に一部踏み込んでいたという意味で、最もラフの結婚に近しい形態を取った時期だと言えるだろう。仲介業者が介在するとは言っても、すぐに女性と引き合わせるわけではなく、ヨメ探し漢族男性たちはしばらく村に滞在して自由にラフ女性に声をかけ、そうして女性の同意を得たのちに父母に相談するというかたちを取っていたそうである。

従来、「ヘパ（漢族）」のことを怖く未知のものと考えていた中年女性たちは、娘の漢族地域への婚出に否定的であることが多かったが、このナヌーの母親は娘の遠隔地婚出に対して特に躊躇しなかったと言う。その上、「もし自分が若ければ自分も行ってみたかった」とさえ述べている。婚出した女性たちが里帰りをするという形式が増え、また「ヘパのくに」への素晴らしいイメージが増大していくなかで、若年未婚女性たちのみならず、彼女たちの親世代にわたるまで、遠隔地婚出への否定的な意見は減少しつつあったと見てよい。

3　二〇〇八年〜　〝ヘパとポイした〟

ヨメ探し漢族男性の到来によって、漢族男性とラフ女性とが互いを選び、女性方の父母の許しを得た上での婚出が頻繁に起こるようになり、二〇〇〇年代にはほぼピークを迎えた遠隔地婚出であったが、女性の流出が甚だしいことに危機感をもった公安局が、二〇〇八年ごろにヨメ探し目的の漢族男性の来訪を制限するという対処を取り始める。瀾滄県から村へ続く公道の途中には定期的に検問が設けられて、省外から来たと思われる男性に対して尋問が行われるようになった。その結果、ヨメ探し男性自身が村を訪れることはほぼ不可能となる。そのことはつまり、女性が婚出を決断する以前に漢族男性に出会うことが不可能になったということである。この頃には、遠隔地婚出によってすでに未婚女性の総数そのものが減少しつつあったこともあり、遠隔地婚出を望む女性が低年齢化し、同時にラフ夫との間に問題を抱える既婚女性も遠隔地婚出を行うようになってきた。ちょうどこの頃から、婚出以前に既婚であった者の遠隔地婚出が、未婚者のそれを上回るようになる。これらの女性が「夫を求めに行った」と言われることはなく、すべてが「ポイ」と表現される。これは、ラフ夫やラフ社会からの「ポイ＝逃亡」だと見なされているからである。遠隔地婚出を規制しようとする政府の対策によって、その思惑とは逆に、遠隔地婚出は一層アンダーグラウンドなものとなり、仲介業者は、その役割をむしろ強めている。P村からの遠隔地婚出の件数は、二〇〇〇年ごろのピークを過ぎたのち、取り締まりの強化にともない減少している。

二〇〇八年以降のP村は、一九八〇年代後半の瀾滄大地震の頃ほどは生活条件が厳しいわけでもなく、貧困対策のために大規模に投入される政府の補助金やサトウキビ栽培による現金収入によって暮らしは改善されつつあった。二〇〇五年からは農業税が廃止されたほか、二〇〇六年ごろから開始された低保（正式名称は農村居民最低生活保障）[7]という補助金は、数年のあいだにＰ村のすべての世帯にそれぞれ数千元[8]の補助金を与えられるほど大規模なものであり、村の生活は徐々に豊かになりつつあった。同時に、一九九〇年代に婚出した女性たちの里帰りなどによって、女性の婚出先の様子は少しずつ村でも想像できるようになってきており、婚出先の暮らしがＰ村の暮らしと比較して格段によいものとは限らないことが知られるようになっていた。ヨメ探し漢族男性のなかには、地元では配偶者を得られないために雲南省までヨメ探しにやってくるが、その交通費すらまかなえず、あちこちで借金をしてくる者すらいるということを人々は承知しつつあった。このように、遠隔地婚出の圧倒的な魅力はもはや薄れつつあったにもかかわらず、「ヘパとポイ」することを目論むこの時期の女性たちの移動は、「農業をやりたくないから出て行ったのだ」や「怠惰だからだ」といった非難の口調で語られることが多く、近年では婚出女性の家族らが「ポイ」という言葉を敬遠する理由の一つとなっている。そして、後述するように、この時期の女性の遠隔地婚出には、仲介者が女性に性愛呪術を放ったからではないか、という疑惑が語られるようになりつつある。

4　語りの変化をたどる

ここまで、遠隔地婚出の時代的な変遷とともに、そのような女性たちの行為が周囲の人々によってどのように説明されるかを見てきた。女性の移動の方法の時代変遷のなかで、村人たちの語りには時期毎に特徴が見られる。そこで以下では、移動の理由にまつわる語りを時代ごとに整理してみたい。

まず、遠隔地婚出が起こった初期の時代には、地震や近しい家族の死に伴う生活環境の崩壊が女性の移動の原因として強調され、女性の遠隔地婚出は「ポイ」とは表現されつつも、大きな非難の対象にはなっていないものが多い。これは、近年顕著に見られるような、「ポイ」という表現に含まれる女性の怠惰さ、無責任さ、放縦といった意味合いを持たずに用いられているように見える。どうして彼女たちは行ったのか？という問いに対して、「貧しかったから」「親が死んで生活が苦しかったから」といった説明がなされる。もちろん、道路工事男性との恋愛という側面が、女性同士や遠い親戚との会話のなかで語られることはあるが、それはあくまでも「貧しかったから」という言葉のあとに続けられる付加的な説明である。女性自身の婚出への意思はそれほど強調しては語られないが、女性を取り巻く当時の状況から見て、遠隔地婚出はやむを得ないもの、あるいは同情しうるものと見なされていた。

それに対して、一九九〇年代後半以降のラフ女性の遠隔地婚出は、大きく意味合いを変化させている。ヨメ探し漢族男性の来訪に際して、多くのラフ女性は男性を品定めし、よい条件の男性であればその配偶者になろうとし、女性の父母らも、ヨメ探し漢族男性に否定的な視線を向けるばかりではなく、父母に対する金銭の授受という要素への期待が起こってきた。そのため、父母は遠隔地婚出を「ポイ」ではなく「結婚していった」と述べる。ここでは、父母が金銭を目的として「娘を売ったのだ」という表現がとられることはほとんどなく、「娘が行きたいと言って、喜んで行った」という女性自身の意思が語られる。ラフ同士の結婚において親の意思が関与した場合に語られる「教えて執り行う *ma kan ve*」という表現も、遠隔地婚出に際して用いられることは皆無であり、女性自身も「行きたかったから」と語ることがほとんどである。しかし、これは上述の「ポイした」際のように身近な友人たちのあいだでこっそりと語られるのみではなく、家族や他の人々の前でも堂々と語られうる。

その後、二〇〇八年ごろから公安局による警備の強化によってヨメ探し漢族男性の来訪が難しくなるにつれて、遠隔地婚出の表現は再び「ヘパとポイした」に変化していく。しかしこの時期の婚出女性に対しては、すでに一九八八年の地震直後のような、貧しさによってやむにやまれず婚出していくといった同情の色合いはなく、むしろ女性自身の怠惰さや放縦さが強調して語られるようになっている。

2 女性の婚出をめぐる責任と交渉

以上のような語りは、いわば移動の原因と理由に関する説明であるが、そこには移動を引き起こした責任に関する意味づけも含まれている。たとえばヨメ探し漢族男性がやってきた一九九〇年代半ば以降の遠隔地婚出について、「彼女が喜んで結婚していったのだ」と語られるとき、その出来事の責任は遠隔地婚出を行った女性自身に帰せられている。一方、瀾滄大地震の起こった直後である一九八〇年代後半には、貧困や空腹、家族の死などがやむを得ぬ理由として語られ、女性自身の婚出の責任を分散させている。

ところが、上述のような特徴的な語り口には必ずしも収斂していかず、女性の移動の責任が誰に、あるいは何に帰せられるのかが論争の的になる場合もある。女性の遠隔地婚出は、果たして女性自身の意思によるものなのか、他者の行いのせいなのか。あるいはそれに留まらないさまざまな理由が女性を取り巻く人々によって語られ、ときに論争になることがある。

一九九〇年代後半、ヨメ探し漢族男性の来訪によって遠隔地婚出が比較的肯定的なものとして増大していくにつれて、女性の婚出によって金銭を獲得しようと目論む者たちも登場していた。P村では、二人の少女が突然消失し、彼女たちは「他人によって売られた」あるいは「消えた」と表現されていた。

〈事例8　一九九七年ごろに村から「消えた」二人の女性〉

一九九六年から一九九七年ごろに、一七歳で村から出て行ったと推定されるこの二人の女性は、同年代の仲の良い友人同士であったが、ある日突然村からいなくなってしまった。彼女たちについては、誰もが「あの子たちはポイしたというよりも『消えて *meh ve*』しまったのだ。誰かがこっそり売ってしまったのではないか」と語った。わたしが親しくしていた女性（六〇代）の推測では、消えてしまった二人のうち片方の女性の父方オジにあたる人物がおそらく関与しているだろうということであった。当時、消失した女性の父親たちは、この「父方オジ」に対して村裁判を要請したが、結局この父方オジの関与を証明できずに責任を問えなかったのだそうだ。P村から遠隔地婚出を行ったと言われる女性たちのうち、この二人のみは今でも全く音信不通である。

このように、女性の結婚に伴う金銭の介在が顕著になるにつれて、「売られた」のか、あるいは自ら「行った」のか、という問題が取り沙汰される。わたしの調査中、「他村では、娘によりよい生活をさせ、自らも金銭を得るために、仲介者のところへ娘を連れて行く父母もいるらしい」といううわさ話を耳にすることが何度かあった。このことは、女性の婚姻と移動に関する研究において、結婚という現象が家族の選択に関わるために、父母や兄弟たちが家庭の将来のために女性を婚出させるという現象がしばしば指摘されていたことを想起させる［Williams 2010］。このような噂においては、金銭を受け取っているという意味で、女性の婚出の責任が父母にあると見なされていることが示されている。

しかし、P村から遠隔地婚出を行った女性に関して、周囲から「父母が娘を売ったのだ」と言われる人は一人もいなかった。上述のように、父母が娘の結婚によって金銭を得た際であっても、「結婚していった」という表現で周囲の人々から語られるばかりであった。これに対して、事例8の「消えた」二人の女性については、父母ではなく片方の女性の父方オジであったこと、また、漢族男性との対面や交渉を経ずに女性のみが突然姿を消したことから、結婚ではなく「売られた」という解釈が女性の父母や周囲の人々によってなされている。彼女たちが、姿を消したのち一度も里帰りをしていないこともこの疑惑を強めている。彼女たちが婚出したとされる地域の近くに遠隔地婚出をした女性は、「通常なら、いくら売られたと言っても何年かすればどこかのつてを頼って一度くらいは帰ってくるものだ。彼女たちだってばかではない。彼女たちが帰ってこないのは、あの父方オジが、自分が売ったということを村人達に暴露されたくないために、里帰りをしたらただではおかないと彼女たちに言ってあるからだろう」と小声でわたしに語ってくれた。仲介者が身近な人であればあるほど、語りの上では匿名性が増していく。わたしがこの「父方オジ」の家を訪れた際に、彼の兄の娘について話を聞いてみたところ、ただ「へパのくにへ行ったらしい」と答えてくれたのみであった。

事例8の女性たちは「売られた」のだという判断が（父方オジ以外の）村人たちにとってほぼ論争のない状態であるのに対して、次の例は紹介をめぐるトラブルによってよりいっそう複雑な様相を呈する。

〈事例9　一九九四年に広東へ行ったナム〉

ナムは、彼女よりも先に遠隔地婚出を行った友人ナティの紹介で広東省に行き、そこで漢族男性との結婚を斡旋された。その男性との結婚ののち、一〇年の歳月を経てP村に帰宅し、現在では漢族夫との関係を放棄して行政村の党書記を務めるラフ男性と結婚している。ナム自身は自らの遠隔地婚出について多くを語りたがらず、以下の語りはナムの母親と母方オバから聞いたものである。

ナムの母方オバが憤慨しながら語ったところによれば、

ナムは、ナティにだまされた。ナティは、向こうはとても過ごしやすく、肉ばかり食べて食べきれずにいつも捨てている、ナムにはお店で物売りの仕事をさせて、のちにいい人がいれば結婚させる、というので、ナムの母はそれならばとナムを行かせた。ナムが四月に出て行ったのち、六月にわたしが遊びに行ってみたら、ナティのところは身もろくに入っていないような貝の汁やおいしくもないものを食べさせ、衛生もなっていない。結局ナムは物売りの仕事もろくにしないうちにすぐに漢族の男と結婚させられてしまった。

ということであった。ナムと同年代の友人であった女性家長Mもまた、

ナティは出稼ぎだとナムに嘘をついて、一ヶ月ほどしてからヘパと結婚しろと言ってきたらしい。ナティの夫の姉が、ナムの夫の兄弟と結婚していて親戚同士だったようだ。ナムは、夫が年を取っていたので嫌になって帰ってきたらしいが、広東省に残してきた子どものことを思うと今でも心が痛くなるのだそうだ。

とわたしに教えてくれた。

ところが、ナムの母親自身はこれとは全く異なる見解をわたしに語った。ナムの母には二人の娘がおり、どちらも遠隔地婚出を行っている。彼女は、ナムとナムの妹ナウーとの嫁ぎ先を比較しながら、

ナムの婚出したところは、食べ物もたいへん豊富で、気候も良くてとても過ごしやすいところだった。わたしは二人

の娘の嫁ぎ先を訪れて、ナムの住む広東に二年半、ナウーの住む安徽に五ヶ月間過ごしたが、ナムが広東にいたくないのならわたしが住んでもいいくらいだ。ナムの夫だってちっとも年寄りではない。若くて優しくて、一度もナムのことをなじったり殴ったりしたことはない。ナムの妹のナウーといえば、暗くて寒くてたいくつな安徽省で、美味しいものも食べられず、夫もよく殴るというのに、そんな暮らしをするくらいなら帰ってこいと言っても帰ってこない。ナムはあんなにいいところにいながら帰ってくるというのだから、まったく人の心は分からないものだ。

と語った。

わたし自身がナムの婚出当時の様子についてナム本人から聞くことのできた話は、「人についてヘパのくにに行って、そこに暮らしていたことがある。今では帰ってきた」というだけのわずかなものであり、ナムはナティの関与について特に語らなかった。ナムが「ナティに騙された」のか、という問題を判断することは容易ではない。ナティは、単に結婚の仲介をしたのみであったのかもしれない。ナムは、いつから漢族夫との関係に不満を持ち、帰村を目論んだのだろうか。遠隔地結婚がどのような帰結をもたらしたかによって、その婚出がそもそも他者に「騙された」ものであったのか、それとも女性の意思であったのか、という問題は常に曖昧になる。ナムの婚出の仲介を行ったナティは、ナムがその結婚を放棄して帰村したのちにナムを騙したのだと判断され、ナムの母方オバらの怒りを買ったために、いまではP村にもほとんど帰ってこられないとのことであった。

次の例は、ナムの妹にあたるナウーとその友人ナヨである。ナウーとナヨは、わたしが最も親しくつきあうことになった遠隔地婚出女性である。二人は小さいときからいつもいっしょで、一九九九年に二人でともに安徽省に婚出した。わたしは二〇一〇年から二〇一二年の長期調査期間中に、里帰りをしたナウーに会うことができたほか、長期調査の終了後、二人の婚出先の安徽省にも二度ほど訪れる機会を持つことができた。彼女たちの婚出先での暮らしについては第5章で取り扱うが、ここでは二人の婚出の原因をめぐる複雑な語りに目を向ける。

〔事例10　一九九九年に安徽省に嫁いだナウーとナヨの婚出の責任をめぐる語り〕

女性家長Mの説明によれば、ナウーは地震の際に父親を亡くし、D村に住む裕福な伯父の家に預けられていたそうだ。一方ナヨは、ナウーの幼なじみでP村に暮らしていた。ナヨとナウーは同じ年齢で、小さい頃から何をするにも一緒だったそうである。一九九九年、ナウーが暮らしていたD村出身の女性が安徽省から里帰りをした際に、ラフ女性との結婚を希望する漢族男性を二人連れて帰ってきたため、二人は相談しあってともに婚出することを決めたのだという。二人は、P村で小さな婚礼のようなものを行ってから村を離れたそうだ。ナウーの母によれば、豚肉を買ってきて、家で豪華な食事を作って親戚たちに振る舞ってから送り出したのだそうだ。ナヨ宅でも同様のことが行われた。二人の婚出について、「ポイ」という表現を用いて語る村人は皆無である。ナウーの母親は、「わたしの娘はヘパが見に来て結婚していった。行くなと何度も言ったのに聞かずに行ってしまったのだ」と語る。また、女性家長Mも、「ナヨとナウーについてはポイしたのではなくヘパが見に来て結婚していった。自分で行ったのだ。ナウーの母は金六〇〇〇元得たらしい」とわたしに対して話してくれた。

これらの語りには、ナウーとナヨが遠隔地婚出に対して意欲を持ち、父母もそれを承認したという解釈が表れている。ところが、婚出した本人たちに話しを聞いてみると、事態はそれほど単純なものではなかった。

以下の語りは、わたしがこの二人を訪ねて安徽省を訪れた際の、本人たちとの会話である。当初、ナウーもナヨも、遠隔地婚出を行った理由として「自由」という言葉を頻繁に用い、「村にいたって自由はない。ヘパのくにに行かなければ、あのまま村に残って農業をして年を取っていくしかなかった」と語っていた。しかし、長く会話をするうちに、ふたりのあいだには婚出の責任をめぐる解釈に微妙な齟齬があることが分かってきた。ナウーの家での滞在から数日が経ち、婚出当時の状況について夜に二人きりで話を聞いていたとき、ナウーは昼間の強気な語調とはうってかわって次のように語った。

はじめは婚出しようと思ったのだけれど、もう明日には家を出て行くというときになって行きたくなくなってしまった。兄やオジたちは、そんなに遠いところに行かなくても、もっと近所で裕福な漢族やタイ族の男性をいくらでも探してやる、と言っていた。やっぱり行かないでおこうかな、と思ってナヨにそのことを伝えたら、その夜ナヨの父親が怒鳴り込んできて、〝お前が行くと言ったらうちの娘も行くという。お前が行かないと言えば行かないという。娘はお前の言うことばかりを聞いてわたしたちの言葉には耳を貸さない。行くと言ったのはお前なのだから、うちの娘をこれ以上振り回さないでくれ〟というので、もう行かないわけにはいかなかったの。

一方、その数日後にナヨの家に行き、ナヨとわたしの二人でいるときに、ナヨからは次のような話が聞かれた。

ナウーが行くというから一緒に行くなら行ってみようと思ったのだけど、途中で行きたくなくなってしまった。でも、父は〝もう漢族からお金を受け取ってしまったのに、今さら行かないなんでメンツがない〟というので、行かないわけにはいかなかった。

ということであった。

二人がそれぞれわたしに語ってくれたこれらの話には、二人の婚出という行為の責任の一端がナヨの父にあることが示されている。つまり、二人は本当は途中で遠隔地婚出を取りやめようと思ったのだが、それをナヨの父親が叱ったために、二人は行かざるを得なかったというのである。

その後、さらに責任の所在は複雑になる。ナウーの家で、彼女たちの恋愛遍歴についてナウーから話をしていたときに、ナウーはナヨの不倫経験について語り始めた。

わたしたちが結婚しに来る前、ナヨは実はP村内のある既婚男性と少し不倫をしていた。その男性は当時比較的裕福で女好きで、若い女の子にときどき声をかけていたようだった。ナヨの父親は、娘の不倫が他の村人たちに発覚するのが嫌で、ヘパと行くのならその方がよいと思ったのだ。

ということであった。ここで再び、二人の婚出の責任はナヨに差し向けられる。つまり、ナヨがそもそも不倫をしていたために、ナヨの父親は外聞を怖れて娘の遠隔地婚出を承諾し、ナウーのせいでその遠隔地婚出が破棄されてしまうのを嫌がったというのである。

ナウーとナヨの婚出の責任をめぐる様々な解釈は、二人がそれぞれに行う責任の分散である。ナウーやナヨの婚出は、

P村の村人たちから見れば「喜んで結婚していった」とのみ解釈されるものであるが、その移動に関わった人々には様々な責任の分散や回避が行われている。彼女たちの語りは、上述の「売られた」女性のようにその責任をめぐる論争にまで発展することはなく、偶然の機会（たとえばわたしが婚出当時の状況について尋ねるというような）に時折生起するのみである。それは、彼女たちの結婚後の生活に今のところ大きな問題がなく、移動の責任を問いただす必要が起こっていないからである。しかし、それが一度問題にまで発展すれば、「騙された」や「強要された」という語りが強調されることはありうるだろう。女性の移動の責任は、移動が起こったそのときに起こるのではなく、その後の女性の生活や考え、想起のあり方によっていかようにも変化しうる潜在性を持っている。

3　不可解な婚出と性愛呪術の語り

二〇〇八年から始まった公安局の取り締まりによって、ヨメ探し漢族男性がラフの村を訪れることは不可能に近くなった。その後、様々な仲介者の媒介によって遠隔地婚出は現在も続いているが、二〇〇八年以降の遠隔地婚出はどのように位置づけてよいのか不明なものと捉えられることが多い。国家からの補助金の導入などによって、この時期のラフ村落の生活状況はむしろ向上しつつあった。また、既に一九八〇年代後半から様々な女性が「へパのくに」への婚出や里帰りを繰り返すなかで、婚出先の様子や、婚出女性がどのような行動をとるかはある程度親たちにも想像できるようになっている。地震直後のように、生活があまりにも苦しくて、そのためにやむにやまれずポイしたというレトリックがさほど現実感を帯びないなかで、それでも女性たちが婚出していく。このような女性の行動に対して、「どうして婚出したのか」と尋ねても、上述で見たような様々な理由ではなく、「彼女自身が行きたくて行ったのだろう *yaw hk'a yaw k'e ga leh k'e ve yo heh*」という答えが返ってくるのみであることが多い。この「彼／彼女自身が *yaw hk'a yaw*」という表現は、その人の行為や考えに対する他者の関与を否定し、その人自身の行いであることを強調する際にしばしば言われる表現である。しかし、その同語反復な表現は、むしろなぜ彼女が行ってしまったのかが不明であることを露わにしている。

このような、女性の移動の原因が不明であることに際して、近年取り沙汰されるようになっているのが「ショッツ」と呼ばれる性愛呪術に関する語りである。本章の冒頭で述べたように、ラフ女性の遠隔地婚出において性愛呪術の介在が疑われることがある。ラフの男女のあいだで放たれるというこの性愛呪術は、人にはたらきかけて感情を方向付け、その感情に基づく行動を引き起こす作用をもたらす呪術である。

前述したように、ショッツとは、男女間で、好意を抱いている相手に対して放つものである。ショッツを放つことができると語ってくれた数少ない男性の供述によると、およそ一二種の薬を混ぜ合わせ、相手にこすりつける、扉の前に塗る、椅子に塗る、飲食物に混ぜて飲ませるなどを行い、同時に口のなかで静かに呪文を唱えて「放つ *hpeh ve*」と、「相手が自分のことだけを思うようにさせられる」のだという。彼が学んだ方法によれば、このとき唱える呪文はラフの婚礼の際に呪医モーパが語る唱えごとに似ているのだという。ショッツを放たれた者は、「放った者のところにばかり行きたくなる」「放った者のことばかりを覚えているようになる」「人の言葉を覚えていない」「涙を流す」などの状態になる。これを説明してくれた四〇代の男性は、若い頃に瀾滄県と思茅市（現在の普洱市）を結ぶ道路工事の要員としてかり出された際に、他村の同年代の男性から具体的な手法を学んだのだという。また、わたしの泊まっていた家の女性家長Mによれば、自分の好意に対して振り向いてくれないつれない相手に立腹してショッツを放つと、放たれた者は気が狂ってしまうのだという。家に帰ることを忘れて野山をさまよい、果てには死に至る。女性家長Mが結婚して間もない頃、ある他村の男性が田植えの最中にショッツを放てると豪語しはじめ、それを馬鹿にしたＰ村の女性が「本当にできるならわたしに放ってみるがいい」と言ったところ、それからしばらくしてその女性は「気が狂って *g'u ve*」しまい、あちこちをさまよってどこかで亡くなったという。

しばしばショッツと対にして語られるもうひとつの性愛呪術に「シャハ *sha ha*」がある。シャは息・空気、ハは愛するという意味を持ち、これは主に呪文を口の中で唱えて相手に向けて吹きかけるという手法を取るようである。ショッツがしばしば薬草のように食べ物や飲み物などに混入させて用いられると言われるのに対して、シャハは言葉の力のみに依拠した呪術のようである。Ｐ村においては、シャハの具体的な手法や効果についてはショッツほど詳細に聞かれなかった。本書では、エバーハルトの用例にならい、ショッツとシャハを合わせて「性愛呪術」と総称することにする［エバーハルト 一九八七］[9]。

これらの性愛呪術の知識を有するのは、一部の若者たちであり、精霊に対する様々な対処を行う村の呪医モーパではない。性愛呪術の知識は村の外でこっそり教え合うもので、学ぶためには厳重な禁忌を守らなくてはならず、それを守りきれないと気が狂ってしまう。性愛呪術は禁忌を代償として習得されるものであり、その禁忌を一度破ってしまうと、その後同じ手続きを踏んで習得しようとしても効力は失われてしまうのだという。誰かから学びさえすれば、男性も女性も身につけられる技術だといわれるが、Ｐ村では男性が性愛呪術の放ち手の疑惑の対象になることがほとんどであった。もっとも、村人のほとんどが自らの性愛呪術の技術を否定し、放ち手としての語りはほとんど聞かれないと言っていい。ショッツは、あくまでも被害を受けたというかたちでのみ語られるという特徴を持っている。

1　性愛呪術と遠隔地婚出との関わり

では、様々な遠隔地婚出のなかで、どのような状況が性愛呪術の疑惑を呼ぶのか。わたしがP村に滞在中に見聞きした二つの事例から見ていくことにする。

まず、本章の冒頭にも挙げた、遠隔地婚出女性ナガの例である。

〈事例11　町の中学校から突如姿を消したナガ〉

ナガの母によれば、ナガは町の中学校に通うために宿舎に入っていたが、ある日突然いなくなってしまった。あちこち探しても見つからなかったが、娘の失踪から一〇ヶ月が経ったころ、ナガから電話がかかってきて湖南省にいることが分かった。ナガから母親になされた説明によれば、P村より十数キロメートル北にある盆地に住むタイ族男性たちに誘われて、彼らとともに食事をし、その後眠気を覚えて朝も夜も分からず、気づけば「ヘパのくに」に着いていたという。ナガは漢族男性と結婚して暮らしているが、その人の家は裕福で、二人のためにあてがわれたきれいなマンションに住んでいるので心配するなと語ったそうである。

ところが、その数ヶ月後の二〇一〇年九月、昆明市の派出所からナガの父親に対して、ナガの身柄を保護しているという連絡があった。そうして、九月下旬にナガは再びP村に戻ってきた。わたしが帰村したナガに会いに行ったとき、遠隔地婚出についてナガが語ってくれたのは、「チャレー（ラフに一般的な名前）という男に連れて行かれた。

彼は身分証をたくさん持っていて、名前も出身地も本当はどこなのか分からない。一緒に遊びに行き、北の町で飲料を飲まされ、その後は眠くておなかがすくということも覚えていなかった。」とのことだった。彼女が帰ってきた理由は、漢族夫が裕福であるにもかかわらず、ナガにほとんど金銭を渡さず、ナガの両親にも少しは援助をしてくれと言っても「金がない」とばかりいうので嫌になったからだそうだ。夫が仕事に出かけたときに家を出て、そのままバスに乗って町まで出て、そこの派出所に届け出て瀾滄県まで送り返してもらったのだという。

以上から窺えるのは、まず女性自身が移動の過程について「何も覚えていない」と語っていることである。眠くなってしまった、気がつけば「へパのくに」に着いていた、という語りは帰村女性からしばしば聞かれ、性愛呪術の疑いが最も強まる証言と見なされる。次に、その女性とそれまで全く関わりのなかった他村の男性が紹介者であることである。村外の見ず知らずの男性の誘いに女性がすぐに応じるということは考えがたいため、そのような行動を引き起こす何らかの操作がそこにはたらいていたのではないかという疑惑が喚起される。P村に帰ってきたのちのナガは、漢族男性との結婚後の話は子細に語ってくれたものの、婚出の経緯については非常にあいまいで、よく覚えていないという発言を繰り返した。しかし、P村に住む六〇代の女性は、「ナガは昔から活発でしばしば出歩く子だった。谷向かいの男性と遊んで妊娠してしまい、中絶したという噂もある。彼女はショックを放たれたのではなく、自分で行ったのだろう」とわたしにこっそり語った。ナガは帰村の数ヶ月後、P村近隣の道路工事のキャンプをしばしば訪れるようになり、そこに働きに来ていた雲南省大理出身のイの男性と再び結婚するに至った。ナガの母親は娘が再び遠方に婚出してしまうことに憤慨したが、ナガは言うことをきかず、そのままその男性と結婚することになった。そのような経緯から、ナガの遠隔地婚出騒動を「ショッツを放たれたのではないか」と語る人はそれほど多くはない。しかし、ナガの母親は一貫して彼女の遠隔地婚出に対するショッツの介在をわたしに訴えていた。

次の例は、P村に嫁いできた他村出身の女性が、村内にやってきた紹介者男性のあとをついていったという事例である。この例では、上述のナガの例とは異なり、誘拐である可能性がほとんど想定しにくいにも関わらず、ショッツについての噂が立ち現れている。

〈事例12　ラフ夫を捨てて「ヘパとポイ」し、再び戻ってきたナティ〉

二三歳のナティは、他村からP村に婚入してきた女性で、当時村内で唯一の商店を営む四〇代男性とともに暮らしている。夫婦のあいだには娘が一人いたが、その娘が三歳になる二〇一〇年五月、ある他村のラフ男性がP村の友人のもとを訪れ、しばらくP村に住むことになった。その男性は、女性たちが集まる田植えの場などに現れ、女性の仕事である田植えに加わったり、田の脇で即興の長唄[10]を歌ったりした。ナティは男性に関心を示し、男性の宿泊先を頻繁に訪れるようになり、夜にはともに酒を飲んだり、あるときは酔って激しく泣いたりした。ナティの夫はそのような妻の行動をたしなめて口論が絶えなかった。その男性が紹介者かもしれないという村人の度重なる警告にもかかわらず、ナティはある田植えの朝にいなくなってしまった。ナティの夫や村人たちは、その男性のもとを訪ねて問いただしたが、ナティがいなくなった時間にはP村から五キロメートルほど離れた村の婚礼に参加していたとのことで、誰がナティを連れだしたのかは分からずじまいであった。

その二日ほど後、連れ戻しに来て欲しいとナティが夫に泣きながら電話をかけてきた。瀾滄県城にいるというので夫は迎えに行き、ナティは再び村に帰ってきた。わたしが友人とともに、帰ってきたナティの家を訪ねたとき、ナティは彼女を連れ出した男性に買ってもらったという携帯電話を持って、台所で一人で米を炊いていた。（当時、女性で携帯電話を持っているのはP村でも一〇人に満たないほどであった）。わたしとナティと友人の三人しかいない暗い台所で、小さな椅子に座って対面し、友人が「もう夫と子のことを考えて生きていきなさい」と忠告したのに対し、ナティはしばらくの沈黙ののち、「あなたは一度でもヘパのところへ行ってみたいと思ったことはないのか」と低い声で小さく尋ねた。友人は「わたしは一度もそのようなことを考えたことはない」と静かに答えたが、それへの返答はなかった。その数日後、ナティは再び姿を消した。今度は戸籍簿から彼女の戸籍登録カードが抜き取られていたため、この帰宅は戸籍の書類を取りに来るための狂言だったのではないかという噂が流れた。

ところが、その五ヶ月後にナティは突然再度帰宅する。彼女はP村にいた頃から肺を病んでいたのだが、婚出先で病状が悪化し、数千元の治療費を投入しても治らないので姑によって送り返されたとのことだった。P村では、帰宅したナティの処遇をめぐって様々な意見が飛び交うことになった。一度夫と子どもを置いて出て行ったのだから、離婚して生家に送り返すべきだという意見が多く出たが、ナティ自身は移動の経緯を何も覚えていないことを繰り返し述べ、ラフ夫との再婚を希望して泣きつづけた。ナティの友人女性は、ナティを連れて出て行った他村の男性が「ショッツを放つことができる」と自慢しているのを耳にしたことを理由に、「ナティはショッツを放たれたのではないか」と主張した。ナティの夫も結局最後には再婚を承諾し、現在では遠隔地婚出をする前と同じように暮らしている。ナティの夫が妻を許したのは、「一度ヘパのくにへ行って、そこに失望して帰ってきたのだから、もう二度と行こうという気は起こさないだろうと考えたから」だそうである。

ナティの例から窺えるのは、帰村した女性自身はショッツという言葉を一度も使っていないことである。ナガの例同様、ナティはただ「何も覚えていない」と繰り返すのみである。ショッツやシャハを放たれたものが、「放った者のあとをついていくことばかりを覚えているようにさせられる」ことを思い起こせば、何も覚えていないという語りはそれだけで性愛呪術の疑惑を暗示しうると言える。外部からやってきた男性が、ショッツを放つ技術を持つ者であった疑いや、婚出直前のナティの行動（酒を飲んで激しく泣く、人の忠告を聞かずにこの男性のもとにばかり行く）から、このような疑惑が浮かび上がっている。

ショッツは薬草を用いた呪術であり、長らくその薬草を摂取していないと効果は自然と消えてしまうとされる。そのため、このような性愛呪術の疑いが浮かび上がったとしても、その放ち手に対して解除や解毒などを行わせる必要は発生しない。帰宅後のナティが、婚出前とは一変して「わたしの夫は彼だ」とラフ夫に対して主張しつづけることもまた、このようなショッツの呪縛からの解放という物語のなかに回収されていく。もっとも、ナティの件について、ショッツの疑いが村人たちのあいだで統一見解となったわけではない。ナティの姑は、ナティ自身が行きたくて行ったのだ、ショッツなどあるものか、と憤慨してナティと口をきかなかったし、その他の女性たちのなかにも、ナティが他村出身であったために、帰村後のナティの態度に対して「よその村のものは恥ずかしいということを知らないものだ」と冷たい視線を投げかける者もいた。ナティの行為が性愛呪術に起因するものであったかどうかは、ナティが帰ってきたという事実によってもはや追求不要なものとなっていったが、帰村直後の泣き続けるナティに対して「ショッツを放たれていたからではないか」という解釈を投げかけた親しい友人のおかげでナティは自らの行為の責任を分散させることが可能になり、再びP村で暮らすことができるようになったとも言える。

2 「くにを出る者」と性愛呪術

P村のラフによれば、性愛呪術の知識を持つ民族は様々だが、漢族はこれを知らないという。つまり、ラフ女性の遠隔地婚出に際して議論の的になる性愛呪術は、ヨメ探しを行う漢族男性や漢族仲介業者ではなく、地元にいるラフ男性の仲介者たちが放つものと見なされている。これは、前章でわたしが「紹介者 *kaishao pa*」と分類した者たちである。彼らは、漢族仲介業者の末端に位置して女性探しやマッチングなどを行うことが多く、女性の遠隔地婚出の窓口として、村人たちが日常的に最も目にすることの多い人物である。

紹介者のラフ男性が性愛呪術の放ち手ではないかという疑いにさらに拍車をかけるのは、しばしば村の中と外を行き来する男性が村外で学ぶと言われる護身術「口功 *hkaw ku*」[11]の存在である。口功とは、おそらくタイ族のあいだで行われる治療法のことと考えられるが、それがラフの人びとに習得されるなかで治療に留まらない様々な効能を期待されるようになっている。ラフのあいだでは、口功とは主に夜間に行われる他者からの攻撃に対する防御術と言われ、「夜間に行われる攻撃」とは妖術者による危害を指している。妖術者の目に自らの姿がうつらないようにする術や、他者が食物のなかに混入させた毒物を無効化する技術などを、P村のラフは「口功」と総称する。これは出稼ぎなどで村を離れることの多い男性だけが習得しており、防御や治療のための呪術という点で性愛呪術とは全く異なる。口功は、「道師」から学ぶと言われ、村外で秘密裏に学んでくるものである。また、性愛呪術と同様に「放つ *lpeh ve*」という動詞が用いられるため、両者のあいだには類似性が生じる。このように、呪術の知識は常に村の外で学ばれるものであり、村の外と内を行き来する者が習得すると考えられている。出稼ぎや行商などによってしばしば村の中と外を行き来するラフ男性は「くにを出る者 *muh taw mi taw pa*」と呼ばれ、これらの若者がこの「口功」や性愛呪術の技術を身につけているとしばしば噂されるが、まさに、ラフ女性の遠隔地婚出の形態が、漢族男性の直接来訪によるものではなく、様々な仲介業者の介在によるものに変化していくに伴って、村の内と外を媒介するものである「くにを出る者」にその疑いの目が向けられるようになっているのである。

興味深いことに、既存文献に描かれるラフの性愛呪術は、P村での語りとはやや様相を異にする。タイやビルマ側のラフに関しては性愛呪術についての記述はなく、すべて漢語文献に記載されているものばかりであるが、以下の情報はそのうち最も典型的な『思茅少数民族』からの引用である。ラフの性愛呪術は「放歹 fang dai、放要薬 fang shuayao」と呼ばれ、「女性が心変わりした恋人に対して用いるもの。女性が食べ物のなかにこの薬を入れ、呪文を唱えたのち、恋人の知らぬうちに食べさせる。すると、恋人は時々刻々と女性に夢中になり、ついていく。もし心変わりした場合、薬が腹の中で発作を起こし、意識不明となって痴呆のようになる…」［雲南省思茅行政公署民委（編）一九九〇：三五五］これらの記述においては、ラフの性愛呪術は女性から男性に対して放つ、ジェンダー非対称なものと描かれている。(12)

実は、このような女性が持つ技術としての性愛呪術は、南中国にはしばしば見られるものである［エバーハルト 一九八七：一三五；川野 二〇〇五］。もっとも有名なものはミャオの蠱毒であろう。川野は、恋薬や鬼妻と呼ばれる性愛呪術に関する記述のなかで、興味深い指摘をしている［川野 二〇〇五：一七三-一三〇二］。それは、明清朝期、多数の漢族移民が西南中国にやってきた時期に、西南中国の非漢民族の女性が漢族移民男性らを捉え、魅惑して帰れないようにする術として、諸民族の恋薬・鬼妻に関する記載が増加するというものである。ここに、性愛呪術に関する語りの増大と外部社会との関わりが示されている。明清朝期には、外部からの男性の流入に伴い、外部の男性を地元に留めようとして、地元女性から外来男性へ行使される術として性愛呪術の語りが顕在化していたというのである。

それに対して、P村で聞かれた「ショッツ」の語りは、明清朝期に起こった性愛呪術の語りとは異なる転換が起こっている。まず、放ち手と受け手のジェンダーの転換である。かつての性愛呪術は、（地元）女性が（外来）男性に対して放ち、男性を動けなくするものであったのに対して、近年語られる「ショッツ」は、(外部)男性が(地元)女性に対して放ち、女性を村から連れだしてしまうものである[13]。もちろん、遠隔地婚出に関わらない男女の恋愛の場面においてもショッツの語りが聞かれることはあり、P村で見られた上述のふたつの例はわずかなものであるが、両者の比較から、それぞれの時代の社会状況と民族間関係に起因しているのではないかという推測が成り立つ。すなわち、明清朝期には多くの漢族移民が西南中国に流入し、一部がラフ地域に居着くという現象が顕著であったのに対して、近年では漢族地域のヨメ不足のため、多くのラフ女性が漢族地域に流出していくという事態が起こっていることである。このような、異民族との接触の場面で起こる不可解な人の動きに対し、性愛呪術の疑惑が囁かれるようになっている。特に、二〇〇〇年代後半以降の遠隔地婚出は、女性の意図が周囲の人にとって共感困難なものであり、女性の置かれた状況もまた遠隔地婚出を引き起こすような原因のあるものとして理解しづらくなってきているために、このような理解の不可能性を埋めるための物語生成装置[浜本 二〇〇一]として性愛呪術の語りが起こってきていると見ることができる。

また、上で見た事例からは、女性自身の非意図性や被害者性をほのめかす文脈で性愛呪術の語りが生起していることも分かる。遠隔地婚出女性と非常に親しい立場にある母親や友人女性が、結婚を放棄した女性が村で再び暮らしていく場面において性愛呪術の疑惑を提示することによって、女性の心変わりや結婚の失敗をうやむやにし、擁護しているようにも見える。もちろん、「女性の心変わりを擁護し、説明をうやむやにするための性愛呪術」というような機能的な説明で性愛呪術の語りを説明し尽くすのは誤りだが、女性自身の意図の不可解さを埋めるものとして性愛呪術の語りが生起する場があることもまた事実であろう。

もっとも、すべての遠隔地婚出がこのような性愛呪術によるものと見なされるわけではない。そこには誘拐の疑惑も常に認められる。以下の例は、娘が突然いなくなってしまった父親の語りである。

〔事例13　二〇一〇年一〇月に娘がいなくなってしまった父親チャロ〕

チャロは、P村より北西に五キロメートルほどのところにあるH村の男性である。妻が病死したのち、土地が狭いためにP村によく出入りし、農繁期には農作業を手伝って食事を得るという生活をしていた（推定四〇歳）。彼には小学生の息子と中学校に通っていた長女がいたが、その長女がある日突然姿を消してしまったという。彼女には恋人がいたということで、恋人とともにあちこち探し回ったが、見つからない。二〇一〇年一〇月二日、チャロが憔悴した様子でP村を訪れたとき、わたしのホームステイ先の人々に対して語ったのは以下のようなものである。

瀾滄も、近所の町も、全部見に行ったけれど見つからない。呪医モーパのところにも見にいって、娘を売ったのが近所の男だということは分かった。その男に罰金を払わせるよう村長にかけあってみようと思う。娘は、きっとあと数年したら電話をかけるなどしてゆっくり連絡を取ってくるだろう。それまでは待つしか仕方がない。

これは、漢族男性がやってこなくなったことと、仲介者の暗躍が顕著になったことによって、非常に危うい婚出の事例が増えてきていることを端的に示している。P村の属する竹塘郷や、近隣の郷内でも、女性の婚出の斡旋を行ったために投獄された男性の噂が複数聞かれた。

女性や児童の人身売買という文脈から見れば、本書が取り扱う問題は非常に重大な問題を孕んでいる。しかし、このような女性の婚出斡旋が誘拐であるかどうかは、非常に判断のつきがたい問題がつきまとう。このことは、王が雲南省平県の事例から、地元で女性の流出を食い止められない要因として挙げている例のなかに現れている。王によれば、このような女性の人身売買を止めるのが困難な理由のひとつは、女性自身の主体性がよく分からないことによる［王 2007］。本章の冒頭で述べたように、女性自身が婚出を自ら望んだのか、あるいは強要されたのか、という問題は非常に難しい地平に立っている。

4　遠隔地婚出をめぐる原因・意図・エージェンシー

以上、一九八八年の遠隔地婚出の登場以降、時代を追って遠隔地婚出に関する村内の人々の語りを見てきた。そこには、遠隔地婚出が行われた方法によって、女性の置かれた状況から移動の原因を説明したり、あるいは女性個人の意思を強調する場面があることが明らかになった。そして、特に近年においては、女性の移動の動機や原因が理解困難なものになり、性愛呪術の疑いをめぐる語りが登場していることが分かった。配偶者を選択する上での対面交渉の欠如、村を出入りする様々な仲介者の存在、そして女性自身もまた村の内外を行き来するような暮らしが増えることによって、女性の意思だけに責任を帰せられない様々な可能性が語られている、これは、先行研究がしばしば主張してきた女性の行為主体性には一概に帰結することの難しい様々な解釈である。

他者の行為に対する解釈の問題を論ずる際に、中川は意図—行為的説明と原因—行為的説明という区分を用いている［中川 二〇〇二］。ある行為が、その行為者の意図のもとに理由づけられるのか、あるいはその行為者を取り巻く状況や行為者自身の性質に原因があると見なされるのか、というこの区分は、すなわち当人の責任の問題と、原因の問題との区分と読み替えることができる。本章の諸事例を眺めてみると、その二つの説明が組み合わさりながらも、強調点が時期ごとに異なることが分かる。遠隔地婚出が起こった初期のころには「貧しかったから」という女性の置かれた状況が原因として語られ、女性の行為の意思よりも、その当時の状況が説明に持ち出されることが多い。それに対して二〇〇〇年代以降には、ヨメ探し漢族男性がやってくるなかで、女性たちの誰もが「喜んで」結婚していった、という女性自身の遠隔地婚出への積極性が強調されている。そして、二〇〇八年以降の遠隔地婚出は、同様に女性の意思が強調されつつも、そこには「ポイ」に対する非難の色が見られる。

このような、二〇〇〇年代の「結婚していった」女性たちと、二〇〇八年以降の「ポイした」女性たちの行動に対する村人たちの評価の違いはどう考えることができるだろうか。両者は、いずれも女性たちが行きたくて行ったのだと語られている。しかし、前者の場合には女性の積極性が語られるのに対して、後者の場合には「怠惰だからだ」などのような非難の色が見られる。両者の評価がこれほどまでに異なるのはなぜなのだろうか。

ここで参考になるのが、ストラザーンの述べる人格（パーソンフッド）とエージェンシーとの関係である。ストラザーンは、メラネシアの人格観念を論ずるなかで、パーソンフッドとは、人が何らかの関係の上にある状態のことを指し、エージェンシーとは、そのような関係によって（because of）人が行為することを指すと述べる［Strathern 1988: 273］。つまり、人の行為や行為への意思というものは、常に何らかの関係との関わりのなかで現れてくるものである。そして、ここでは、エージェンシーは社会構造に対置される内面的自己としてではなく、行為や他者との関係と不可分に位置づけられている。ストラザーンの論ずる人格の観念は、あくまでもメラネシアのハーゲン社会を見るなかで出てきたものであり、そこではジェンダーの関係が人格を論ずるのに不可欠の要素となっているが、ラフにおいては男女間の差異が強調されることはほとんどない。ふるまいについての制限が男女どちらかに強く課せられたり、男女の片方がもう一方に対して劣位であると言われることはなく、男女は基本的に対等である。女性が男性よりも意志薄弱であったり、行為の責任能力が欠けていると見なされることもない。ラフの人格やエージェンシーについて考えるときに重要になる関係とは、親

正月には年少者が年長者の家を訪れ、手首に糸をまいてもらう。

子の関係と、結婚による夫婦の関係、そして、結婚を結節点として双方向的に拡大するオヴィオニ（キョウダイ）の関係である。

第2章で論じたように、ラフにとって、結婚は男女が一人前として村内の人々から認められる唯一の契機である。子が父母に結婚したい相手を報告した際には、父母らによって双方の親族関係が遡及的に参照され、両者は婚前から何らかのオヴィオニ関係があったことが強調される。そして、結婚によって、オヴィオニ（キョウダイ）のネットワークは男女の双方に広がっていく。このように、オヴィオニ関係の結節点として結婚が重視されていることを考えれば、関係の拡大に結びつかず、突然娘のみが切り離されて村を出て行き、見知らぬ漢族男性と結婚するという事態は、女性の出身村に暮らす多くの者たちにとって位置づけの難しいものであった。

また、親子関係や夫婦関係は、実際的な生活（経済的な助け合いなど）を行う上で重要であるだけでなく、正常な人の思考の維持にも関わっている。例えば、親の言うことを聞かずに友だちとばかり遊び回って家に帰ってこない子どもは、そのうちに気が狂ってしまうと言われる。そのため、父母は「他人のいうことばかりを聞かず、親のいうことを聞きなさい」と語る。年越しの際に父母や祖父母らから手首に糸を巻いて貰うのは、「他人があなたを管理しているのではない、年寄りがあなたを見ているのだ」ということを確認するためだという。夫婦の関係についても、夫婦二人の調和によって家の内部の秩序は維持され、その関係をないがしろにするような姦通などの行為は、その者を狂わせたり、家畜の大量死や子の病弱さなどを引き起こすと言われる。これらの諸関係は、しばしば「他人 *shu*」との対比で位置づけられ、他人の言うことばかりを聞くこと（性愛呪術がまさにそうである）は狂気に近いものと見なされうるのである。

このような諸関係と人格との密接な関わりから本章の事例を見ると、まず瀾滄大地震直後の「ポイした」女性たちは、生家の家族との関係が地震によって破壊されたために、頼るものがなく、「ポイ」という手段をとったと述べられていることが分かる。それに対して、二〇〇〇年以降に「結婚していった」人たちは、生家の家族と漢族夫との関係を取り結びながら結婚をしていったという意味で、女性たちは関係の上にあり、かつそのような関係によって行為していると言える。「喜び合って」という表現には、女性自身の積極性とともに、父母や漢族男性、周囲の親族など皆のあいだにその結婚への異論がなく、円満な婚出であったことが含意されている。ところが、二〇〇八年以降の女性たちは、ヨメ探しの漢族男性が村を訪れることがなくなったため、遠隔地婚出を望むならば、生家の家族と漢族夫とのあいだに関係を取り持つことなく、仲介者を通じて「ポイ」を行うしかない。この時期、村には様々な補助金や商品作物の推奨によって現金獲得の機会が高まり、かつてほどの貧困は村人たちにとって感じられなくなりつつあった。「昔よりも生活が年々良くなっていくから、老いたくない、今後どんな生活になっていくのかを見ていたい」と語りあう村人がいるほどであった。勤勉でありさえすれば少しずつ生活を向上させていくことができるにもかかわらず、遠隔地婚出によって、働かずに夫に養われる生活を選ぼうとする彼女たちを、親や周囲の人々は「怠惰だから」と揶揄する。遠隔地婚出を行う女性たちの多くは、このような生家の家族の言うことに耳を貸さず、生家とのあいだにあった関係を切り離し、それを切り捨てることによって「ポイ」を行うことになってしまう。このような事態が、二〇〇八年以降の女性の遠隔地婚出について「自分で行きたくていったのだろう」といった同語反復的な説明や非難の語りを生み出しているのだと考えられる。

さらに、近年登場しつつある性愛呪術をめぐる語りは、原因—行為の枠にも、意図—行為の枠にも乗ってこない。なぜなら、その呪縛にかかっている際には、女性はあたかも能動的に男性のもとを訪れようとするが、その行為自体が実は(仲介者の)男性によって操作されたものだ、ということになるからである。つまり、女性の能動性には他者からの操作という別の原因がある。そして、そのような女性の能動性は、そののちに女性自身によって忘れられてしまう。このような忘却は、様々な疑いや否定の言説を伴いながらも、性愛呪術の呪縛からの解放という物語として理解され、移動に対する女性自身の責任を分散させている。このような性愛呪術の語りもまた、生家との関係を突然切り離すような女性の行為がなぜ生じうるのかが理解不能ななかで出てきた言説だと見ることができるだろう。

「ポイ」したラフ女性が婚出先で築く人間関係と出身地域における諸関係とが、結びつかずに切り離されてしまっていることをよく表すのが、彼女たちに対する呼称の問題である。ラフは通常、結婚した男女を本名で呼び続けることは忌避され、それぞれの配偶者の名か、子の名を冠した呼称によって呼びかけられるようになっていく。しかし、遠隔地婚出を行った多くの女性たちは、結婚後も出身地域において本名で呼ばれ続ける。このことは、婚出先の漢族夫や子の名前を女性の父母が知らない場合や、たとえ父母がその名を知っていたとしても、周囲にいる村人たちのあいだでは周知のものとなっていないために、常に女性を本名で呼ばざるを得ないからである。そのことは、女性の結婚という位置づけを曖昧にし、女性は既婚者とも未婚者ともつかない立場に置かれることになる。

本章で見たような女性をめぐる様々な言説は、女性の行動を理解し、解釈しようとする村人たちの発話であるが、このような諸解釈は、必ずしもひとつの解釈に収斂していくことのないいわば多声的なものである。第2節で見たような、移動の責任の所在をめぐる論争や、女性たち自身の責任の分散に関する様々な発話は、常に他者への責任の分散を行う潜在性を持っている。女性の婚出には様々なアクターが関わっているために、それを女性一人の主体性に帰結させて語ることはできない。女性の移動に関する従来の研究においては、このような多声的なアクターの語りの絡まり合いではなく、女性自身がいかなる決断を以て婚出したかという本人の語りのみがフォーカスされることが多かったが、それは聞き手との関わりのなかで、その場限りでなされる一回きりの語りとして理解されなくてはならない。

P村での様々な語りからは、女性の行為の理由についての解釈が常に女性の発話を汲んで行われるわけではないことが分かる。特に近年の性愛呪術にまつわる言説は、女性自身の発話とは異なる次元で解釈が進行している。遠隔地婚出女性を取り巻く生家の家族や近しい友人たちにとって、不可解な移動を理解可能にするための様々なストーリーが試みられるが、それらの解釈は常にひとつの像を結ぶわけではなく、多声的に投げ出されたままのように見える。そのことは、人の行為が誰かの主体的選択のみによって起こることはあり得ず、様々な状況や他者との関わりのなかで生起するものであることを指し示しており、女性の婚出後の生活やふるまいによって主体のありかは追求不要のものとなっていく。

本章では、女性の遠隔地婚出という行為に着目し、その原因と責任に対する諸解釈を論じた。このような解釈は、遠隔地婚出が起こった時点だけではなく、女性のその後の行為によって様々な再解釈に晒されることになるが、それは特に近年女性たちが再びP村に戻ってくるという事態が起こってくるなかで再び論議を呼んでいる。次章では、女性自身の語りに目を移し、婚出先での暮らしと、そのなかで行われる自らの行為についての女性たちの語りを見ていくことにする。そして、そこで漢族夫との結婚関係に逡巡し、里帰りとも逃げ帰りともつかない帰村を行う女性たちが増えつつあることを指摘する。このような女性たちの逡巡によって、村人にとって女性の主体性はさらによく分からないものと見なされるに至っている。

註

(1) この毒草は漢語で狗閙花と呼ばれ、瀾滄県のあちこちに生えており、ラフの自殺の多くがこの草に依るものである。ラフ語では、*na ngaw* や *ca hk'e k'a* などと呼ばれる。

(2) 彼女は一人暮らしの寡婦である。ラフは配偶者の死後すぐに再婚するのが通例だが、彼女はすでに二人との再婚を経験したのち、どの人とも気が合わなくて結婚するのが嫌になってしまったのだという。彼女のこどもはみな村を離れてしまい、彼女の面倒を見る子はいないが、幸いキョウダイが多く、父母の残した土地もあるため、親族のサポートのもとで一人暮らしを続けている。このような一人暮らしの寡婦はP村に三名ほどいた。

(3) ナラは婚出先の地名を「luxi」だと語ったが、紅河州瀘西県のことか、それとも徳宏州潞西市のことか不明である。

(4) P村から二五キロメートルほどの場所にある募乃銀山のことである。現在銀は減少し、鉛を採掘する鉱山となっている。九〇年代半ばまで、鉛の採掘がP村の人々の金銭獲得の手段のひとつとなっていた。

(5) 中国の少数民族地域では、漢語と民族言語を併用する双語教育が行われていた。瀾滄県でも中華人民共和国の成立後徐々に双語教育が行われ、一九六四年にはラフの集住地域でラフ文字と漢語の両方による試験も行われるようになったが［雲南省瀾滄拉祜族自治県誌編纂委員会（編）一九九六］、現在ではラフ文字の教育は行われておらず、小学校低学年の頃に教員がラフ語会話と漢語会話を混ぜて教育することがあるのみのようである。ラフ文字教育は、むしろ雲南民族大学でのラフ語課での専門教育に移行している。

（6）現在は地主という区分はないが、集団化の時代に地主と見なされた人の子孫は現在でも時折からかいを込めて「地主」と呼ばれる。

（7）［瀾滄県政府信息公開門戸網ＨＰ］

（8）低保は、家庭当たりの純収入が最低生活保障の標準額より低い人に与えられる補助金である。Ｐ村での観察からは、低保の配分については毎年優先順位に違いがあり、六〇歳以上の父母を養っている家庭が優先されたり、就学年齢にある子どものいる家庭が優先されたり、家族の人数によって決められたりと様々であった。一年に数千元という金額は、当時のサトウキビの年収入とほぼ同程度にも達する。

（9）しかし、ショッツには性愛呪術に関わるもの以外にも、「大蛇のショッツ（*le shawzi*）」と呼ばれるものがある。森の中に果物が落ちていて、あたりにその果物のなる木がなかった場合、それは大蛇が人間を食うために仕掛けたショッツである。

（10）カムコ（*k'a mui hkaw*）と呼ばれるこの長唄には、農事節や祖先のこと、また男女の関係についてなど様々な内容が含まれるが、しばしば男女の恋愛の場で歌われ、歌による語り合いに用いられる。独自の旋律のリフレインからなるこのカムコを耳にすると、ラフの人々は「心が切なくなる *nima ha ve*」という。

（11）口功とは、磯部によれば、西双版納タイ族の民間療法「バオガン」の漢語訳である。「気を吹き込む治療法で、全身の力を口中に集め、患部もしくは薬などに吹きかける行為」で、止血などの効果がある［磯部 二〇一〇：二二六］。ラフにおける口功の受容は西双版納への出稼ぎとの関わりを想像させるが、ラフにおいては治病だけでなく妖術からの護身や攻撃など様々な作用が語られる点が特徴である。

（12）ラフに関する文献のうち、『拉祜族文化大観』にのみ、「要薬」がジェンダー対称なものとして描写されている［雷波・劉勁榮（主編）一九九九：一二九―一三〇］。

（13）現在Ｐ村で語られるショッツやシャハは男性が女性に放つものばかりであるが、唯一女性が放ったショッツとして聞くことができたのは、自ら陰茎を切り落としたというある未婚男性の例である。彼は他村で二人の女性と恋愛関係にあり、片方の女性が嫉妬のために彼にショッツを放ち、彼は「ものを覚えていない状態になって」自ら陰茎を切り落としてしまったとのことであった。

第5章
逡巡するラフ女性たち

ラフの村とは異なる素晴らしい生活を夢見て村を離れるラフ女性たちだが、婚出先で理想と現実とのギャップに思い悩むことも少なくない。婚出先の多くは農村地帯で、夫が出稼ぎに行って留守のあいだ、家で子守をしながら一人で広大な農地の切り盛りを任されることもある。写真は、安徽省和県で、自分の管理している水田の前にたたずむ女性。彼女はこの水田の管理をほぼすべて一人で行っているが、米を売った売り上げを生家の父母に渡すことを夫は許さないのだという。夫の出稼ぎは半年以上にもなり、そのあいだ彼女は子と二人きりで暮らしている。

本章では、これまでのP村から場面を移し、遠隔地婚出女性たち自身の暮らしに目を向ける。遠隔地婚出女性がどのような暮らしをしているのかを知るため、わたしは二〇一一年一〇月及び二〇一二年八月の合計約二ヶ月間、P村から婚出した女性たちを訪ねて安徽省・河南省・江西省・湖北省を訪れた。日中関係が著しく悪化した時期であったことが災いし、婚出先の農村において日本人というわたしの素性を公言することをラフ女性たちから止められたため、広域な悉皆調査を行うことは叶わなかった。そのため、本章の内容のほとんどは遠隔地婚出を行ったラフ女性との会話からもたらされたものであり、漢族夫たちや夫方親族、その他ヨメ不足を抱える人々の意見はあまり含まれていない。しかし、P村で親しくしている人々との関係に依拠しながらラフ女性たちの家に住みこみ、相手が少ない分、それぞれの女性から長く話を聞くことができたのは、結果として別の洞察をわたしにもたらしてくれたように思う。本章では、遠隔地婚出を経験した女性たちのうち、わたしが重点的に話を聞くことのできた五人の女性を中心に、彼女たちがどのような生活を送り、どのような人生を想像しているのか、耳を傾けてみる[1]。そして、彼女たちには漢族夫との生活を継続していくのかどうかに関して少なからぬ悩みがあること、そして近年では漢族夫との関係を放棄して帰村する女性も増えてきていることを指摘する。

わたしが会いに行くことができた女性たちの特徴は、およそ二〇〇〇年前後に婚出していることである。二〇〇〇年前後は、ヨメ探し漢族男性のP村への来訪が著しかった時期であり、父母と漢族男性とが対面した上で「結婚していった」と村で語られているケースがほとんどである。このような遠隔地結婚の場合、女性たちは婚出後も生家との関係をある程度保っているために、わたしがP村での滞在調査のなかで娘たちの居所を父母から教えてもらい、それを頼って女性たちの婚出先を訪れることが可能になったのである。その意味で、「ヘパとポイした」のちに生家との関係が希薄になってしまっている女性たちとは事情が異なることは留意しておかなくてはならない。

それでは、まず、わたしが婚出先の女性たちを訪れるなかで感じた印象的なエピソードから始めよう。それは、江西省玉山県に暮らすナテー宅を訪れたときのことである。ナテーはわたしがP村でお世話になっていた家の女性家長Mの妹であり、明るく早口でよく話す女性である。わたしがナテー宅に到着した翌日、夫が仕事に出かけたのち、ひととおりP村の様子や近況などについて話したあと、洗濯と庭掃除を終えた昼下がりに二人でテレビを観ることになった。そのときにわたしが強烈な印象を受けたのは、彼女が好きな「非誠無憂（真面目でないなら構わないで）」というテレビ番組である。この番組は、二〇一〇年一月に江蘇電視台で開始された有名な人気お見合い番組で、結婚相手を探す女性たちの前で男性が順に自己アピールをするというマッチング番組である。二四人の女性が待つフロアに男性が一人で現れ、女性たちから様々な質問を受けながら自らの特技や結婚観を披露し、女性たちのお眼鏡に叶えば交際相手として選ばれる。女性とのマッチングが叶わなければ、男性はあえなく退場となる。ナテーはこの番組が好きで、「男も女も、良い人ばかりが出てくるんだよ。きれいでお金もあって、学歴も高い人たちばかり。」と説明してくれた。しかし、わたしには、ナテー宅での滞在中にしばしばともに見たこの都会におけるマッチング番組と、それを見ている江西省の農村のナテーという構図が、まさに中国のジェンダーと結婚をめぐる様々な問題の連鎖を集約しているように感じられた。

中国には「剰女」という俗語があり、結婚できない、あるいは結婚を選択しない女性を指す。「剰女」とは、例えば高の定義によれば「結婚経験のない独身女性で、通常固定的な恋人がおらず、年齢は多くが三〇歳以上で、学歴は大学卒以上で収入は比較的高く、経済条件がよく、総合的な素質が比較的高いものである。また、剰女は離婚者ではなく、結婚したいが見合う人間を選ぶ機会がないか、あるいは自ら独身を選び結婚を望まない者たちである。剰女の独身状態は、一時的である場合もあれば永久である場合もある。一時的な場合は、剰女たちが結婚を遅らせているからであり、永久的な状態は主体的あるいは受動的に形成されている。……剰女は我が国の高齢未婚女青年の主要な組成部分である」［高 二〇一一：一六］ということである。一方、「剰女」と対になる言葉である「剰男」とは、同様に高年齢で配偶者探しに困難を抱える男性のことである。しかし、こちらは「剰女」とは異なり、主に経済的な理由で結婚したくても相手が見つからない農村出身の男性を指すことが多い。「剰男」がしばしば農村男性であることから、「農村大齢（高齢）未婚男性」といわれることも多い。この「剰女」と「剰男」はどちらも配偶者不足でありながら、両者が結ばれることはほぼ無いといって良い。中国には「門当戸対」という言葉があり、経済条件の釣り合った結婚が好まれ、男性は自分よりも学歴や職業、年齢などの点において高い地位にある女性との結婚を望まない傾向がある［張帆 二〇〇九：一八］。そのため、都市に住む高学歴かつ高収入の女性と、農村に住む低学歴・低収入の男性との結婚はきわめて低い確率でしか成立しない。人気番組「非誠無憂」に登場する男性が農村出身の「剰男」であることもほとんどなく、事業家や資産家、なかには韓国人やドイツ人男性などもいる(2)。しかし、この番組では配偶者を選びあぐねるハイクラスの「剰女」がいかに自らに見合う配偶者を捜すか、という問題が取り扱われているのに対し、テレビの前のナテー自身は、配偶者不足で地元の女性となかなか結婚することのできなかったいわゆる「剰男」のところに嫁いでいる。ナテー宅での滞在を終えたのち、安徽省に住むナヨを訪れたところ、彼女もまたこの番組を好んで視聴することを知って、これは遠隔地婚出女性によく見られる傾向なのかという印象を受けたが、あるいは単なる嗜好の問題かもしれない。彼女たち自身が、この番組と自らの境遇とを重ね合わせているのかどうかも定かではない。しかし、この番組から窺える「剰女」の問題と、ナテーやナヨが「へパのくに」にいる理由とは、まさに中国の婚姻にまつわる問題の巨大な連鎖を成している。また、ラフ女性たちの婚出先の漢族農村でしばしば聞かれた「雲南女性は実直でよく働く」というイメージは、ラフの村ではミャンマー出身のラフ女性を指してしばしば言われることであった。わたしがナテー宅で「非誠無憂」を見ていたとき、テレビのなかの剰女たちと、テレビを見ているナテーと、そして瀾滄県にやってくるミャンマー出身のラフ女性たちが一本の線でつながり、中国全土で起こる女性の移動が一方向の流れとして起こっている様子がまざまざと体感された。

しかし、それはあくまで過度に単純化されたひとつのイメージに過ぎない。実際には、女性はそのように単線的に南西から北東へと移動しているわけではない。近年、遠隔地婚出を行ったのちに再び生家に帰ってきて、近隣村で新たな結婚相手を探すラフ女性が登場している。わたしが長期調査を終えた二〇一二年三月の時点で、P村では一〇人の女性がこのような行動を取っており、その後二〇一二年九月の追加調査ではP村の未婚男性の三人が新たに遠隔地婚出経験のある他村の女性と結婚していた。多くの女性たちは、友人たちと連れだって里帰りをした際、昔のラフの恋人や新たに知り合った男性たちと酒を飲み交わし、村に残るべきかどうか逡巡する。漢族地域の経済的魅力の減少と、ラフ村落でも連鎖的に進展するヨメ不足という状況下で、女性たちは残りたければ残ってラフ男性と再婚することができ、それが嫌になれば再び漢族夫のもとに戻る、ということが可能になりつつある。さらに、ラフ夫を捨てて遠隔地婚出を行った女性のなかには、遠隔地婚出の数ヶ月後、再び戻ってきて元夫との関係を再開するもの（調査中に二件）すら現れつつある。本章では、女性たちの語りに着目しつつ、遠隔地婚出をしたのちも生活の場を決めあぐねて逡巡し、生家と婚家のあいだを（そして出稼ぎ先とを）行き来するラフ女性たちについて論じる。

1　漢族の村での暮らし

遠隔地婚出先でどのような暮らしが待っているかは、当然のことながら女性ごとにさまざまである。しかし、わたしの知る限り、遠隔地婚出を行ったラフ女性のうち、婚出後に全く農業と無関係の暮らしをする者は少ない。P村から婚出した五三人の女性のうち、農業とは無関係の暮らしをしているという話が聞かれたのはわずか五人であった。わたしが婚出先を訪れて直に会うことのできた九人のラフ女性のうち、八人が農業を営んでいた。残る一人は、夫の出稼ぎ先の湖北省に移り住み、二人の娘を育てながら家事を営んでいる。しかし、夫の生家はやはり農業をして暮らしている。このことは、女性の婚姻と移動に関する先行研究で述べられている経済的な「水平移動」や、農村─農村間の結婚が多いという指摘とも合致する［張（編）一九九四：Fan 2008］。しかし、婚出先での農業は、生家であるラフの農村での農業とは全く異なるものだと女性たちは述べる。山地の斜面に位置する焼畑地や棚田を水牛や牛で耕し、ほぼ手作業で耕作するラフの村と異なり、婚出先の安徽省や江西省は土地が平坦で、農耕機械を用いて人足に金銭を支払う大規模な集約農業が行われることが多い。また、農薬や肥料の多用のため、農業にかかる手間はかなり削減されており、例えば安徽省に住むナムーは「農業が忙しいのは、田植えと稲刈りの時期と、麦の播種と収穫の時期だけ」と語った。これは、耕作用の牛や水牛を毎日欠かさず放牧しなくてはならないラフの村と比べて多くの余暇があることを示している。

わたしが婚出女性を訪れた八月と一〇月は農閑期で、どの家でもラフ女性は時間に余裕のある生活を送っていた。朝起きて庭掃きや洗濯をし、子どもと夫の食事を作り、夫が仕事に出かけ、子どもが学校に出かけたあとは、家でテレビを見たり編み物をしたりして過ごす。昼ごろに再び食事を作って、学校から帰ってきた子どもに食べさせ、その後夕方までは近くの菜園の様子を見に行く、友人宅に麻雀をしに行く、友人とおしゃべりをするなどして過ごす。夕方四時ごろになると家に帰って夕食を作り、食後はテレビを見て就寝、というようなかたちだった。わたしが訪れた江西省、河南省、安徽省でラフ女性から聞いたところによれば、どの地域でも農繁期は年に二回あり、麦の収穫と田植えの時期、そして稲刈りと麦の種まきの時期である。麦の種まき以外はすべて労働力の雇用や収穫機を持つ者から収穫機を借りるかたちを取り、ラフの地域で見られるような相互扶助の労働交換は見られないそうだ。「漢族はラフのようにみんなでやらず、自分でやる」とすべての女性が語った。

これらの集約的な農業形態のため、農閑期に出稼ぎに行く者は多い。わたしが出会ったラフ女性のうち、彼女たちの漢族夫が全く出稼ぎをしたことがないというケースは見られなかった。しかし、ラフ女性が夫とともに出稼ぎに行くかどうかは、出産や農業などに左右される。一九八〇年代の家内生産責任制の導入以降、世帯の人員を農作業や出稼ぎ労働など様々な場所に効果的に配置しようとして世帯の成員が分散居住するようになる傾向は、中国各地の農村で指摘されている [Fan 2009; Fan and Sun 2011]。ラフ女性の嫁ぎ先においても同じような状況がある。村に残って農業をする父母や兄弟などの人員が世帯内に存在する場合は、夫婦ともに出稼ぎ生活を送ることもあり、わたしが安徽省含山県を訪れた際にも、農閑期のため出稼ぎに行ってしまったラフ女性の名前が複数聞かれた。しかし、子を出産したのちは育児のために漢族夫宅に戻ることが多い。特に、子の就学時期になると漢族夫宅に戻ってくるというパターンが多く見られた。これは、戸籍登録地以外の場所で就学させると学費が高いためである。後述する事例で述べていくが、わたしが話を聞くことができた女性たちの居住形態は、出稼ぎ先で夫と子とともに暮らす人が一人、夫宅で夫と子とともに暮らす人が二人、夫宅で夫と子と舅姑と暮らす人が五人、夫が出稼ぎに行き、子と二人で夫宅に暮らす人が一人であった(3)。

それでは、以上のような概観の上で、彼女たちがどのようなプロセスを経て漢族の村に嫁いでいったのか、そしてそこでどのような暮らしをしているのか、彼女たちとの会話のなかから見ていきたい。まず以下では、婚出先での暮らしにそれほど大きな問題を抱えずに生活している二人の例を見ることにする。

〈事例14　ラフ夫の暴力を逃れ、娘を一人連れて河南省信陽へ行ったナロ〉

ナロは、遠隔地婚出をする以前にラフ男性と結婚経験のある女性である。彼女はラフの夫と一二年間暮らし、夫の父母を養いながら二人の娘を生んだが、夫がアヘンの常習者で農作業をきちんと行わず、暴力をふるうことに耐えられなくなって二〇〇〇年に「ポイ」したそうだ。現在の漢族夫は四八歳で、彼とともに暮らしてすでに一二年になるそうである。二〇一二年八月にナロを訪れた際、「どちらの夫とも一二年、人の妻をやってこんなに長く経ってしまったよ～！」と感慨深く語ってくれた。彼女はラフ夫とのあいだに生んだ二人の娘のうち、当時乳飲み子だった次女を連れて逃げている。その後、現在の夫とのあいだにも息子が一人生まれ、二人は姉弟としてともに暮らしている。娘は一七歳、息子は一〇歳である。娘はほんの少しラフ語を聞き取れるが、話すことはできないそうだ。わたしがナロの家を訪れた際は、夏休みだったので二人とも家にいた。その他、ナロの夫の父親がともに暮らしていた。

婚出の経緯について、ナロは次のように語ってくれた。

前の夫はアヘンもやるし、農業をきちんとしないので嫌で、離婚しようと何度も思ったけれど、姑と舅に止められて……。ヘパのくにに行かないか、と隣村のラフの男に言われ、朝、夫が農作業に出て水牛を放牧しに行ったあと、その男の用意した車に乗って出た。友人の女の子といっしょに。長女は学校に行っていたから連れて来られなかったけれど、お乳を飲んでいた下の娘は抱いて出た。瀾滄に着いて、夫が探しに来ているのが扉のすき間から見えて、慌てて隠れてやりすごした。その後、わたしを連れ出した隣村の男は夫に見つかってひどく殴られたようだった。…村から町、町から県城、県城から河南、と女売りが何人もいて、最終的に河南省で漢族が金を払うまではそいつらに金も分配されない。……そうして河南に来たのち、先にポイしていたラフ女性の家にしばらくいた。（堀江：漢族夫はどうしてあなたのことを知ったの？）彼の妹がその村に嫁いで住んでいて、ここに雲南女性がいるとわたしの夫に伝え、そうして彼が見に来た。……一緒に（河南に）ポイした女の子はみんなヤミ八（未婚女性）で、彼女たちから先に（売られて）いった。しばらくして、わたしのお腹に手術跡がないのを人が知って[4]、子どもが産めるというので、今の夫の姉がわたしを見に来た。それより前に見にきた男性は、娘はいらない、わたしだけなら要ると言ったので、娘と一緒でないと行きたくないと言った。今の夫は、娘も一緒でいいよ、といったので。自分は四〇〇〇元だったらしい。他の女の子のなかには一万元や六〇〇〇元の子もいた。[5]

河南省は、ラフ女性が雲南省以外で最も集中して居住する地域のひとつで、なかでも信陽という地名はＰ村の人々ですら地名を知っている有名な遠隔地婚出先である。[6]しかし、意外にもナロは他のラフ女性がどこに住んでいるのかほとんど知らなかった。唯一近所に一人ラフ女性が住んでいたそうだが、数年前（おそらく二〇〇九年ごろ）に、その女性の妹と電話で連絡しあって他の地域に再び「ポイ」してしまったらしい。「（自分が河南に）来たときはラフの友だちがいたから、ヘパ（漢族）の言葉も分からないし、彼女の所にばかり遊びに行ったけれど、（彼女が）ポイしてしまって、とても心が痛い。自分は文字を知らないのでポイできなくて。」と語ってくれた。その他には、彼女が河南省にやってきた際に一緒だった女性たちとはかつては連絡を取り合っていたようだが、携帯電話番号の変更などのため、現在では音信不通だそうだ。ナロは漢字を全く書けないが、Ｐ村にいた頃ラフ文字を学んだことがあるので、彼女の小さな手帳には友人や家族の名前がすべてラフ文字で書き込まれていた。しかし、日常的にラフ語を話す機会が少ないため、ナロはわ

ナロの婚出先
a　ナロの住む村の入り口。　b　ナロの家。

たしと会話する際にもしばらくのあいだラフ語がうまく出てこないようだった。
ナロの住む村は平地が続く広大な農村地帯で、ナロ一家は水稲、麦、トウモロコシ、落花生を栽培して暮らしている。農地が広く、「作物は売るもの、とても全部自分たちだけでは食べきれない」とのことだ。わたしが訪れた八月中旬はちょうどトウモロコシの収穫が始まる時期だった。トウモロコシを収穫したら麦の種まきを行い、一〇月頃から二、三ヶ月の農閑期には夫は遠くに出稼ぎに行き、春節の頃に帰宅するそうだ。その後、三月、四月の麦の収穫期までは再び出稼ぎに行く、という生活をしているそうだ。落花生畑は五～六畝[7]、トウモロコシは二〇畝くらいで、それらの収穫を売るだけで毎年二万元くらい得られるらしい。肥料や種代などを引くと、およそ半分の一万元ほどが年収になるそうだ。
ナロは、彼女の暮らす地域でどのような男性が結婚相手として条件がいいのかを教えてくれた。

ここの人は結婚するとき、男性の父母が健在かどうかばかり尋ねるものだ。姑がいると、結婚後も苦しくない。何でも舅と姑がやってくれるし、食事も用意してくれる。子どもも、授乳したあとはただ姑に渡してしまえば、服を洗ったりおしめを替えたり、すべて年寄りが面倒を見る。出稼ぎに行くにもそうする。漢族のヨメをするのは、ラフとは大違い。ラフは水を汲んだり、食事を作ったり、年寄りの面倒を見なくてはいけない。わたしの（漢族）夫は母親がなくて、家もよいものに建て替えていなくて、「本事（才能、腕前）」がないので出稼ぎをして稼いで帰ってくるわけでもないし、妻は得られなかった。自分が来た当時、この家はなんて貧しかったんだろう!! 他の人はみんな大通り沿いにできた新しい家を買っている。わたしが来た後に少しずつ苦労して、今は畑を耕すトラクターもあるし、洗濯機もある。

現在のナロの夫は兄一人、妹一人の三人兄姉で、母親は早くに亡くなったそうである。現在ナロの夫が父親の面倒を見てともに暮らしており、兄は出稼ぎに出てほとんど村にいないそうだ。ナロの住む村には、若年層が出稼ぎに行き、彼らの親世代が孫を育てながら村に残るという形態が非常に多く見られた。

あとから分かったことだが、ナロと娘、そしてナロの夫は、ナロが河南省に来て間もないころ、公安局に逮捕されて拘留されたことがあるそうだ。「最近は、人身売買に関与した者は誰でも処罰の対象になるのだそうだ」とナロは語ってくれた。しかし、「本来なら自分や娘まで拘留されるはずはない。金が欲しくて捕まえただけだ」と憤っていた。ナロの夫の親が保釈金を一〇〇〇元ほど出して、一週間ののちに釈放されたそうだ。

ナロは、現在では戸籍も夫方に移し、結婚証の作成手続きも済ませてある。戸籍については、当初夫から実家まで取りに帰れと言われたそうだが、そんなことができるわけもなく、結局一〇〇〇元ほどの賄賂を出して作ったそうだ。P村から連れてきた娘も、全員の戸籍が現在河南省にある。

「へパのくに」はどんなところか、というわたしの質問に関して、ナロは以下のように答えてくれた。

ヘパは市場でものを買って食べる、そうして暮らしているとばかり聞いていたけれど、違ったんだね。どこでも同じだ。持てる者は持っていて、ない者はない。どこも同じだね。ヘパのくには誰でもハイヒールをコツコツさせながら歩いていると聞くと、なんて行きたいんだ、と思ったものだったよ。

一方で、「ラフよりもヘパの方が豪華だ」という話は年越しなどの節日に関して語られた。

年越しのときも、父母には六種、親類には四種の贈り物（豚肉、飲料など）がないと訪ねることはできない。ラフのようではない。ラフは餅を少し持って行けばそれだけで良いのだけれど。

ナロの前夫が暴力的であったのに対して、現在の漢族夫はナロに暴力をふるうことはないそうだ。「夫婦なのだから、少しは言い合いや喧嘩をすることもあるけれど、夫はわたしを殴ることはできない。殴ったらわたしが逃げてしまうことを怖れているから」とナロは語った。この地域では小麦食と米食が混じっており、マントウを手作りして食べる習慣があるが、雲南で米食しか経験のないナロにはマントウをうまく作ることができず、夫がしばしば作ってくれるのだそうだ。ナロの生家であるP村について、近年コンクリート製の道が一部敷かれたことや、もうすぐ政府の補助で全村の家屋を立て替える補助金が出るかもしれないという話をわたしがナロに伝えると、「そんなに良い暮らしになったのなら帰ってみたいなぁ」と言うので、「ここにラフの友だちもいなくなってしまったのなら、もう家に帰ってしまったら？」

と聞いてみたところ、ナロは笑いながら「村のどこにわたしの住むところがある？　父母の家に住む？　そんなことはあり得ない。ただちょっと見に帰るのでないかぎり。」と語った。

〔事例15　出稼ぎののち、友人女性から紹介された男性と結婚して江西省玉山県に住むナテー〕

ナテーは、先述のナロの妹である。彼女は、彼女の年齢には珍しく初等中学を修了している。彼女の兄が瀾滄県内の町で学校の先生をしているため、兄とともに町の学校に通っていたそうだ。卒業後、出稼ぎ斡旋の業者に連れられて一九九九年から広東省に出稼ぎに行き、そのときの出稼ぎの収入一万元を実家の改築費として送金したそうだ。

その後、二〇〇五年ごろに、江西省に婚出していた友人と電話で連絡を取り合い、江西省の男性が彼女に興味があるというので電話番号を交換し合って連絡したそうだ。そうして何度か写真を送り合って、二〇〇五年に彼の家を訪れ、結婚するに至った。ナテーの生家の家族には出稼ぎをしているとのみ伝えてあったので、出稼ぎ先への電話や手紙が音信不通になり、家族はとても心配したそうだ。その後、二〇〇六年には長男が生まれたので、長男と夫を連れて実家に里帰りをし、その際彼女の母親に「ヘパのくにを見せてやろうと思って」夫の家まで連れて行ったのだそうだ。ナテーの母親は、ナテーの姉ナロ宅とナテー宅に合計六ヶ月住んで、そのあとP村に帰ったそうである。(8)　ナテーには現在息子が二人いる。江西省では男児は一人しか出産できないため、次男に対して五〇〇〇元の罰金が課されたそうだ。

夫はナテーより二歳年上で、工事現場で建築の仕事をしている。ひと月に二〇〇〇〜四〇〇〇元ほどの収入にな

a

b

ナテーの婚出先
a　古い平屋と高層の新築家屋が入り交じるナテーの村。　b　建設中のナテーの家。

るそうである。また、夫の両親は二人とも健在で、毎朝ナテーよりも早く起きて庭を掃き、朝食の粥を用意していた。

　ナテーの住む江西省の村は、周囲に森があって、公道から離れて森のなかをしばらく進むと見えてくる。村内には、平屋で土壁・瓦屋根の古い家屋と、赤レンガで建てた二〜三階建ての家屋と、近年建てたと思われるコンクリートや白タイルの巨大な家屋とが入り交じっている。平屋の家屋はほとんど人が住まず放置された状態で、赤レンガの家屋と白タイルの家屋はちょうど村に半分ずつくらいだった。ナテーの家は赤レンガの家で、まだ二階部分が建築中だった。ナテーの夫が仕事の合間に少しずつ建てているのだそうだ。ナテーは農業をして暮らしているが、田植えと稲刈りの時以外はほとんど何もせず、野菜も植えてあるけれどそんなに手間がかからず、あまり忙しくはないのだそうだ。

　以下は、ナテーの家での会話である。

　（堀江：どうしてヘパと結婚しようと思ったの？）もうそういう年齢になったし、と思って。……姉のナロがラフの嫁として暮らしているのを見ていて、苦しくてやりたくないと思って。前は「老外地（外地の男）[9]」となんて結婚しない、と思っていたんだけれどね。家にいた頃は、警備員[10]の男が一人手紙を書いてきて、話しをしたこともあった。でもその人と結婚しなくてよかった。家にいても食べられるあてがないので。二〇〇五年にここ（江西省）にきて、二〇〇六年に生まれた息子を連れて夫とともに帰省し、実家の母を連れて姉ナロのところに送り込んだ。そして帰ってきて下の子を産み、（産後）数ヶ月のときに下の子を連れて姉のところに母を迎えに行った。下の子が（一人っ子政策に違反していて）罰金なので姉にあげようかと思ったけれど、かわいそうでやめた。もう笑えるようになっていたからね。

……（堀江：あなたの他にもラフの女性はここに住んでいるの？）ラフはいないけれど、外からここに結婚しに来たものは多い。この村には四川人が一人、昆明人が一人。他にも、四川と貴州から来た女性が多い。わたしより先に来た人ばかり。あとに来た者は少ないけれど、出稼ぎ先で知り合って来る者が多いね。一人ラフの女の子が売られてきたけれど、子どもを産めなくて夫と喧嘩をして、それで帰って行ってしまったみたい。

（堀江：今でもラフと連絡することがある？）連絡を取っているのは、中学の時の同級生の女の子で湖南に嫁いだ子と、二人の姉くらいかな。

ナテーは、結婚証も戸籍の移籍手続きも完了している。結婚証は、身分証[11]を持っていたので五〇〇元くらい出してつくったそうだ。結婚証を作成したとき、身分証を出したところ、「愿意（自分の意志）ですか？」ときかれたそうだ。「このあたりでも女を買う者がいると知っているから」だそうだ。そのときにナテーは「はい」と答えた。江西省の戸籍も同じ部局で作ってくれたらしく、村内にこの部局に詳しい人がいて口添えをしてくれたために、費用は五〇〇元のみだったそうだ。

ナテーは、漢族夫とは恋愛結婚であることを何度も語ってくれた。

寒いとき、年越しの後に夫が麻雀ばかりしに行って朝まで帰らないと、布団を何枚かぶっても寒くて足がかじかんで、「あんたが早く帰らないと足が冷たくて眠れない」と言って、それからは少し早く帰ってくるようになった。まぁ、自分も麻雀できるようになってからはわたしもやるけどね（笑いながら）。……テレビなどを見ると、金があっても殺しやいさかいが多いので、「どんなに金があっても、身体が悪いと意味がない、わたしたちは二人とも身体が健康でよかったねぇ」と夫と話していたんだよ。

また、出稼ぎをして暮らしているP村のある男性について話していたとき、「出稼ぎしていても、彼は家に帰って家を建てるべき頃だ。みんなそれぞれ根（*au gui*）のあるところに。」とナテーがいうので、「あなたはヘパのくにに根が生えたのか？」とわたしが聞くと、「そうみたいだなぁ、（ここの暮らしが）習慣になってしまって。どこにいても友だちはできるものだね。」と笑いながら答えてくれた。

以上の二人は、夫の父母とともに夫の生家に住み、周りにラフ女性のほとんどいない状況にある。実の姉や兄以外の人とラフ語で会話する機会がほとんどなく、特にナロはラフ語がスムーズに出てこないほどであった。しかしその分漢族農村での生活に適応し、里帰りをしたのは婚出ののち一度きりである。婚出先の漢族社会の様々な風習について最も多く語ってくれたのが彼女たちであり、漢族の婚姻形態についての情報はそのほとんどがこの二人から得られたものである。彼女たちはいずれも婚出先での生活が比較的安定し、夫や夫の家族とのあいだに大きな問題を抱えてはいない。事例14のナロはラフ夫の暴力から逃れての婚出であるため、「帰るところなどない」と心に決めており、本章で取り上げるような逡巡は起こっているように見えない。事例15のナテーについては、出稼ぎののちに自らが選んだ男性との結婚であり、「これは恋愛結婚だ」と自ら主張しているため、ナテーと同様「すでにここに根が生えてしまったようだ」と述べている。

2　婚出先での女性たちの葛藤

以上のように、婚出先での生活に特に大きな問題がなく、適応して暮らしている女性たちがいる一方で、葛藤を抱えつつ暮らす女性もいる。次の事例は、事例10でも紹介した、安徽省に暮らすナウーとナヨである。P村から婚出した女性たちの暮らす地域のなかでも、安徽省は他省とは異なり、たくさんのラフ女性が集住している。そのため、婚出先でもラフ女性同士が出会う機会が多くあり、上述の二例とは大きく性格を異にする。

〔事例16　先に遠隔地婚出した友人に漢族男性を紹介され、安徽省に嫁いだナウー〕

ナウーとわたしが最初に出会ったのは二〇一一年の夏、ナウーがP村に里帰りをしたときのことであった。ナウーの祖母宅を訪れたわたしを見るなり、初対面にもかかわらずすぐに家のなかにあるビールを一本取り出してわたしに渡し、「友よ、あんたはどこの人?」とはきはきと尋ねたナウーは、非常に快活で、日に焼けた細い腕を大きく動かしながら早口で話す女性であった。ナウーは、P村のなかでもかなり大きな「漢族の一族のラフ」と呼ばれる家の長女の娘で、里帰りをするといつも最長老の祖母の家に寝泊まりする。この里帰りの際に、「南京の近くに住んでいる」とナウーはわたしに語ったが、その後実際に家を訪ねてみたところ、南京から四時間ほどバスに乗ったところにある安徽省の農村に住んでいた。安徽省にいるラフ女性は、統計上は他省に比べてそれほど多くないが、P村からの婚出者が非常に多く、上述の二例とは様相を異にする。ナウーの住む村の周辺にはラフ女性が複数居住し、互いに連絡を取り合っている。彼女たちは同一村か近隣村の出身者で、互いに親族であるか、あるいは漢族地域にやってくる以前から仲のよい友人である。ナウーの夫によれば、彼の住む県内だけで三〇人は雲南省の女性が居住するそうである。わたしは、一週間ほどの滞在のあいだに六人のラフ女性に出会うことができた。彼女たちは日常的にラフ語で会話する機会があるためラフ語を忘れることもなく、事例14のナロとは比べものにならないほど流暢であった。

ナウーは、彼女の親戚にあたるシェクという女性が安徽省に嫁いだのち、一九九九年に里帰りをした際に村まで連れてきた漢族男性と結婚して安徽省へやってきた。そのとき漢族男性が二人やってきたため、親友のナヨと相談し、二人でともに嫁ぐことを決心したそうである。

当時ナウーは瀾滄大地震で父親を亡くし、病気がちの母だけでは子を育てられないということで母方伯父の家で養われていた。母方伯父は当時郷長を勤めるほどの人物で、経済的には苦しくなかったそうだが、学校に行かせてもらえなかったのが残念だと何度も語ってくれた。遠隔地婚出を決め、村を出る際には、豚肉を買ってごちそうを作り、ラフの婚礼の簡略化されたものを行い、母親に対して六〇〇〇元が渡されたそうだ。安徽省についたあとも夫方で簡単な婚礼を行ったそうである。ナウーには一〇歳になる息子がおり、夫と三人で暮らしている。漢族夫の父母は健在だが、近所の別の家に居住している。

以下は、P村に里帰りをした際にナウーが話してくれたものである。

ヤミハ（未婚女性）のころは、戒毒場（P村近隣にあったアヘン中毒者の収容所）で働いていた退役軍人と遊んだり、D村のダンス場で遊んだり。恋人もたくさんいたよ。（堀江：その人と結婚しようとは思わなかった？）そんな特別な人はいなかった。……地震で父親が死んだ後、当時村役場に住んでいた伯父のところで育てられた。伯母はヘマク（漢族女性）だったし、わたしも漢語ばかり話すので、他人はわたしが学校に行ったことがないと言っても信じなかった。ヘパと恋愛したいラフの女の子たちが、わたしのところにこっそり漢語を習いに来て、その代わりに米の脱穀などの仕事を手伝ってくれた。結婚してくれと言ってくる人はいたけど、結婚してやらなかった。ラフの男と恋愛したことはない。ヘパとばかり遊んでいた。ラフの男は結婚するとよく殴るしね。……兄が瀾滄県で車の修理の仕事をしていたから、自分もよく遊びに行って、一人でも怖いものなし。…わたしがヘパと結婚すると言ったら、兄は大反対だった。そんな遠くに行かなくても、瀾滄や思茅で探してもいい、と。でも「一般（普通の、ありきたりな、といった意）」の男はたくさんいたから、その辺の男と結婚するのはいやだった。友だちの連れてきたヘパのうち、どちらがいいか親友のナヨと相談して、ナヨは「ナウーの好きな方を選びなよ」と言うので、格好いい方をわたしが取ったのよ。

ナウーの住む家には井戸があり、トイレは村の共同である。事例15のナテー同様、村内には土壁作りの家屋と、近年立てられた新しい家屋とが入り交じっており、土壁作りのナウーの家はナウーが嫁いできてから変わっていな

ナウーの暮らし
a　ラフの村と異なり、どこまでも平らな畑。写真は麦の種を蒔くナウー。
b　最寄りの市場。

いそうだ。ナウーの夫はかつて美容師の仕事をしていたことがあり、当時は家族総出で南京に住んでいたが、息子の就学期になって、戸籍登録地以外での就学は学費が高いことが原因で村に戻ってきたのだという。現在漢族夫は左官屋の仕事をしている。二〇一二年八月に訪れた際には、ナウーは夫の職場で労働者に食事を作るアルバイトをしていた。

わたしがナウーの家に到着すると、ナウーは仲のよいラフの友人を家に呼んで昼下がりに小さなパーティを開いてくれた。夫は日中仕事で不在のため、ときどきこういう会を開くのだという。電動バイクで市場まで野菜と肉を買いに行き、簡単な料理を作ってビールを飲む。会話は大抵昔の恋人や恋愛の話であった。P村にいてヤミハ（未婚女性）だったころ、昼間は野良着を着て水牛の放牧をしていても、夜になるとおしゃれな服を交換しあって恋愛をしたこと、親に怒られるのを逃れて楽しんだ恋愛のスリルなどを面白おかしく語り合っていた。「自由」という漢語の言葉を何度も使うのが、他の地域では耳にすることのなかった彼女たちの会話の特徴である。「もしここに来なければ、一生村の中で畑を耕してそれで終わりだっただろう。一つの選択しかなかった。恋愛をしてはいけないっていうこと以外は、ここは割と自由だよ。」とナウーたちは語ってくれた。ナウーは麻雀が大好きで、地元の女性たちとの麻雀を通じて漢族社会に馴染んでいったようだった。ナウーの夫は、ナウーたちがラフ女性同士で集まることをそれほど嫌がっている様子はなかったが、それでも家事に影響が出るなど夫に文句を言われそうな状況になると、他のラフ女性に頼んで子どもを預かってもらうか、ラフ女性同士で何かの用事を口実に口裏を合わせるなど、互いに協力しあっているようだった。

ナウーの舅と姑は、ナウー夫婦と一緒には住んでいないが、毎日必ずナウーの家を訪れ、孫の様子などを見に来ていた。舅と姑がナウーを叱ることは一度もないらしく、「ヘパは、〝ヨメをやる（*aw bkui ma mui ve*、舅姑の扶養や労働奉仕を指すラフ語）〟といってもそんなに大変ではない。年寄りがヨメを叱ることはない」とのことだった。

終始快活で、自分の遠隔地婚出という選択について肯定的に語ることの多かったナウーであったが、ナウー宅に滞在したある夜、わたしは彼女が帰村しようか真剣に悩んだ経緯についての話を聞くことになった。それは、ナウーやナウーの親しい友人たちの恋愛について話していたときのことであった。漢族地域に嫁いだのち、夫の不在のあいだに他の男性と関係を持つ女性がいるという話になり、ナウーにはそのような人がいないのかとわたしが尋ねたことから始まった話である。

……わたしにも恋人がいた。雲南省の人。ラフではない。電話とメールのみで、会ったこともない。子が四、五才のとき、雲南に一度里帰りして、偶然の間違い電話がきっかけで知り合った。当時わずか二二才だった彼と、はじめは電話口でけんかばかりして、ずいぶん怒ったものだった。そうしてけんかしながら仲良くなっていった。……彼はわたしに夫も子もいることを分かってくれていて、とても気遣ってくれる。あるとき、わたしの夫が彼のかけてきた電話に気づいてしまったことがあった。当時わたしは夫の携帯を使っていたからね。夫は怒って彼に電話をし、「お前は誰だ、俺の妻と遊んでいるのか、欲しいならくれてやるから受け取りにこい!!」とどなりちらした。彼は、ただの友だちだよ、あんたらの家庭を壊すつもりはない…と言い含めて電話を切った。そのあと夫がわたしを殴ったと伝えたら、夫の処遇を法的にどのように処理するか、離婚をするなら子どもをどうするか、など調べてくれたらしい。

「どうしてそんな遠いところに嫁に行ったのか、下りてこい、おれのところに」と彼に何度も言われた。あるときは彼の恋人から電話がかかってきて、「彼があんたのことばかり考えてどうしようもない、金をやるから彼と連絡を絶ってくれ」と言われたこともある。自分たちのことは自分たちで処理しろ、と答えた。あるときは、彼の友人が電話をしてきて、彼がひどい病で、あんたちょっと見に来てやりなよ、と言ってきたこともあった。彼の友人たちは、わたしがまさか安徽省なんて遠いところにいるとは知らなかったからね。彼の親が連れてきた結婚候補を前に、「きみの意見を聞こうと思って」と彼が電話してきたこともあった。「もし俺がこの人と結婚して、そのあと突然きみが現れたら俺はどうしたらいいんだ。こんなに長くきみのことを待っているのに!」と。わたしは、もう待つな、結婚しろ、と言ったけれど、苦しんでいるようだった。

あるときは、彼のもとに行くよ、と言ったのに、どうしても行くことができなかった。子が大きくなってきて行けなくて、と彼に伝えると彼は酷く腹を立てて、わたしの電話にも「お前なんて知らない」とばかり答えてきた時期もあった。一度など、南京に迎えに行くよ、と言われて、来たらどうしようか、息子を連れてどうやってポイしようか、と真剣に悩んだこともある。本当に着いていこうかと。でも、そんなときには彼は来なかった。今ではわたしが携帯電話を新しくしてしまったので、番号が変わって一年くらい彼とは連絡していない。したら彼が辛くなるだろうと思って。

ナウーは、この男性の存在がいかに婚出先での気持ちの支えになったかを語り、もしこの男性が迎えに来ていたならおそらく瀾滄県に帰っていただろう、と言った。ナウーの漢族夫はひどい酒飲みというわけでもなく、頻繁に暴力をふるうわけでもないが、互いに口喧嘩が絶えないようだった。夫との性関係は息子の出産以降一度もなく、ただ子どものことが可愛いから、子どもを置いて帰るのが不憫だからここに留まっているのだ、とナウーは語ってくれた。

雲南省の〝恋人〟との関係をこれ以上進展させる気はない、と語るナウーだが、かといってこのまま安徽省に留まっているつもりもなく、「これからどんな風にやっていこうかと考えて、毎日眠ることもできない」という。夫が美容師であったころは南京に出て暮らし、自らも南京で出稼ぎをしたことのあるナウーは、安徽省の村に留まって農業をするのみの暮らしが嫌で、瀾滄県に帰って小さな商店を開きたいと考えている。「子どもの学校も、雲南で受けさせれば少数民族としての優遇が受けられるから子どもの将来にとっていいのに、夫がそれをさせない」と嘆息する。「もうこんなに長くここに暮らしているのに、まだいつかは瀾滄県に戻るつもりでいるのよ。友だちたちもわたしを笑うけれど、一生ここで暮らす気がしない」と、自らも少し困ったような笑みを浮かべながら語ってくれた。瀾滄県でまずは小さな軽食を売る店を開いて、そこから始めて店を少しずつ大きくしていきたいのだ、と熱っぽく語り、そのための資金を自らの姉から調達しようと思っていたのに、姉は姉の夫とけんかをしたばかりで、妹に金を工面するという相談を夫とはしたくないからという理由で今年は難しそうだ、とため息をついていた。

〔事例17　ナウーとともに安徽省に嫁いだナヨ〕

ナヨは、上記のナウーとともに安徽省に遠隔地婚出を行った女性である。二人のヨメ探し漢族男性が村にやってきた際、ナウーに対して「格好いい方を選びなよ」と言ったナヨは、結婚後すぐに北京に出稼ぎに行き、そこで五、六年は生まれた息子の面倒を見て暮らしていたそうだ。その後安徽省の夫の生家に戻ってきて、今では夫だけが出稼ぎに行き、ナヨ自身は夫の生家の安徽省に暮らしている。姑はナヨが嫁いだ年に死んでしまい、舅はそれよりずっと前に亡くなっていたため、現在家にいるのはナヨと一人息子の二人のみである。

夫の不在のあいだ、ナヨは夫の畑を切り盛りし、作物を売った金銭を比較的自由に使えるようであったが、彼女の行動はしばしば村の人々から〝監視され〟、自由に行動できないというのが彼女の大きな不満だった。彼女が出稼ぎから夫の生家に帰ってきた頃、夫も夫の兄妹たちも皆出稼ぎに行ってしまい、ナヨは一人で村に残っているのが退屈で、しばしばナウーの家を訪れていたが、そのような行為が周囲の人々から「生家へ逃げ帰ろうとしているのではないか」という疑惑を呼んだというのであった。そのため、ラフ女性たちの集まりも現在ではほとんどがナウーの家での開催となり、ナヨの家では開催が難しい状況で、ナヨ自身もなかなか集まりに参加しづらいようだった。ナヨの夫は毎日電話をかけてくるが、ナヨはしばしばそれを無視し、夫婦仲がよくないのは明らかだった。

わたしは先述のナウーのつてを頼って安徽省に行ったため、ラフ女性のパーティにも参加しないナヨとは当初なかなか出会うことができなかった。二回目の調査である二〇一二年八月にようやくナヨ宅に行く機会を持てたとき、ナヨ宅でナヨはわたしに以下のように嘆息した。

夫を持つのが早すぎたよ。瀾滄にいた頃はものごとをよく知らなかった。男性ともきちんと恋愛をしたことなんてない。ヘパのくには過ごしやすいという人の言葉ばかり聞いて。話が決まったあと、怖くなって行きたくないと思ったが、父から「もう金銭も受け取ってしまったのに、今さらやめるなんて面子がなくなる」と言われて。

わたしが訪れた当時、ナヨは近隣の町に住む既婚の漢族男性と不倫関係にあった。この漢族男性は妻が病気で、ナヨは時折彼に電話で連絡を取り、町へ出て会っているようであった。そのような動きもまた村の人々を通じてそれとなくナヨの夫に伝わっているらしく、ナヨの夫から「来年から息子も連れてともに北京で出稼ぎをしよう」と持ちかけられたそうだ。ナヨはそれを嫌がり、「姉のいる広東に出稼ぎに行こうかなぁ。それとも本当に生家に帰ってしまおうか……」とわたしの前で嘆息した。

上記二人の女性は、第1節で述べたナロとナテーとは移動の方法が異なり、友人の紹介で遠隔地婚出を行っている。そのため、第1節の女性たちとは嫁ぎ先に対する前提知識や心構えが全く異なっている。第1節で見た事例14のナロが、瀾滄県の仲介業者に売られ、村を出た段階ではどんなところに送り込まれるのかが全く分かっていないのに対して、本節のナウーやナヨは、友人が里帰りの際に連れてきた漢族男性のところに嫁ぎ、友人から婚出先の様子を聞いていたため、婚出先に対するイメージと現実のギャップはそれほど大きくなかったようである。また、ラフ女性の集住地域に婚出したために、婚出後もラフ女性同士の様々な助け合いが行われ、先駆者女性の家を訪ねて婚出先の暮らし方や気をつけるべきルールなどを学ぶことができている。これは、なにもかも自分で試行錯誤しないといけなかった第1節の二人との大きな違いである。安徽省では、定期的に仲のよいラフ女性たちが集まって食事を取り、会話をする機会があるようであった。

自らが管理する水田を眺めるナヨ。

自宅の壁にはナヨの結婚写真が飾られていた。

ともに遠隔地婚出を行ったナヨとナウー、そしてこの二人を遠隔地婚出へと誘ったシェクは、夫が仕事で家を空ける昼間に、時折食材とビールを持ち寄って小さなパーティを開く。友人が買った新しい携帯をひったくって眺めたり、こっそりおかずをつまみ食いしたり、つかみ合ってじゃれあう様子は、小学生の子どもを持つ母親というよりもまだヤミハ（未婚女性）のようである。このような集まりの場は、「ラフのくに」にいた頃の恋愛話に花を咲かせ、日々の不満や夫の悪口などをラフ語で語り合う息抜きの場であると同時に、他のラフの友人たちがどこで暮らしているか、誰がどの出稼ぎ場所でいくら稼いだか、などの情報交換をする場にもなっていた。まだラフの村にいた頃に誰がどの男性と恋愛をしていたか、新しく買った靴を交換で履いたことや、夜の語らいの誘いにやってきた男性が間違えて自分ではなく母親に合図をしてしまい、母親が激怒して男性を追い払った話などを楽しそうにわたしに聞かせてくれた。彼女たちにとって、村は「恋愛をしていた懐かしい場所」として回顧されているようであった。

このようなラフ女性の友人同士の親しさとは対照的に、遠隔地婚出をしたラフ女性たちは、しばしば「ヘパはオヴィオニ（キョウダイ、親しい親族）の関係をきちんと分かっていない」と嘆息する。例えばナヨは、夫が出稼ぎに行っているあいだに自分が世話をした農作物の売り上げを生家の父母に送金しようとしたところ、夫から反対されたことに立腹して「ヘパはチョモ（年寄り、ここでは父母の意）すらもきちんと認識しない」と友人たちにこぼしていた[12]。また、ナヨ宅に数人のラフ女性が集まってパーティをしながらおしゃべりをしていたとき、ナヨが生活上の大きな不満のひとつとして語ったのが「ヘパのところに遊びに行くと、〝何をしにきたんだ〟と言われる」ことであった。ラフの村では、来客に対して椅子を差し出すことや、水や白湯、酒や茶などを出すという所作は若い者でも身に染みついている。しかし、漢族は「何を探しにやってきたのか」「またうちのものを食べに来たのか」という目で見てくるのだ、とナヨはいう。特に、夫の姉の家に行ってまでそのように言われることに立腹しており、「ヘパはオヴィオニもろくに認識できない」と憤慨していた。

また、わたし自身が強い衝撃を受けたのは、安徽省和県のナウー宅での夕食風景である。ナウー宅でナウー一家とともに食事をしていたとき、近所に住む舅と姑がその日にあった出来事を伝えにやってきた。しかし、ナウーの夫が父母に対して椅子を差し出したり、食事を勧めることは全くなく、舅と姑は入り口の近くに立ちつくして食事風景を眺めながら、用件をとつとつと話して去っていった。ナウー宅に滞在中、そのようなことが複数回起こった。年老いた父母が子の食事時に現れたにもかかわらず、そこに立ちつくしたまま用件を話して去っていくという光景は、ラフの村では到底想像できることではなく、ナウーに尋ねたところ、ナウーは「ヘパはラフとは違って自分の家でしか食事をしないのだ」と言ったが、このような習慣の違いは、安徽省のラフ女性のあいだで「ヘパはけちだ」という語りとなって現れ、不満の種となっていた。ナウーは、「ヘパのくにには、春節でも何でも、ラフのくにのようには楽しくない。夜はすぐ寝るし、酒も食事の時くらいしか飲まないし。食事も自分の家でするもの、という考えがあるから、食事しているときに他人が来ても、〝食事はした？　食べていないなら食べるか？〟とかたちの上では聞くこともあるけれど、そう言われても食べない。だから、ラフのくにに里帰りするともう戻りたくない、と思うラフ女性もいる」と語った。

「漢族は親族をきちんと認識しない」という発言は、「関係 guanxi」を重んずる漢族の親族ネットワークの柔軟さと強固さを知る者にとってはいかにも奇妙に思えるが、このことは、ラフ女性が結婚によって取り結ばれると想定する親族関係の広がりが、漢族のそれとは異なっていることもひとつの要因である。ラフにとって、結婚によって形成されるオヴィオニの関係は男女双方に広がっていく。そのため、自分たちが漢族夫の父母の面倒を見るのと同様に、漢族夫も自らの父母やキョウダイたちをオヴィオニと認識するはずだと考える。ところが、父系親族集団を基礎とする漢族にとって「宗族」と「親戚（姻族）」とは区別され、同じ扱いにはなり得ない。もっとも、一九八〇年代以降、労働力の需要の高まりによって、父系親族集団内のみならず、結婚によってつながれた姻戚ネットワークが労働力確保のために重要になってきていると言われる［韓　二〇〇七：一八九－一九〇］。あるいは、そもそも共産党中国の成立以降、宗族（父系親族集団）のつながりが階級を否定するものとして批判されるようになったため、姻戚関係が派閥の形成のためにひそかに重要になってきたという遼寧省での報告もある［聶 一九九二］。また、台湾の事例ではあるが、漢族社会において姻戚関係が父系親族集団の形成・維持のために重要であることが論じられている［植野 二〇〇〇］。しかし、このような漢族社会全体に見られる姻戚関係の重要性やその近年の興隆とは異なり、遠隔地婚出をしたラフ女性は、地理的な遠さがあるために労働扶助や贈与交換のネットワークを築くことができないことに加えて、貧しい「雲南女性」として金銭で買われてきたという世間からの目線があるために、漢族男性側が積極的にラフ女性の父母と関係を築こうとすることはほとんどない。そのことが彼女たちの疎外感につながっていると推察される。江蘇省蘇州市で行われた省外からの婚姻移民女性の研究によれば、外の地域から婚入してきた女性たちは貧困な地域から来ているため、機を見て生家への送金を目論むに違いないという疑いが女性たちにつきまとい、それが女性たちの疎外感につながると指摘されている［譚ほか 二〇〇三：八〇］。また、安徽省の婦女連合会の調査においても、「外来婦女」たちに里帰りを許せば戻ってこないのではないかという不安から、多くの夫が女性の里帰りを許さないという報告があることを韓は指摘している［韓 二〇〇七：一九九］。ラフ女性たちからも、生家に対してものや金銭を送ろうとすると夫がいい顔をしないという話がしばしば聞かれた。

もっとも、このような疎外感が常にラフ女性たちを苛むというわけではない。ラフ夫の暴力に耐えかねて河南省に逃げた事例14のナロも、P村に帰ってはどうか、というわたしの問いかけに対して「どこに帰るところがある？」と語り、近所の漢族女性たちの輪に交じって様々な行事の手伝いをしていた。江西省のナテーも、「自分の根はここ（へパのくに）に生えてしまったようだ」と語っている。彼女たちが、安徽省の女性たちに比べてラフ社会と比較的隔絶された状態で暮らし、近所にラフ女性の友人などを持たないことを考えれば、漢族社会のやり方に馴染んでいくことが彼女たちにとって非常に重要であったことが窺える。

安徽省で見られた遠隔地婚出女性同士の緊密な人間関係は、漢族夫側が「オヴィオニを認識しない」ことへの不満によってより強まっているかにすら見える。このようなラフ女性たちのネットワークは、生家の家族や出稼ぎをしているキョウダイ・知人たちとのネットワークも強め、以下に述べるように、ラフ女性を漢族夫の親族から生家へと引き戻したり、女性たちの逡巡を生み出す要素になっている。

安徽省に滞在中、安徽省に嫁いだ他のラフ女性について聞き取りを行ううちに、すでに安徽省からはいなくなってしまった女性の話を複数耳にした。例えばナヨとナウーの親しい友人であったナウテーというラフ女性は、子どもを産めずに姑から酷い扱いを受け、その後に弟の暮らす他地域に再度「ポイ」したということであった。ナウーによれば、ナウテーの姑も舅も彼女を大切に扱わなかったという。姑は「男の子を産まないならこの扉を閉めて入ってくるな」とナウテーに対して言い放ち、そのためナウテーは出稼ぎをしている弟を頼って広西省にポイしてしまったそうである。ここからは、ラフ女性が遠隔地婚出後の生活を維持していく上で、男児の出産という漢族夫側からの要求に晒されることが分かる。婚出先の調査のなかで、「再びポイしていなくなってしまった」ラフ女性の話を他にも六人耳にした。その者たちは実家に戻るか、知り合いのつてを頼って出稼ぎに行き、その後よりよい嫁ぎ先を探して再移動している。つまり、わたしが出会った女性たちの背後には、嫁ぎ先の社会に定着することができず、再び「ポイ」せざるをえなかった多くの女性がいるということである。跡継ぎとなる男児出産を非常に重視する漢族農村での暮らしを円滑に続けていけるかどうかは、女性の出産能力に多くを依っている。

わたしが出会った遠隔地婚出女性たちについては、婚出先の姑や舅との関係は比較的円満なものに見えた。二人の男児を出産した事例14のナロによれば、「漢族のヨメをするのは、ラフとは大違い。ラフは水を汲んだり、食事を作ったり、年寄りの面倒を見なくてはいけない。しかし、漢族は、姑がいると、結婚後も苦しくない。何でも舅姑がやってくれるし、食事も用意してくれる、子どもも、授乳したあとはただ姑に渡してしまえば、服を洗ったりおしめを替えたり、すべて年寄りが面倒を見る」という。ここには、ヨメ不足のなかでようやく見つけたヨメに対する姑の態度が現れていると考えてよい。今回わたしが出会うことのできた女性たちは、みな跡継ぎの男児出産という期待された役割を果たしており、彼女たちにとっては、嫁姑関係は遠隔地婚出を躊躇する要素にはならず、むしろラフ同士の嫁姑関係よりもよいものと考えられていた。しかし、上述のナウテーの事例に鑑みれば、このような姑の態度は女性の出産能力に対する期待と不可分になっていることが分かる。漢族夫らが求める出産への期待と要求は非常に強く、このことは、後述するような「逃げ帰り」を行った女性たちの語りのなかからも見いだせる。すなわち、「子どものことは可哀想だけれど、もし自分が子どもをつれて逃げれば夫はどこまでも追ってくるので、子どもを置いて帰ってくるしかない」というものである。

3　「里帰り」か「逃げ帰り」か？　帰ってくる女性たち

馬は、遠隔地婚出したラフ女性たちの多くが中国各地にまき散らされ、その後どうなったかも分からないと記述しているが、近年では多くのラフ女性たちが生家と連絡を取り、数年に一度の割合で里帰りをしている。しかし、それらの里帰りは必ずしも安定した一時的帰省とはならないこともある。里帰りは、ラフ女性たちがその後の生活をどこで送るかを考え直すひとつの契機であり、ラフ女性をめぐって親や未婚のラフ男性、漢族夫たちが交渉する場となっている。

遠隔地婚出女性と会話をしていて驚くのは、彼女たちが他の遠隔地婚出女性たちの動向をよく知っていることである。遠隔地婚出女性たちだけでなく、出身村の出稼ぎ者たちの動向についても、何月ごろにどこの出稼ぎ先へ移動したか、ということまでよく知っている。それには、携帯電話の普及と、QQというSNSの普及がある。安徽省に嫁いだ事例16のナウーは、QQのチャット機能で他の友人たちと連絡を取るために、一度も学校に行ったことがないにもかかわらず見よう見まねで漢字を習得したという。また、わたしが安徽省のナウー宅を訪れた際には、インターネットカフェでのチャットを試してみたいのでコンピュータの使い方を教えて欲しいと、わたしに頼むほどであった。もっとも、このような道具を活用できるのは比較的若い人たちであり、たとえば四〇歳になる事例14のナロは、携帯電話をほとんど使わず、もっぱら家にある固定電話を使用しており、姉妹であるナテー以外にラフ女性との親交はほとんどない。それでも、ますます多くのラフ女性がこれらの通信手段を用いて連絡を取り合っていることはP村でも聞かれ、里帰りを行う際も他地域に住んでいる姉妹や友人と連絡を取り合い、タイミングを合わせることが多い。

また、瀾滄県から省外へ出稼ぎに行くラフ男性の多くが未婚男性であるということも、遠隔地婚出女性の漢族夫との関係を不安定にするひとつの要素である。第2章でも述べたように、P村から出稼ぎを行う男性は、既婚者が雲南省内での出稼ぎを選択し、比較的年齢の若い未婚男性は遠方への出稼ぎを志向する傾向がある。若い未婚男性にとって、上海や北京、広東などの大都会に行った経験があるということはひとつのステイタスになるため、中学を卒業すると皆競うように遠方へと出稼ぎに行く。その際、親戚の遠隔地婚出女性の家を足がかりにするか、あるいは出稼ぎ先で新たに瀾滄県出身のラフ女性と出会うことがある。特に近年では、携帯に搭載されているQQの出身地検索機能で出稼ぎ先に住んでいる雲南省の女性を検索すると、遠隔地婚出女性がヒットすることが多いそうである。このように省外で出会い、交流するなかで、遠隔地婚出女性が漢族夫との関係を放棄し、出稼ぎをしているラフ男性と結婚するというケースが起こりつつある。P村において、わたしの二〇一二年までの長期調査の際に特定の恋人のいなかった五人の未婚男性たちのうち四人が、次の二〇一三年の調査時には遠隔地婚出経験のある女性を結婚相手としていた。それらの男性のうち三人は三五歳以上で、いわゆる「農村高齢未婚男性」の部類に入る。

このような出稼ぎ先でのラフ女性との出会いに関して、P村の未婚男性たちが集まる春節の宴会の席でしばしば噂になるのが、「山東省にはラフ女性ばかりが住む村がある」という噂である。その村の漢族はラフ女性ばかりを娶って村中の女性がほとんどラフ女性になってしまい、ラフ男性は、それらの女性のイトコや甥のふりをしてそこへ遊びに行けば、漢族夫たちの疑惑を招かずに女性たちと出会うことができるという。この村については伝聞経験として語られるのみで、実際にこのような村が存在するのかどうかわたしには確認する手だてがない。ラフ男性たちの推測や憧れの入り交じった場所として想像されているだけなのかもしれない。しかし、出稼ぎをするラフ男性にとって、遠隔地婚出女性が配偶者選択のひとつとして視野に入りつつあることは確かであろう。婚出先のラフ女性たちのあいだでも、知り合いのラフ男性がどこで出稼ぎをしている、といった情報はしばしば交換されていた。そのことは、ラフ男性の配偶者不足を一方で補いながらも、その一方で漢族男性とラフ女性との結婚生活を揺るがしている。

このような配偶者選択における不安定性が最も顕著に表れるのが、里帰りの場面である。ここからは再びP村に目を移し、自らの遠隔地婚出に対して逡巡する里帰り中の女性たちについて見ていくことにする。

以下の語りは、わたしがP村に滞在している二〇一二年の春節に里帰りをしたアグの語りである。広東に嫁いだアグは、安徽省に嫁いだ事例17の女性ナヨの姉である。彼女は、P村から遠隔地婚出を行ったラフ女性が里帰りをした際に、子守と店の手伝いをしてくれと頼まれたことがきっかけで、一九九四年に一四歳で広東省にいき、その後に紹介された男性と結婚した。そのアグが二〇一二年八月にP村に里帰りをした際、結婚したはずの漢族夫とは別の男性を連れて里帰りをしたために、村の噂になった。以下の会話は、そのことについて尋ねるため、わたしがアグの母宅を訪ねたときにわたしとアグ、アグの母親と三人でなされたものである。ここでは、録音した会話をそのまま書き起こしたものから見ていきたい。（AG'＝アグ、母＝アグの母）

〔事例18　夫ではない男性とともに帰村したアグ〕

堀江：（アグに向かって）彼とあなたは結婚したことになるの？
母：結婚はしていないって。ただね、一緒にいるだけ。
AG'：どこにいったのか見あたらないね。ほんの一時のことなのにどこに行ったのかな。どの村に行ったのか（ともに帰ってきた男性を探して見回しながら）
母：ノーォ広東（no-o は上方、北方を指す指示詞。ここでは〝向こうの広東〟といった意）に出稼ぎをして知り合って、連れ立っているんだって。チョハ（若い男性）を見たからと言って。
AG'：えへ…
堀江：格好いい人を見るとそんな風になるよ
AG'：ナヨ（アグの妹）の言っていた人のところで出稼ぎするというのならまだ…（いい）向こうの、ナヨのいう人のところなら過ごしやすい
母：　　　　　　　　〔妻はいて子はできないんだって
堀江：誰の話？
AG'：わたしの妹ナヨの言っていた、チョハ（若い男性）のこと
堀江：オー（納得の相づち）
母：老板[13]だって、そういう人がいるんだって。奥さんには子どもができないので、彼は（奥さんのことを）要らないんだって

堀江：オー、オー、それで彼は老板だから金をたくさん持っているんだね
母：エー（同意の相づち）、金を持っているんだって
AG'：向こうにはたくさんいるよ、広東にはそんなもの。
母：老板がか？
AG'：そうだよ
堀江：そういうような人は老いているかもしれない
AG'：老いていないのも多いわよ……彼のように妻がいて子ができないのは…（不鮮明）…知らない

アグは、漢族夫には新たな恋人とともにいることは告げておらず、ただ里帰りをするとだけ告げてあるそうである。さらに、上述の会話のなかでは、新たな恋人との関係をも放棄して、安徽省に住む妹ナヨのところにいる離婚経験のある「老板」の男性のところに行こうかということを母親と相談しあっている。その理由は、現在の恋人が、西双版納のゴム林へ出稼ぎに行こうとしており、アグがそれを渋っているためである。以下の会話は、上述の会話の直後になされたものである。

AG'：わたし、行きたくないと思うのよ母さん
母：行かないと金も得られないなら（どうするの）
AG'：わたしは知らないよ今は…わたしはモーォ（Mo-o は下方や南方を示す指示詞、ここでは西双版納を指している）には行かない、ナヨと行こうと思って。

堀江：彼女がもし帰ってこなかったら?
AG'：ナヨがここまで帰ってこないなら、昆明に迎えに来てって言ってあるよ…わたしがテレビを送ってあげればそれでいい。
堀江：安徽にも出稼ぎするところはあるの?
母：あるよ
AG'：　安徽に出稼ぎするところはあるよ
母：出稼ぎの場所がいいのはノーォだよ（ここでは安徽省を指している）。一日に数百元ばかりだよ
AG'：お金を得やすい、彼女のところも得やすいといっても、広東も同じように得やすいよ。わたしのところの方が大きいよ、広東の都会は…彼女の（ところ）よりも。
母：わたしは行ったことがないから知らない。そのうちナヨのところのチョハ（若い男性）があんたを気に入ったら、あんたも気に入ってしまうんじゃないか、あははは
AG'：わたしは気に入ったりしない、わたしは遊ばない、わたしはただ…
母：あんたおしゃべりもそんなに上手なんだったら…あははは
AG'：　汚らしい　何もそんなに…ふふふ

この後、アグは西双版納のゴム林での生活がどのようなものであるかを母親に細かく質問した。母親自身は西双版納に行ったことはないが、P村から多くの人々が出稼ぎに行っているため、そのおおよその様子はP村に暮らす者であれば知っているからである。ゴム林での生活は、各々が管轄するゴム林の中に小さな小屋を建てて住む

ため、家屋が点在し、場所によっては電気も来ない場所だというのがアグにとって不満の種であった。そこで働くくらいなら、妹ナヨのいるところへ行って、都会の出稼ぎを行う方がいいと考えているようであった。母親がアグの恋愛を茶化す場面も見られ、母親とアグが何でも話し合える親密な関係であることが見て取れる。

現在の恋人と出会った契機について、アグがわたしに説明してくれたのは以下のようなものである。

今一緒にいる恋人は、広東に出稼ぎをしに来て出会った。彼の母が広東にポイしていたらしく、母のもとに出稼ぎにやって来たので出会った。彼の弟は今も母親のところにいるらしい。父親は妻に逃げられたのち、自らの土地を売ってしまったりやりたい放題なんだって。……彼と一緒にいるということは、わたしの（前の）夫や子には知らせていない。長女は電話してきて「わたしも母さんのところに出稼ぎに行きたい」と言っている。夫は里帰りをすると言っても怒りもせず、「どこにいても同じだよ、出稼ぎをするのは。きちんと働いて暮らしなさい」と言ってくれる。子どもも全部で四人なので、二人わたしにくれてもいいと言っている。夫は三〇才過ぎで、心根が優しく一度も殴ったりなじったりしたことはない。

アグが漢族夫とのあいだにすでに四人の子を持っていること、また漢族夫が「心根も優しく、殴ったりなじったりすることのない人」であるのに対して、現在連れそっている恋人が土地もなく、出稼ぎ暮らしをしなくてはいけないことについて、「それならあなたはまるで損をしたようなものではないのか」と聞いてみたところ、アグは笑いながら「そうなの、わたしは全く損をしているの」と答えた。しかし、新たな恋人との関係を解消して妹の紹介する安徽省の男性のところに行くと決めているわけでもないようで、母親はのちにわたしに向かって「最近の娘はやたらと出歩くから、どうするつもりなのか何とも言えない」と嘆息した。

次の例は、二〇一二年の春節にP村に里帰りをしたサンメイの例である。彼女は、里帰り中にわたしと出会ったことがきっかけとなって、わたしが婚出先にも訪れて生活の様子を詳しく聞き取ることのできた女性である。

〈事例19　漢族夫とともに湖北省で出稼ぎ暮らしをするサンメイ〉

サンメイは、わたしがP村で滞在していたホストファミリーの娘である。サンメイが江西省出身の漢族夫のもとに婚出したのは二〇〇二年で、二〇一二年の時点で三一歳、漢族夫は四〇歳すぎで、二人のあいだには娘が二人いた。婚出ののち、二、三回里帰りをしたことがあるそうだ。サンメイは五人兄弟の末娘で、二人の兄と二人の姉はすべてP村とその周辺に住んでいる。サンメイの母によれば、サンメイは遠隔地婚出をする以前に他村のラフ男性と結婚していたが、その男性の姉の住む遠くの土地で農業をして暮らそうと言われ、その地域が「ト（妖術）が多いところだった」ので嫌になり、二〇〇二年当時実家に戻ってきていた。そこへ、漢族仲介業者に連れられた漢族男性がやってきたので、村でのマッチングを経て婚出するに至った。その際両親には六〇〇〇元が支払われたそうである。両親は当初ひどく反対し、父親は現在のサンメイの夫に向かって「今すぐ帰れ」と怒鳴ったのだそうだが、サンメイの母によれば、「この漢族は誰かが訪ねてくるとすぐにタバコを差し出して、自分の吸うタバコがなくなってしまうくらいだったので、人の『オリ（礼儀）』を知っている人だと思った」とのことであった。サンメイの夫は出稼ぎをしながら建築業を営み、現在では建材の調達を管轄する「老板」になっている。

サンメイは、二〇一二年の年始に漢族夫とのあいだに次女を出産したが、その戸籍登録をしようとしたところ自分の身分証を紛失してしまっていたことに気づいたため、その再発行のために二〇一二年の春節に次女を連れて里帰りをすることになった。わたしはその際にP村で彼女と知り合い、以来遠隔地婚出女性のなかでも最も親しくしている。

以下は、サンメイの里帰り中にサンメイの生家の炉端でなされた、わたしとふたりきりの際の会話である。

（堀江：湖北に住んで何年になるの？）ヘパと結婚したあと、深圳から浙江に行って、そこに三、四年いた。それからそのあとは今の湖北に。深圳に最初に行ったときは、工場みたいな広いところに寝床をたくさん並べて男ばかり寝ていてびっくりした。（堀江：怖くなかった？）怖くはなかったよ、他にも夫婦連れの者もいたし。でもわたしは言葉も分からないし、しばらくのあいだ一言も話さずに、話しかけられても返事もできずに、そうして暮らしていたので、言葉が話せない障害があるんじゃないかと思われていた。もしそのときラフのくにに連れて帰ってくれる人がいたら帰っていただろう。その後、長女を産んで、（自分が）病気になって（江西の夫の実家に）帰った。そしたらまぁ、急斜面の谷底みたいなところに住んでいて、家は瓦屋根の煉瓦造りで、まるで地震前のラフの家みたい。一分一秒もここにはいたくない、と夫に言った。…漢族のくには、平らで市場もすぐ近くにあるようなところだと思っていたし。

家を出た後すぐに出稼ぎ先に行って、夫の実家にはすぐには行かなかった。舅姑たちにも長い間会ったことはなかった。（堀江：じゃあサンメイと結婚したことも彼らに知らせてなかったの？）自分の息子が雲南の女を連れていることは知っていたんじゃないかな。

（堀江：姑や舅はどんな人？）姑は怒らない人、舅は見たところ「心がよくない *ni ma ma da*（性格がよくない、という意）」。彼の一族は誰でもみんな性格がよくないみたい。でもわたしはほとんど家には住まず、出稼ぎ先にばかり住んでいるのでよく知らないけれど。……夫は老五（五番目の息子）。わたしが（夫の実家に）行ったときには、夫の家は一つの家屋にしきりがあって、その向こうを老大（長男）に分けたことになっていた。四男はすでに自分の家を建てて出て行ったあと。次男は婿に行って、公道沿いの家に住んでいる。外の女を嫁にもらったのはわたしの夫だけ。わたし以外はみんな江西人と結婚している。

……前は長女を連れて湖北で勉強させていたが、わたしたちが移動することになって大変で江西に行かせた。舅はもう死んでしまい、今では姑だけが家にいるので、（サンメイの長女と姑の）二人で暮らしている。長女は小学校に上がるときに戸籍を作った。次女に対してはまだ何もしていない。

のちにサンメイから聞いたところによると、サンメイの夫は、サンメイと結婚する以前に彼と同郷の江西省の女性と結婚経験があり、二人のあいだに息子が一人いる。しかし、夫の出稼ぎ暮らしが長くなるにつれて妻との関係がうまくいかなくなり、離婚に至ったそうである。そのとき彼はまだ二八才だったので、もう一度結婚したいと考えていたのだそうだ。彼の息子は二〇一二年の調査時には二〇歳を過ぎ、父親とともに建築現場での仕事に携わっていた。サンメイのことは母とは呼ばず、「阿姨（おばさん）」と呼ぶそうだ。

たくさんのおみやげや生活用品を買い込んで里帰りをしたサンメイは、しばらくは子の面倒を見ながら暮らし、漢族夫とも定期的に電話で連絡を取り合っていたが、ある日、電話口で夫に対して「わたしはもうあんたのところには帰らない」と言い放ったことがあった。特に喧嘩をしていたわけでもなく、夫の行動に腹を立てたわけでもないというので、訳を聞いてみたところ、ずっと出稼ぎ暮らしをしているならいいが、いずれ夫の生家に行かなくてはいけないのが嫌で、年を取ったらどうなるのか、と考えると不安になるという。死ぬときはオヴィオニもいないところで死ぬのか、と考えたこともあるといい、生家で年老いた母の手伝いをしながら暮らす方がいいと思ったのだそうだ。

その後、彼女の里帰り中、サンメイの昔の恋人が訪ねてきたり、あるいは別の若い男性が、「もし他の男性と結婚したいのなら紹介できる」といった話を持ってくるようになった。サンメイはこれらの申し出に対して、「夫がいるから、夫のところに帰る」と返答しつづけていた。ちょうどわたしが帰国しなければならない時期に近づいており、もしサンメイが漢族夫のもとに戻るのなら一緒に町まで出ようかという相談をしていたので、「どうするの？」とわたしが尋ねてみたところ、「あるときはここにそのまま残ろうか、あるときは夫のところに帰ろうか、と考えている。でも、漢族夫と別れたとしても、そののちここで暮らすのにもどうなるか分からないし……」と答え、長いあいだ悩んでいるようだった。漢族夫との生活をたとえ放棄したとしても、別の男性と結婚したいという気は特になく、村で男性を紹介されることにやや辟易としている様子であった。漢族夫からは電話で「お前は俺がいなかったら娘の一ヶ月分の粉ミルクだって用意できないだろう」と言われ、そのこともその通りだと思うのだという。結局わたしの帰国時にはまだサンメイの決心はつかず、そのままわたしは帰国することになったが、その後電話で話を聞いたところでは、Ｐ村に連れ帰った娘の体調が悪化したために、数ヶ月の滞在ののち再び湖北に戻ることになったとのことであった。

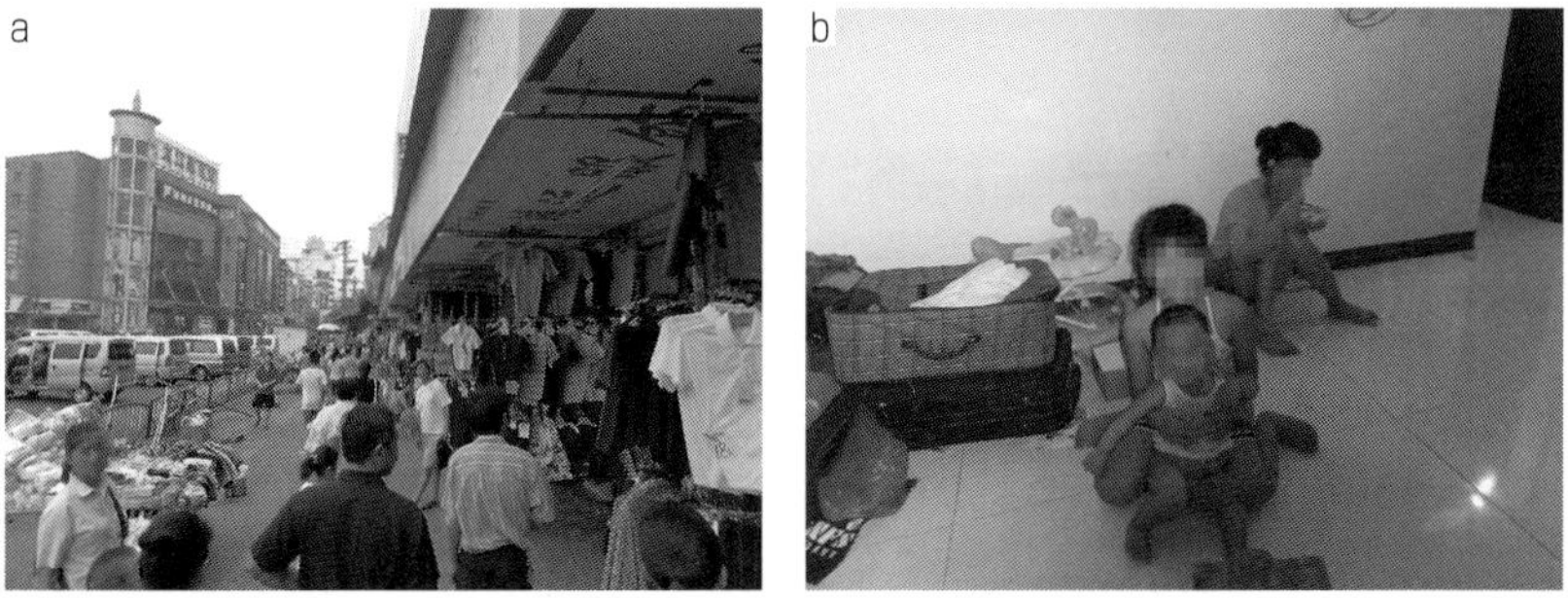

サンメイの暮らし
a　サンメイの暮らす町並み。　b　サンメイの家の様子。荷物はすべてスーツケースに入っている。

サンメイの里帰りから約半年ののち、わたしは彼女を訪ねて湖北省を訪れる機会に恵まれた。サンメイの家に着いたとき、サンメイ一家は、三部屋あるアパートをひと月五〇〇元で借りていて、そこに住んでもう三年になるということであった。白いタイルが床に敷き詰められて、小さいながらも清潔な家であった。夫の出稼ぎ暮らしのためにいつ移動するか分からないので、ベッド以外の家具をほとんど持たず、荷物はすべてたくさんのスーツケースに入れているのだそうだ。漢族夫と前妻との子である息子は同じアパートには住まず、他の場所にもうひとつ部屋を借りているので、サンメイの住む家にはサンメイと漢族夫、そして末娘が住んでいる。長女は一〇歳で小学校に通っているので、ふだんは姑の暮らす江西省に住んでいるが、わたしが訪ねたときにはちょうど夏休みだったため、長女も両親のところに遊びに来ていた。サンメイの夫は現在大きな商業施設を建設中で、それが終わるまではずっと湖北省にいるだろうとのことだった。サンメイは、かつては夫の建築現場で労働者に食事を出す炊事の仕事をしていたこともあるそうだが、二〇一一年に次女を出産したため、子の世話をしながら家で過ごしていた。

サンメイは、漢族夫とのあいだに結婚証の手続きや戸籍の移籍手続きなど何も行っていないそうである。近年、遠隔地婚出をした女性のなかにも、「ヘパのくに」が期待したほどいいところではなかったことを理由に実家に逃げ帰ったり、もっと条件のいい嫁ぎ先に再びポイしてしまったりするケースが増えていることについて、サンメイは「わたしは自分で来たくて来たけれど、人に売られてきた子なら、好きでもない漢族とのあいだに生まれた子どものことなどそんなに可哀想ではなく、子どもを捨てて逃げ帰ることもあるのかもしれない」と話してくれた。サンメイは、わたしとラフ語で会話するなかで、「あなたみたいにラフ語で話せる友人があと一人いたらいいなぁと思う」と語った。現在住んでいる湖北省の出稼ぎ先でラフ女性に出会ったことはないそうだが、「夜は近所で女性たちがダンスをしているのを見に行くこともあるし、たいくつはしない」とのことだった。

次の例は、二〇〇五年に安徽省に遠隔地婚出をし、二〇一二年一月の春節に里帰りをした二五歳のナヌーである（事例7でも登場）。

〔事例20　里帰りから帰村へ？　ナヌーの場合〕

ナヌーは、二〇〇五年に知人のラフ男性が連れてきた漢族男性に見初められ、婚出の際に父母は一五〇〇〇元を得たそうである。ナヌーの妹によれば、ナヌーはこれまでにも数回里帰りをしたことがあるとのことであった。二〇一二年の里帰りでは、毎晩のようにビールを何ケースも買って友人たちを呼び集め、多くの若者が集まるので、村中の注目の的となっていた。P村の若い未婚男性たちも夜になるとこぞってナヌー宅に出かけていた。里帰りをする遠隔地婚出女性たちのなかには、そのまま漢族夫のもとに戻らず、ラフ男性と結婚する女性もいるためである。ナヌーの母親によれば、今回の里帰りの目的は、漢族夫のところに自らの戸籍を編入する手続きのためということであった。わたしが昼間にナヌー宅を訪れた際に目にしたナヌーは、赤く染めた髪をまっすぐ下ろし、しばしば携帯電話のメールで誰かと連絡を取り合っているようであった。ナヌーは上述のアグやサンメイと違って自身のことをほとんど語ることなく、夜に生家で酒宴を行う以外はしばしば友人を訪ねて他村に出かけているようであった。ナヌーの持ち帰った一〇〇〇元の資金で生家の庭先に豚小屋を新築することになっており、その建設が終わった三月初旬に戸籍の手続き書類を持って漢族夫のもとに帰ったということであった。ところが、その一週間ほど後にわたしがナヌーの母を訪ねたところ、ナヌーは実は漢族夫のもとには戻っていないという。ナヌーの母によれば、ナヌーはP村から西方に五キロメートルほど行ったラフの村の若者とともに暮らすと言っているというのである。その若者はナヌーより五歳ほども若く、ナヌーの母親は「娘の心のなかは分からない。自分自身でそうしているのだから、どうしようもない」と語ってくれた。

このような遠隔地婚出女性たちの逡巡を促すひとつの原因は、里帰りの際に多くの未婚ラフ男性が彼女たちを訪ねることにある。遠隔地婚出女性たちのなかには、漢族夫との関係に問題を抱えたり、婚出先での生活に不満がある女性もいるため、女性がどのようなつもりで帰ってきたのか様子を窺いにやってくる。そのことが、女性の逡巡をより大きなものにするという相乗作用を持っている。未婚のラフ男性が、里帰りをしたラフ女性に積極的に交際を持ちかけるという行為は、遠隔地婚出女性たちが里帰りをするたびにほぼ毎回のように行われる。

　未婚男性たちのこのような行為は、村内で大きな叱責を受けることは少ない。これは、深刻な結婚難に直面する未婚男性たちに対して同情的な目を向ける者が多いことと、漢族夫の不在という事態が背景にある。特に、里帰り女性の漢族夫がともに帰ってきたのでない場合は、未婚男性の行為を叱責するべき存在がそもそもいないことになる。もっとも、未婚男性たちは、最初こそこぞって里帰り女性の家を訪れるものの、女性自身が家の外に出ることもなく相手にしない場合や、女性の親たちが「娘は漢族夫のもとに戻る予定だ」と話してたしなめれば、しばらくすればフェードアウトしていく。ナヌーの例のように、女性宅で毎晩宴会が開かれるという現象自体が、女性自身によるもてなしと女性の親による許し（あるいは黙認）がなければ成り立たないため、叱責の矛先は里帰り女性に向きがちである。

　このような里帰り中の逡巡ののちに、遠隔地結婚を放棄して瀾滄県で再び生活を始めたラフ女性は、P村の遠隔地婚出女性五三人のうち一〇人にのぼる。このような「逃げ帰り」の頻発は、女性の遠隔地婚出の流れそのものにも影響をおよぼしているようである。先述の事例16でも登場したナウーは、遠隔地婚出の紹介を頼まれることもかつてはあったという。しかし、「最近の若いラフ女性は、わたしたちが嫁いできたときよりもずっと良い暮らしができても、ちょっとしたことで嫌になると留まっていてくれない」という。「わたしたちのころは、婚礼を挙げることもなく、写真を撮ることもなかった。いまの女の子には、本当に条件のいい男性しか紹介しない。真っ白なウエディングドレスを着て、ホテルで婚礼を挙げるような相手ばかりだよ。家が貧乏でもない、性格が悪いわけでもない、ただちょっと内気で女の子と遊ぶことが苦手だというだけの若い男の子を紹介しても、ただほんの少し、子どものような口げんかをしただけですぐにポイしてしまう。」もちろん、ナウーの紹介したラフ女性と漢族男性のあいだにいかなる深刻な問題があったのかは知るよしもなく、ナウーの言う諸条件さえ満たしていれば夫婦関係に問題が起こらないという保障はどこにもない。しかし、以上のような嘆息は、漢族側とラフ女性側に頼まれて遠隔地婚出の紹介をしたことのあるラフ女性たちの共通した見解と見てよい。このような意見はP村でも聞かれ、「漢族男性は、最近はラフ女性を欲しがらない」という話すら聞かれるようになっている。その理由は、ラフ女性が「ポイばかりする」からだという。つまり、ラフ村落においては「ヘパのくに」へポイばかりする存在と見なされ、漢族社会においても「ポイばかりする」存在だと見なされているということになる。わたしの調査が終わったのちでも、P村近隣の女性が「ヘパとポイした」という知らせは断続的に聞かれている。しかし、このような里帰りとも逃げ帰りともつかない行動が頻発するにつれて、遠隔地婚出は若いラフ女性にとって一度きりの片道切符ではなく、もし嫌になれば何らかの手段を講じて放棄すればよいものへと変化しつつある。

4　逡巡から、頻繁な心変わりへ

本章では、遠隔地婚出を行った女性たちに焦点を当て、彼女たちの婚出先の生活と、そこで生まれる様々な葛藤や逡巡を見てきた。一九八〇年代後半以来、遠隔地婚出を行うことが女性たちにとって魅力的な選択肢として登場し、ラフ女性たちの「ヘパのくに」への大きな憧れを生みだしていた。ナロやナヨの語るように、「当時は婚出さえすれば良い生活を送ることができると思っていた」と多くの女性たちが語る。これは、馬の指摘するように、漢族との接触の増加に伴って、ラフの後進性と漢族の先進性とを対置させるような考え方が膨張していったことを示している [Ma 2013]。馬は、調査当時、「村を離れる方が幸せになれる」と多くの者が考えていたとさえ述べる。[ibid: 137]。

ところが、婚出先の生活は、彼女たちの思ったようにはいかないことがほとんどである。農村地域のなかでも特に貧しい男性のもとに婚出したナロの「どこにいても同じだ」という発言や、夫が出稼ぎで不在のまま、夫の生家で農業を行い続けるナヨの「結婚するのが早すぎた」という後悔からは、多くの女性たちが婚出後に落胆を経験することを示している。「〝一般〟の男と結婚するのは嫌だった」として素晴らしい結婚を果たしたはずのナウーもまた、「子どものことが可愛いからここに残っているだけだ」と語り、瀾滄県での暮らしの可能性を探りつつある。このような落胆は、諸仲介者らが語る漢族地域のイメージが過度に誇張されたものであることに起因している可能性を感じさせるものの、夫の出身地域を一度も訪れたことのない状態で行われる結婚であれば多かれ少なかれ起こる落胆であるとも言える。

地域間経済格差に根ざした国際結婚においては、移動後に女性の経済的基盤が大きく向上し、生家とのあいだに仕送りを通じた関係が築かれることを多くの研究が指摘しているが[14]［Suzuki 2005; ベランジェほか 二〇一二; Tosakul 2012］、ラフ女性たちの生活は、遠隔地婚出によって経済的に大きく向上するわけではなく、安定的な生家への送金は叶わないことがほとんどである。そのようなラフ女性たちにとって、夫とともに一生を過ごすのか、それとも生家に戻って新たな生活を模索するのか、という葛藤は何らかの契機に幾度も想起され、思い悩ませられることのようであった。特に、近年では瀾滄県において県政府による貧困対策や様々な保障などが進みつつあることが耳に入るにつれ、経済的上昇を目論んで生家から離れたという女性たちの行為の正当性は揺らいでいく。

それらの落胆が、生家や他地域での新たな生活への欲求にまで至るかどうかは、婚後の生活がラフ社会とほぼ隔絶された状態であるか、身の回りにラフ女性が多く居住して様々な情報を得られる環境があるかどうかに関わっていた。P村出身のラフ女性が集住する安徽省では、他のラフ女性の生活状況などの情報がしばしば交換され、また頻繁に里帰りの契機が創出されていた。婚出先におけるラフ女性の集住は、女性たちが直面する様々な困難を緩和するという効果を持ちつつも、一方で他地域の女性たちのあいだで互いの境遇を見比べ、逡巡を促す要因にもなっている。

里帰りは、さらに女性たちの逡巡を促進させる事態に繋がることがある。それが未婚のラフ男性たちの存在である。

ラフ男性が里帰り中の女性に新たな生活の可能性を囁くことによって、女性たちの逡巡はより一層大きくなる。ラフのあいだには「メチョマ *meh chaw ma*（夫との死別や離婚などを経た女性）」という言い方があり、メチョマは本来未婚男性の結婚相手としてはふさわしくないものと考えられている。P村の四〇代の男性は、「俺たちの時代は、よその男と結婚したことのある女性などに見向きもしなかった」と語るが、このようなことは、ヨメ不足にあえぐ未婚のラフ男性たちの耳には空虚に響くようであった。

また、里帰り中の女性たちにしてみれば、婚出先でも裕福とは言えない生活を送るなかで、必ずしもラフの貧困さと漢族の富裕さという対比は自明ではなくなっている。また、漢族地域の婚出先では夫の親族に囲まれ、身を守ってくれる妻方親族のいない環境で過ごしている彼女たちにとって、〝オヴィオニ（キョウダイ、近しい親族）〟のいる地域での暮らしはより安心感の持てるものと捉えられているようであった。第4章で触れた帰村女性のナム（事例9）は、「今はこうしてオヴィオニのいるところで、母とも遠くないところにいられるから心配ごとが少ない」とわたしに語ってくれたことがある。また、本章の事例19のサンメイが、「年老いてオヴィオニもいないところで死ぬのかを考えると怖くなる」と語ることも、このようなオヴィオニの持つ安心感に起因すると言える。ラフが、双系的な親族関係のひろがりのなかで通婚を行ってきたこと、また、結婚後の夫婦が男女双方の父母と密接な関係を持つことを考えれば、遠隔地婚出における生家と女性との断絶は、女性たちにとって後ろ盾の消失を意味する。漢族夫との関係に問題を抱えたとき、女性たちにとって里帰り中の生家での安心感は大きな魅力となる。特に、本章で取り上げた女性たちの多くが、二〇〇〇年代前後にヨメ探し漢族男性の来訪の末に婚出しており、その際に生家の父母に対して金銭が支払われ、生家の家族とのあいだに大きな関係の断絶を経ていないこともまた、このような生家での逡巡を可能にしていると言える。

もっとも、ラフ夫の暴力に耐えかねて遠隔地婚出を行った冒頭の事例14のナロなどのように、P村において「ヘパとポイした」と語られるような女性たちには、逡巡する余地はあまり残されていない。たとえ生家に戻っても、前夫の親族らがそう遠くないところに住んでいるからである。このような状態でありながら、漢族夫との関係に問題を抱えて戻ってきた女性たちのなかには、生家にも長くは住まず、知り合いの出稼ぎ先を転々として暮らす者もいるようであった。

註

（1）本章の事例では、語りのみを中心に取り上げた他章での事例とは異なり、女性の暮らしそのものを提示する形式を取る。そのため、他章のような事例への網かけは行わない。

（2）二〇一〇年に、「非誠無憂」を含む娯楽メディアに対する政府からの規制がかかり、物質主義の強調や乱れた風潮を正すようにという要請によって番組の改編が行われ、二〇一〇年七月一七日、二五日、八月一日には出稼ぎ者向けの特集が組まれている。［百度百科「非誠無憂」ホームページより］

（3）このような、村での農業のあり方と出稼ぎとの関わりは、管見の限りこの地域に住んでいる一般的な女性の生活と大差ないようであった。また、夫婦ともに出稼ぎに行くのではなく、女性が村に残っている場合には、落花生などの商品作物を栽培している家庭が多かった。商品作物の導入と女性の農業における地位向上との関わりについては、［韓　一九九七：二〇〇七］を参照のこと。

（4）中国の一部の地域では、出産規定人数を出産した女性に対して輸卵管結紮手術が行われている。雲南省瀾滄県では、一時ほぼ義務づけられていたが、ナロは二児の出産後も手術を行っていなかった。

（5）漢族男性らが支払ったこれらの金銭は、ナロたちを河南省に連れてきた仲介者の手に渡ったものと思われるが、ナロらを住まわせていた家のラフ女性も金銭を受け取っていたのかは定かではない。

（6）P村の人々は、娘や親戚の遠隔地婚出先の地名をきちんと覚えていないことが多く、単に「ヘパのくに」と言うか、あるいは広東、安徽など省レベルまでしか記憶していない。

（7）一畝＝約六・六七アール

（8）このように、娘の遠隔地婚出後、娘の婚出先を訪れた経験を持つ親はP村に複数いる。

（9）ラフの村では、雲南省外の漢族男性をさして「老外地」という表現をすることは管見の限りなく、すべて「ヘパ」と呼ばれていた。彼女は小さな頃から学校教育を受けていて漢語の影響が強いことからこのような表現を用いたのだと思われる。

（10）P村の近くには一九九六年ごろにアヘン中毒者収容所が建設され、そこの警備員として腕力に自信のあるあちこちの若い男性が出入りし、P村のラフ女性の憧れの恋愛対象だった。

（11）戸籍簿よりも利便性の高い、個人携帯型のIDカード。近年では、従来戸籍簿がなくてはできなかった様々な書類手続きがこの身分証によって代替可能になりつつある。詳細は第3章1節、第6章2節を参照。

（12）国際結婚における親族認識の違いによって起こる送金を巡るトラブルについては、横田や譚らにも報告がある［横田 二〇〇七；譚ほか 二〇〇三］。
（13）老板とは、店舗経営者、オーナーなど、雇われの身ではないことを指す。日本語で「大将」や「ボス」といったニュアンスで用いられる。
（14）もっとも、このような経済的な上昇は常に保障されているわけではなく、実際には苦しい生活を送りながらも、生家からの期待に応えるために苦労して仕送りを捻出する女性たちの姿も指摘されている［Suzuki 2005; 横田 二〇〇八］。

第6章
女性の属する家はどこか

ラフ女性の遠隔地婚出と、その後の頻繁な里帰りや心変わりは、ラフの結婚や家の観念そのものに大きな変化を迫っている。ラフにとって、人は魂によって家とつながっているとされる。家はさまざまな儀礼の行われる場であり、人の心身の健康を維持する上で重要な役割を持つ。写真は、祖先に供犠する食物を供えるために、村外の道ばたに作られた儀礼用の家屋。このような儀礼の担い手が誰か、という問題もまた、女性の帰属先があいまいになるにつれて議論を呼ぶようになっている。

先に紹介した「非誠無憂」というテレビ番組ほどではないにせよ、人口の男女比の均衡が崩れるなか、女性たちが男性を選ぶことができるという想像力は中国において広がっている。ラフ女性たちもまた、漢族地域のヨメ不足とラフ地域のヨメ不足とのあいだでより魅力的な選択肢を考えあぐねる余地が生まれている。しかし、それは結果として、女性たちの結婚という立ち位置を不明確にし、周囲の人々にとって女性の立場や所在はよく分からないものとなりつつある。

前章では、遠隔地婚出を行う女性たち自身の語りやふるまいに目を向け、女性たちの結婚に対する逡巡や、最終的な自らの居場所を定めきれずに里帰りを繰り返す様子を見てきた。本章では、再びラフの村に目を移し、そのような女性たちの行動が女性の送り出し社会であるP村に与える諸変化を見ていくことにする。

遠隔地婚出の進展とともに、女性の行為の意図や原因、その後の人生についての彼女たちのヴィジョンは、周囲の人々にとって理解の困難なものとなりつつある。一九八〇年代までは考えられなかったような遠距離への婚出や、その後引き起こされる帰村などの女性の頻繁な移動によって、ラフの村落におけるラフ女性の存在はいわば周囲から異化されたものになりつつある。このような状態を、村人たちはしばしば女性たちの「乱れ *lua ve*」という言葉で表現する。「乱 luan」という漢語の借用であるこの表現は、女性だけでなく若者の奔放な振る舞いを指す言葉だが、ラフ女性たちを集合的に形容する場合には主に女性たちの頻繁な移動や心変わりを指す。例えば、P村で最も高齢で、最も信頼される呪医モーパである男性は、「最近のラフ女性は大変乱れており、誰と結婚しているとも言えないのだよ *Chi hui Lahu ma lua ja leh, a shu geh hui ce ka k'o ma la ve yo*」と笑い混じりにわたしに語ったことがある。

このような女性の「乱」れの指摘には、二つの方向性があると考えられる。ひとつは、規範や秩序に準じず好き勝手にふるまうことに対するものである。ここには性的放縦も含まれている。そしてもうひとつは、「みだりに、むやみに」という副詞的な用法で、後先を考えずに何らかの行動を取ることの指摘である。前者は先の呪医モーパの語りのような用法を指し、後者は、「最近の娘はやたらと出歩くから、わたしは娘の戸籍を持って行かせない *Chi hui ya mi lua to hk'e leh nga ya mi ve hu ku ma yu k'e zi*」といった表現があてはまる。この「乱」という漢語の借用がいつ頃から起こったのかは定かではないが、基本的に若者の行動を指して用いられる言葉である。その意味で、この言葉には、若者の行動を契機として顕在化する村の秩序が対置されている。

このように、遠隔地結婚の増加とともに、女性の意図が不明なものになるなかで、P村において様々な論議を呼び起こしているのが、女性の「居場所 *cheh kui*」はどこか、という問題である。ラフにとって、家とは社会の秩序を成り立たせる基礎的な単位であり、人は結婚してそれぞれの家を持つことによって一人前と見なされ、それぞれの家の秩序の担い手となる。しかし、遠隔地婚出をめぐる女性たちの逡巡のなかで、女性の既婚状態／未婚状態の区分や女性の属する家はあいまいになり、それをめぐって女性の親や村の未婚のラフ男性らによる様々な交渉が行われている。

ラフ語の「居場所 *cheh kui*」という言葉に用いられている動詞「居る *cheh ve*」とは、辞書では「存在すること、生きていること (to be present, to be alive)」という訳が当てられている。P村において、「居る」という動詞は、ただそこにいることを指す場合も多いが、「あなたはどこに居るのか *naw hk'a cheh ve leh?*」という問いに対しては、住んでいる家のある場所を答えることが普通である。そして、このような「居る」という言葉は、遠隔地婚出女性に関しては婚出先を指すことが多く、里帰り中の女性を指して「彼女はここには居ない、ただ帰ってきただけ *yaw cho ma cheh, hk'a leh hk'aw la ve ceh yo*」という表現がなされることがある。また、例えば結婚して夫宅に住みに行くようになった女性が頻繁に生家に戻ってくるような際に、父母が「もうあなたの居場所は向こうなのだから、あまり帰ってきてはいけない *naw cheh kui-o pa-o yo leh chi na ta hk'aw la*」と語ったりする。ここからは、単に身体の居場所のみならず、その者のいるべき場所、属していると見なされている場所を指す表現として「居場所 *cheh kui*」や「居る *cheh ve*」という言葉が用いられていることが分かる。しかし、女性の葛藤や逡巡のなかで、「彼女はどこに居るつもりなのか何とも言えない *yaw hka' cheh tu ve ka k'o ma la*」と言われることも増えつつある。

本章では、そのような女性の居場所をめぐる交渉を、交渉の的となっている諸要素ごとに見ていくことにする。まず、結婚に伴って生家から婚家に移動すると言われる「炉の魂」をめぐる交渉から、遠隔地結婚において、婚出女性の父母らが娘の所属の変化をいかに理解しているのか、という問題を見る。ラフによれば、人はすべて魂によってその者の属する家とつながっているが、結婚に際してこの魂が婚家へ移動すると言われる。そのため、この魂の移動をめぐる判断は、遠隔地結婚によって女性の属する家が生家から婚家へうつったと見なすのか否か、という問題だと言い換えることができる。このような女性の所属の変更に伴う魂の移動という観念は、漢族男性側には共有されておらず、あくまでもラフ女性自身やその父母による解釈となる。それに対して、女性の属する家を判断する材料のひとつとして、漢族男性側とラフ女性の父母のあいだで重要かつ実際的な拘束力を持つツールとして、女性の戸籍の登録がより存在感を増して立ち現れていることを示す。

次に、このような遠隔地婚出に伴う女性の居場所の不透明性は、村で暮らす若いラフ女性にも波及していることに着目する。近年では、村に暮らす若い未婚のラフ女性の結婚の選択肢が増え、その逆にラフ男性の結婚の選択肢は減少している。そのため、ラフ男性らはラフ女性を確実に自らの妻とするために様々な対策を採ろうとしている。そのなかで、従来ラフの未婚者と既婚者を隔てていた村／家の空間秩序における性規範への逸脱が起こっている。そのような性規範からの逸脱は、未婚男女の「乱れ」として非難の対象となるため、そのような非難を避けて確実に結婚を成り立たせるために、結婚証が有効なものと見なされるようになってきていることを指摘する。

炉の魂、戸籍、結婚証という複数の要素によって、ラフ女性の属する家が生家なのか婚家なのか、それともどこに属しているのか、ということが周囲の人々によって交渉されるなかで、女性は複数の要素によって多地域的に配置されることになる。本章では、それらの要素の配置をめぐる判断がラフの人格観念に基づいており、その交渉のなかでこれらの要素がラフの秩序を規定するようになっていることを論ずる。

1　父母にとっての遠隔地婚出女性の所在

結婚は、ラフにとって人を一人前にする唯一の契機であり、父母の家から出て新たな家を形成する契機である。ラフの村落では、結婚した男女は双方の親に対する一定期間の労働奉仕ののち、二人で家を建設して独立し、家神の祭壇を配した家屋のなかでともに家の秩序を成り立たせていく。ところが、近年の遠隔地婚出女性たちの逡巡や結婚状態の不安定性は、娘がどの家に属しているのかという位置づけをめぐって親たちに混乱をもたらしている。以下では、このような娘の逡巡に対する父母の苦悩と配慮、そして、娘たちの所属を了解可能なものとして把握するために娘に対して行う対処を描く。具体的には、ふたつの一見異なる事象を取り扱う。ひとつは、ラフにとって人の家への所属が表面化する場面である、魂に関する実践である。ラフにとって、人は魂によって本来その者の属する家の炉に据えられている。そしてその魂は、結婚を契機に生家から婚家へと移動する。そのような魂の移動が遠隔地婚出においても行われたかどうかの判断が行われる儀礼の場に着目することで、遠隔地婚出女性の所属が生家の家族にとってどこにあると見なされているのかが分かる。もうひとつは、世帯を区切り、人を土地に所属させるツールである戸籍登録をめぐる交渉である。

両者は異なるものでありながら、人の所属する場を示すという点で類似している。なかでも戸籍登録は、具体的に女性の所属を法的に示し、女性の行動に対する拘束力を持つものとして重要になりつつある。

わたしが両者をこのように併置して論じるのは、P村において遠隔地婚出についての聞き取りを行っていた際に、戸籍と魂についての興味深い比喩を耳にしたことに端を発する。すなわち、遠隔地婚出女性が戸籍を漢族夫の側に置いたまま生家に逃げ帰ってくるのは、「ただ身体だけここに居て、魂はここに居ないようなものだ」と説明してくれたある男性の発言である。後述するように、身体と魂の離反状態は人の心身に不調をきたす脆弱な状況であるが、戸籍の登録地と身体との離反もまた、このような脆弱な状況であることをこの発言は示している。中国において、戸籍は人を世帯ごとに管理するものであり、戸籍の登録地と人は不可分に結びついている。様々な法的サービス（医療保険や土地請負権、学費割引など）の享受や行政書類（出生証、結婚証、離婚証など）の作成手続きは戸籍の登録地でしか行うことができず、その意味で、人は戸籍によって土地に縛られている。上述のような戸籍と魂とを並べる比喩は、ラフにとって頻繁に語られるものとはいえないが、それでも魂と戸籍を類似したものとして扱いうるものであること自体が本章において重要な意味を持っている。

1　ラフにおける家と人との結びつき

第2章で述べたように、ラフ語には「家族」という言葉は存在せず、唯一家族と翻訳しうる言葉は「ひとつの家の人間 *te yeh chaw*」という言い方である。この「ひとつの家の人間」は、一軒（*te g'u* あるいは *te yeh*）の家に住み、家計を同じくする人を指すため、世帯とも訳しうる。(1)「ひとつの家の人間」は、農作業における互酬的な労働交換の単位であり、儀礼が行われる単位であり、また、会議に参加する際に代表者を出す単位でもある、最も基本的な社会単位である。すべての人間にはそれぞれの属する家があり、各家の家神の祭壇は、その家の家長である夫婦二人で管理するものとされ、家のなかは男女がひと組となって秩序を維持する空間である。未婚の子らは、両親の維持する庇護された空間のなかで暮らし、結婚ののち数日から数年の労働奉仕を経て、それぞれの家を建てて独立していくことになる。本節では、まずラフにおける家と人との結びつきについて見ていくことにする。

■身体と複数の魂

ラフにとって、人は家とのあいだに「魂 *aw ha*」に基づく関係がある。家に対する魂を通じた所属関係は、ラフにとって健康や生命そのものを左右する最も重要かつ基本的な関係である(2)。

ラフの人々によれば、人は複数の魂を持っているという。一人の人間が持つ魂の数については見解にばらつきが大きく、「人間の魂はいくつあるか」と尋ねると、「知らない」という答えが返ってくることがほとんどである。人によっては二つ、あるいは三つと答える人もいる。しかし、魂の数自体に統一見解は見られないものの(3)、魂には二種類あり、一種類は身体のなかに、もう一種類は家の炉にある(以下、便宜的に「身体の魂」と「炉の魂」と呼ぶ(4))という答えが共通して聞かれる。わたしのホストファミリーの説明によると、「魂は身体のなかと、炉のなかにあって、身体のなかにある魂のうち、やんちゃな(*hk'o ve*)方はしばしば身体から飛び出すのだ」ということである。身体に住む「やんちゃ者」の魂は、驚きや恐怖、好奇心や誰かへの強い愛着などを感じた際に身体から容易に飛び出してしまい、身体に不調をきたすため、魂を呼び戻す手続きを行わなくてはならない。一方、家の炉にいる「炉の魂」は、「身体の魂」とは異なり、ほとんど動くことがなく常に家の炉のなかにいるのだという。子どもが戯れに炉の火を棒きれなどでつつくと、その家の人が病気になるからやめろとたしなめられるのは、その家の成員の魂を「突き殺し *ju peh ve*」てしまうことを危惧するからである。これらの複数の魂は、人の健康や生命を維持する上で非常に重要なものであり、それを正しい場所に配置するための様々な手続きが存在する。なかでも、人が属する家は、魂を正しい場所に配置する手続きにおいて不可欠の空間である。

■招魂

人は、身体から「身体の魂」が離反すると体調不良に陥り、さらにその者の「炉の魂」が炉から離反してしまえば死んでしまう。そのため、人が不調に陥ると、呪医モーパを呼んで原因究明の診断が行われる。不調の原因には、魂の身体からの離反の他に、「ネ」と呼ばれる自然界の様々な精霊が「咬みついた *che ve*」ため、あるいは「死のくに *suh muhmi*」に住む先祖からの捧げものの要求など、様々な理由が考えられるが、それらと魂の離反は同時に発生することも多く、しばしば「身体の魂」を呼び戻す手続きが必要になる。病人の身体から抜け出した魂は、呪医モーパの導きによって家屋へと呼び戻される。

ラフの招魂には二種類あり、それぞれ「小さい魂を呼び戻す *ha yeh hk'o ve*」と「大きい魂を呼び戻す *ha lon ma hk'o*」と呼ばれる[(5)]。両者の違いは、身体から抜け出た魂がどこにいるかに基づく。もし魂が野原をさまよっているのであれば、「小さい魂を呼び戻す（以下、小さい招魂）」手続きが採られる。それに対し、魂が「死のくに」にまで到達してしまっている場合は、「大きい魂を呼び戻す（以下、大きい招魂）」が必要となる。招魂には必ず鶏が用意され、鶏の魂と人の魂を「交換する *pa ve*」ことが試みられる。「小さい招魂」は、通常一羽の鶏と二対の線香が用いられ、手続き自体も三〇分ほどで終わるのに対し、「大きい招魂」は治療の必要な人の家に二人の呪医が招かれ、夕方から明け方に至るまで一晩中長い唱えごとがなされる。そして、後者の場合は、病人である当人だけではなくその家に暮らす家族の成員全員の魂を呼び戻すため、人数分の鶏と多量の線香を要する大がかりな手続きが必要となる。「小さい招魂」が不調に際していつでも個別に行われるのに対し、「大きい招魂」は規模が大きくコストがかかるため、農閑期である農暦八月か一〇月にのみ行われる[(6)]。

まず、「小さい招魂」について簡単に説明する。通常は、夕暮れに、病人の家に面した道端で手続きが開始される。呪医モーパが道端の地面に線香を挿し、そこに病人の衣服、糸、米、あれば銀製の腕輪などを入れたかごを置き、そのかごのなかに魂を呼び込む唱えごとを行う。ときには、かごのなかに木の枝で作った小さなハシゴが添えられ、魂が入ってきやすいようにされる。唱え言の最中、モーパはずっと生きた鶏を一羽携えている。そして、唱えごとののち、呼び戻された魂が入ったとされるそのかごを持って家にもどり、病人の寝室にかごを安置する。さきほど携えていた生きた鶏の尾を炉の火であぶって病人の身体にこすりつけ[7]、その後、そのかごのなかに置かれていた糸を病人の手首に結ぶことによって、病人の身体と魂は再びひとつになる。交通事故など、魂が身体から離反した場所が特定できる場合は、家の道端ではなく事故現場まで赴いて魂を呼び戻すこともあるが、最終的には呼び戻した魂を家に持ち帰り、安置する手続きが必須である。その後、鶏は屠られて食べられ、その大腿骨を用いて招魂が成功したかどうかの診断が行われる。

一方、「大きい招魂」は、「小さい招魂」とはその規模が全く異なる。たいてい食後の夕暮れから始まるこの「大きい招魂」の中核となる手続きは、病人の家から「死のくに」に至るまでの長い道のりが、二人のモーパによって唱えあげられることである。まず、家神の祭壇の前に四角い竹編みのテーブル（*hpui law*）を用意し、その下に供犠用の複数の鶏が囲われる。テーブルの上には上述の「小さい招魂」で用いたのと同じかごが配置される。家神の祭壇に蝋燭を点し、二人のモーパが輪唱のように「死のくに」までの道のりを唱え始める。病人の家の前の道、毎日通う野良の畑から、近隣の具体的な山々の地名を辿り、遠くの市場を越えて、徐々に伝説上の地名へと移行していく。そうして様々な木々や草原、生と死を分かつ川のそばを通って「死のくに」の門に到達すると、そこに居る「死の王 *sub jaw maw*」と交渉して中に入らせてもらう[8]。そうして先祖の家にたどり着き、彼らに請うて家族の魂を連れ戻るのである。唱えごとの合間にラフの長唄「カムコ *k'a mui hkaw*」のような形式を挟むため、この大きい招魂は「歌を歌い、魂を呼ぶ（カムハコ *k'a mui ha hk'o*）」という名でも呼ばれる。「死のくに」の住人から家族の魂を引っ張り戻すために、できるだけ多くの人間がこ

大きい招魂の場合、小さい招魂で用いるかごが四角い竹編みのテーブルの上に置かれる。テーブルの下には、家族の成員の人数分の鶏と、招魂の交渉を行う対象となる死んだ祖先のための鶏が囲われ、その数は一〇羽を超えることもある。

上：大きな招魂のために用意される鶏。男性の魂を呼ぶ際には雌鶏、女性の魂を呼ぶ際には雄鶏が良いとされる。
下：大きな招魂の様子。

の招魂に参加するべきだと言われ、家のなかに魂が戻ってくる最後の部分では、魂が再び外に出られないように、開け放たれた扉の前がいっぱいに人で満たされているべきだとされる。これは、「小さい招魂」がたいてい呪医モーパと病人、病人の家族のみによって執り行われるのとは対照的である。その翌朝、すべての鶏は屠られて共食され、それぞれの大腿骨を用いて招魂が成功したかどうかの診断が行われる。

「大きい招魂」においては死のくにの住人との交渉が必須であるが、その交渉役を主催できるのは、自らの親の少なくとも片方がすでに「死のくに」にいる者だけである。そのため、両親が健在であれば、子は両親の主催するものに参加させてもらうか、あるいは「小さな招魂」を行うのみとなる。魂が「死のくに」にまで到達してしまう大きな理由は、死者との密接な関係や死者に対する強い思慕の念であるため、両親が存命である若者は死者に対して強い思いを抱くことがあまりないために主催しないのかもしれない。「小さな子には〝大きい招魂〟はしない」という言葉からも、そのことが推察される。

これら二種類の招魂において、病人の身体から抜け出した魂は呪医モーパの導きによってまず炉に帰ってくると言われる。「炉にはその者の魂があるので炉に帰って来やすい」のだそうである。モーパが「○○（病人の名前）の魂は帰ってきたか？」と大声で尋ね、その場にいる者たちが「帰ってきた！」と叫び、そうして魂は家の内部に帰ってくる。その後、モーパは炉に帰ってきた魂を再度病人の寝室に呼び込むべく、かごを持って病人の寝室に入り、唱えごとを行ったのち、かごのなかに入っていた糸を病人の手首に結びつける手続きを取ってすべては完了である。

以上のような、招魂という実践から読み取れるのは、しばしば動き回る「身体の魂」の操作可能性と、常に炉に据えられている「炉の魂」の操作不可能性である。「やんちゃ者」である身体の魂はしばしば興味の赴くままに動き回り、魂の身体からの離反は自らの意識すら及ばない現象である。[9] これを呼び戻すためには、身体から抜け出た「身体の魂」を、家屋の炉にいて滅多に動くことのない「炉の魂」のところへと呼び戻してやらねばならない。招魂によって連れ戻され

夜通し行われた大きな招魂の翌朝、たくさんの鶏は屠られる。それぞれの大腿骨を用いた卜占を行って、家族の成員それぞれの魂が無事帰ってきたかを見る。

鶏はすべて調理され、参加者全員で共食する。

た「身体の魂」は、まず炉端に寄りつくという指摘もある［張 二〇〇八：一二二］。この点において、「身体の魂」を呼び戻すためには「炉の魂」の住まう炉の存在が不可欠であり、人は魂において炉および家と結びつけられているといえる。「炉の魂」は、いわば動き回る「身体の魂」をつなぎとめる錨のような位置づけにある。炉は、日々煮炊きをし、家の成員が栄養を摂取するという重要な場であるだけでなく、まさに魂の住みかであるという点において、人間の健康や生命の維持にとって重要なのである。

招魂から分かる人と家との結びつきを考える上で次に重要なのは、「大きい招魂」が家の成員全員の魂を呼び戻す点である。病人のみならず家の成員全員の魂を呼び戻すため、その代償として人数分の鶏が用意されるが、それはつまり、用意される鶏の数を見ればその家の成員の数が分かるということである。そして、特に近年の重要な特徴として、就学や出稼ぎなどで実際にはその家に居住していない成員のための鶏も用意され、名が呼び上げられるということがしばしば起こっている。身体は遠く離れているこれらの成員について、「彼の家（アコ *a hkaw*）はここであり、彼の魂はここの炉に居るから」という説明がなされる。家から遠く隔たった場所にいる出稼ぎ者たちは、儀礼のためにわざわざ家に帰ってくることが難しいため、出稼ぎ者に対する招魂は遠隔操作的に行われることが多い。不在者の体調を診断するために、家の成員の体調を示すなんらかの徴候が現れるとされる家の貯蔵米や、不在者の身体にこすりつけておいた卵などを用いて呪医モーパによる診断が行われる。そして、不調の理由が魂の身体からの離反であると判断された場合には、生家において出稼ぎ者の服が用意され、それを本人に見立てて手続きが行われる。儀礼が終わったあとには、魂と身体をつなぎ止めるために結ぶ糸を出稼ぎ者の衣服に巻き付け、出稼ぎ者が帰ってくるまで保管しておかれる。出稼ぎ者は、帰宅後にその糸を自らの手首に結びかえるのである。

そのように、家の成員であれば身体が不在でも招魂が行われうる一方で、居候をして一ヶ月以上も住み込んでいる者であっても、その者の魂はその家の「大きい招魂」で呼ばれることはない。つまり、招魂の手続きを見ることによって、その家屋に住む人物のうち誰が家の成員と見なされているのか、ということが見て取れるのである。病院での治療が普及し、注射の効力を信頼していても、「ラフはオリ（やり方、慣習）が大きく、ネ（精霊）が咬んでいると、たとえ注射をしても薬液がきちんと血管のなかに入っていかない」と言われ、近代医療と「ラフのやり方」の双方を行うことの重要性が語られる。そして、より迅速かつ効果的に病人の健康を回復させるため、病人が病院で治療中に、家でも同時並行的に儀礼を行うということがしばしば見られる。病人の身体、魂、衣服、米、卵などの諸要素は、治病のために、それぞれ別の場所で同時にはたらきかけられることになるが、このような身体不在の状態での遠隔的な治病手続きは、その者の「炉の魂」が家の炉にあるからこそ可能であり、「炉の魂」の住まう家を中心として行われる。

以上のことから、人の魂と家との関係について整理してみよう。家神の祭壇を供えた家には、その家の成員たちの「炉の魂」が住まう。「炉の魂」は、人がそこに長らく居住し、その炉の食べ物を食べることによってそこに「居るようになる *che la ve*」と言われるが、「炉の魂」へのはたらきかけは、炉と家神の祭壇という場所が用意されてはじめて行われうる。様々な興味関心や感情のままに身体から抜け出うる可能性のある「身体の魂」を適切に体内に留め、健康な生活を送るために、各自の属する家の炉にある魂が重要な役目を果たしているのである。

2 「炉の魂」の移動の契機としての結婚

ここまで見てきたように、人は、魂においてその者が属する家と強く結びついている。炉に住むその者の魂はほとんど動くことがないとされ、「炉の魂」の炉からの離反は人の死を意味する。このように、日常的に不動である「炉の魂」であるが、それが異なる炉に移動すると考えられる大きな契機のひとつが結婚である。[10] 吉野は、ラフと同じく西南中国から東南アジア大陸部山地に居住する焼畑耕作民ユーミエンにおいて、ヨメやムコを家のなかに「入れる」手続きや「出す」手続きがあることを詳細に描いている［吉野 二〇一三］。ラフにはこのような体系的かつ明示的な手続きは見られないが、人の所在を示す「炉の魂」のありかが結婚による居住地の変更に伴って変化することが、儀礼実践を通して見て取れる。

結婚は、カムコと呼ばれる長唄で用いられる古ラフ語では「家と炉を探す *yeh ca k'a ca*」と呼ばれる。また、離婚は「家と炉を割る *yeh hpa k'a hpa*」と表現される。字義通りに捉えれば、結婚はまさに従来の家から新たな家を探し、そこに移り住む契機であると言えるだろう。

ラフの人々がしばしば語る理想的な婚後の居住形態は、結婚ののち、双方の父母の家に一定期間の労働奉仕をするというものである。ラフの「オリ（慣習）」によれば、理想的にはまず夫が妻方に三年間居住して労働奉仕を行い、次に妻が夫方に三年間居住して労働奉仕を行い、それが済めば二人は独立して新たな家屋を建設することが可能になる。もっとも、このような説明は理念化されたものであり、実際にこのような形態を採っている者は現在では多くない。三年間の労働奉仕は、婚礼後の三日間をそれぞれの家で過ごすというかたちで代替されるようになっており、タイのラフにおいては、男性が婚礼の際に金銭を支払って、妻方での労働奉仕を省略してしまうこともあるという［片岡 二〇〇八：一三一－一三二］。労働奉仕を終えたのちに最終的に居住する場所は、双方の土地の広さや兄弟姉妹の人数などによって柔軟に決められ、妻方か夫方かにはっきりとした規範は存在しない。もっとも、中国においては、一人っ子政策によって少数民族の出産可能な子の数が二人に制限されているため、親の面倒を見る子どもはほぼ決まっており、労働奉仕と居住地の変更は近年ではほとんど見られない。女性が夫方に住みに行くという形態が採られることが多い傾向はあるが、バイクの普及に伴い両家間の移動が容易になっているため、居住地はどちらか一方に定めて、労働力が必要になると駆けつけるという形態が一般的である。

「身体の魂」を移動させるための手続きが煩雑であるのに対して、婚礼の際に「炉の魂」を生家から新たな家に移行させるような手続きが採られることはなく、「炉の魂は、あちらに住みにいったらそこに（身体と）ともに住み着くのだ」と語られる。ラフの人々自身が口にするように、「魂は目に見えない」ので、実際に魂の移動を確認することができるわけではない。しかし、「炉の魂」の位置がどこにあると見なされているのかは、招魂の儀礼実践から判断できる。

結婚に際する居住地の移動に伴って、たとえそれが限定された期間の労働奉仕に過ぎなくても、招魂はすべて当人の居住地で行われるようになる。妻方に居住しているときは、夫婦ともに妻方で招魂を行い、「大きい招魂」の場合も妻の父母の開催するものに参加することになる。これは、出稼ぎをしている場合にも同じく適用される。例えば、わたしの調査中の二〇一〇年、ある若夫婦が出稼ぎに出かけているときに妻が病気になった。その女性の父母は、娘の体調を心配し、招魂が必要だと判断したが、娘のために自ら招魂を行うことはなく、娘の夫の父母に対して招魂を行うよう提案するばかりであった。彼らによれば、「娘は現在彼ら（夫方）の家に居ることになっているのから」というのがその理由であった[11]。それは、夫の父母の方が妻の父母よりも年老いているために、この夫婦は結婚後夫の父母が亡くなるまでは夫方の家に住み、夫の父母の面倒を見る約束になっていたからであった。

ここから分かるように、結婚に伴って、「炉の魂」は移動する身体とともに移動していく。これは、身体が移動していながらも、身体には付随せず家に居続ける「炉の魂」のあり方とは対照的である。婚出した者は、すでに「家と炉を探しに行」ったのであるから、生家の炉には魂がなくなってしまう。もっとも、このようなことは婚出子と生家との断絶を意味しない。日常的な往来や、様々な食材の贈与、儀礼への参加などは絶えず行われ続け、また行うよう求められる。双系制であるラフ社会においては、結婚を契機として拡大する親族関係「オヴィオニ *aw vi aw nyi*（キョウダイ）」は双方向的に広がり、結婚後の居住地に関わりなく親と子の関わりは強い[12]。それでも、招魂をはじめとする儀礼の諸実践に目を向ければ、その所属は結婚して家を出たことを契機に明確に変化し、結婚後の居住先へと移動していくのである。

3　遠隔地婚出女性の魂の所在

それでは、このような魂の存在や魂と家との関係、結婚に伴う魂の移動といった観念を全く共有しない人々との間で起こる結婚においては、魂に対する扱いはどのように実践されるのだろうか。ここからは、遠隔地婚出を行ったラフ女性について論ずることにする。

上述したように、労働移動を行う出稼ぎ者に対しては、本人が不在の状態での遠隔操作的な招魂がしばしば行われる。このようなことが可能なのは、たとえ身体が遠く離れていても、彼らの魂のひとつが生家の炉にあると見なされているからである。しかし、遠隔地婚出女性は、出稼ぎ者と同じように「ヘパのくに」に住んでいても、出稼ぎ者とは事情が異なり、彼女たちの移動は単なる一時的移動ではなく、結婚に伴う移動である。わたしが調査中に直接参加・観察することのできた様々な治病儀礼は大小合わせて一二六回であったが、そのうち当事者不在の状態で行われた三〇回の遠隔儀礼のほぼすべてが出稼ぎ者か就学中の学生、あるいは病院に行っていて不在の者に対するものであったのに対して、遠隔地婚出女性に対しては一回を除いて行われなかった。このことについて呪医モーパに理由を尋ねると、「ヘパと行った女性は、結婚していったのだからここに居ないのだ」という答えが返ってきた。つまり、彼女はすでに婚出したために、生家の炉には彼女の魂はないということであった。

このような、出稼ぎ者と遠隔地婚出女性の魂の扱いに関する違いを考える上で重要な事例として、遠隔地婚出をした二人の娘を持つ親の事例を取り上げる。これは、「大きい招魂」を行う際に、二人の娘のうち片方の娘だけを参加させたというものである。

〈事例21　二人の娘ナロとナテーの父〉

第5章でも登場した姉妹、ナロとナテー[13]の父ジャティは、七〇代も半ばを過ぎ、二人の息子と三人の娘を持つ。長男は村でも数少ない大学卒業者で、近隣の町の小学校で教鞭を執っている。その下には三歳離れた長女ナロがおり、彼女は三キロメートルほど離れた地域にあるラフ男性のところに婚出して娘を二人もうけたのち、ラフ夫との関係に問題を抱えて河南省に「ポイ」し、漢族男性と再婚している。次女は、村内の幼なじみと結婚し、現在は父の家から五軒ほど離れた家に暮らしている、女性家長Mである。三女ナテーは、長男と一三歳離れており、就学期にはすでに長男が町で教鞭を執っていたため、町にある兄の家に住みながら学校に通ったのだそうだ。その後、出稼ぎを希望する若者を探しているという男性の紹介で広東に出稼ぎに行ったのち、知人のラフ女性から紹介された漢族男性と結婚した。末息子は、村内の女性と二〇〇九年に結婚し、二〇一一年まで二人で出稼ぎに行っていた。

さて、彼の娘たちのうち、漢族地域へと婚出してしまった長女ナロと三女ナテーは、父からすればどちらも「遠隔地婚出をした娘」だが、生家における両者の魂に対する対処は対照的である。すなわち、三女ナテーに対しては「大きな招魂」の際に名が連ねられるのに対して、長女ナロに対しては全く行われないという違いである。父によれば、それは二人の娘の「漢族と行った」経緯が異なるからだという。すなわち、長女は、最初に他村のラフ男性のところに婚出し、そこからさらに漢族のところへ行ったので、長女の魂はすでに一度ラフ夫のところに行き、そこからさらに「結婚していった」ことになる。そのため、すでに長女の魂は生家にはなく、招魂に参列させることもないという。しかし、三女は「ここに〝居て〟から行った」ために、招魂の際に名を呼ぶ、とのことであった。

つまり、長女は一度村外に婚出したために、彼女の魂は生家の炉には存在しないが、三女が家を出たのはあくまで出稼ぎであり、そのため彼女の魂はまだ生家の炉にあると見なされたのである。三女は、出稼ぎだと言って出かけたにもかかわらず、漢族男性と暮らしはじめたことが恥ずかしく、長らく親に連絡を取っていなかったため、親は彼女の不在を短期的な出稼ぎ移動だと考えて儀礼に参列させていたそうである。しかし、三女はその後二人の息子をもうけ、二〇〇六年に長女とともに里帰りをして両親に結婚の旨を伝えたため、父親はその後両者ともに招魂には参加させていない。つまり、結婚したことを親に告げてはじめて二人の娘は魂共々婚出したと見なされるに至ったのである。

この事例からは、女性の「炉の魂」が、遠隔地婚出をする場合においても通常の婚出と同様に婚出先に移動するものと考えられていることが分かる。しかし、三女ナテーの場合は、その長距離移動が果たして婚出なのか出稼ぎなのかが不明であったため、出稼ぎであると見なされるかぎりは「炉の魂」を生家にあるものとして取り扱い、結婚報告を受けてはじめて招魂を行わなくなるという判断がなされていた。長女ナロの魂について、ジャティは「もし魂を呼ぶ必要があるとすれば、以前結婚していたラフ夫宅でやるべきではないか」と述べたが、すでに破綻してしまった結婚相手に対してラフ夫が招魂を行うことは考えにくい。また、彼女の妹である女性家長Mは、「姉の炉の魂は、強いて言えばヘパ（漢族）のくににあるのではないか」と答えてくれたが、漢族地域ではラフと同様の招魂を行う習慣が存在しない（と少なくともラフの人々は考えている）ため、[14]現在では長女ナロの魂に対してはたらきかけを行うことのできる人や場はなくなってしまったことになる。

しかし、娘の遠隔地婚出に際する親の対応は、同じく瀾滄県内のラフ村落で一九九〇年代に調査を行った馬の報告と明確な対比をなしている。馬によれば、娘たちが遠隔地婚出したのちも、親は四六時中娘の招魂を行い、その魂を呼び続けるという[Ma 2013: 155]。P村においても、馬の事例と同じように、娘が婚出したのちも娘の招魂を行い続ける母親がいる。

〈事例22　娘ナヌーの魂を呼び続ける母〉

ナヌーは、里帰りとも逃げ帰りともつかない帰村を繰り返していた女性である（事例7、事例20）。ナヌーの父は、ナヌーの遠隔地婚出後に病死し、母は現在亡夫が建てた家に再婚相手の男性と二人で暮らしている。ナヌーは、二〇〇三年の婚出以来、二度の里帰りがあったそうである。

ナヌーの母は、家で「大きな招魂」を行う必要がある場合には常にナヌーの分の鶏も用意してやるのだという。本来であれば、ナヌーはすでに婚出しているため、生家で招魂をする必要はない。ところが、そのことを尋ねてみても、ナヌーの母は「それでもわたしはあの子にはやってあげるんだよ。かわいそうだからね。ヘパのくにでは魂を呼ぶこともないというし、向こうでもし魂が身体から抜け出してしまったらどうなるかと思って」と答えるばかりであった。

また、ナヌーの母がこのようなことを行う背景には、P村で「最も大きい」と言われる年配の呪医モーパの進言もかかわっている。招魂などの適切な手続きは、すべて呪医モーパに尋ねて行うものであり、その発言の影響力は大きい。P村で最も年配のモーパは常にナヌーの家で行われる諸儀礼の執行者であったが、彼は「子はすべて父母から生まれるのだから、父母のもとに魂を呼ぶのは間違っていないのだ」とわたしに語ってくれた。ところが、彼自身は、結婚して家を出て行った娘や息子たちに対して儀礼を行うことはない。わたしがそのことを指摘すると、モーパは笑いながら「そうだね、漢族とともに行った者にだけならやってあげてもいいのだよ。漢族はネ（ここでは諸儀礼の総称）をやらないから、どうしようもないからね」と語ってくれた。

このような、漢族のところへ婚出した娘に対する招魂の遠隔手続きを行うという選択は、結婚に伴う所属の変更よりも親子のつながりの方を重視する動きと見ることができる。実のところ、これは、P村内にいるその他五人のモーパの意見とは明確に異なる。遠隔地婚出女性に対する招魂の有無に関するわたしの質問に対し、彼らは「ヘパのところに結婚していった娘に対して何か儀礼をやってあげるなど、そもそも頼まれたこともないし、行うのは筋違いなのではないか」と答えた。このナヌーの例は、娘の健康を心配する母親が、発言権の強いモーパに後押しされた特殊なケースだと言えるだろう。

次は、遠隔地婚出を行った娘自身の選択である。

〈事例23　サンメイの里帰り〉

サンメイは、二〇〇二年に遠隔地婚出をした女性である（事例19）。彼女の婚出後、しばらくは携帯電話を通じて生家の兄との連絡が保たれ、里帰りも何度か繰り返していたそうだが、電話番号の変更により長らく音信不通になってしまっていた。しかし、サンメイが二〇一一年に娘を出産した際、出生証登録に必要である身分証を紛失してしまったために、親戚のラフ男性のつてを頼ってP村に居住する兄に電話をかけることになった。そうしてP村では再びサンメイの様子が知れることとなった。サンメイは、身分証の再登録と、生まれた子を親に見せる目的で、二〇一二年一月に里帰りをした。

サンメイの母親曰く、彼女の婚出後、生家でサンメイに対する儀礼が行われたことは一度もないという。つまり、彼女の「炉の魂」はすでにここにはないと見なされている。ところが、サンメイが娘を連れて里帰りをしたのち、生後一〇ヶ月ほどの娘の体調が芳しくなく、全身に発疹ができて薬を塗っても治らなくなった。サンメイの母親は心配し、呪医の診断手続きを知る夫に何のネが「咬んで」いるかの診断を行わせた。そして、身体から魂が抜け出ているのではないかと案じて招魂を行うことを提案した。ところが、サンメイはそれを拒否した。「わたしたちはただ帰ってきただけで、ずっとここにいるつもりがあるわけでもない。だからここに魂を呼ばない方がいいのではないか」というのがサンメイの意見だった。結局、サンメイの娘に対して招魂が行われることはなく、代わりにサンメイの母親が米を持ってきてサンメイの娘の身体にこすりつけ、それを投げ捨てるという処置が執られた。これは、身体の周囲に集まっているよくない精霊に対して、彼女本人ではなく米の方を咬むようにし向けて、それを投げ捨てるという手続きである。サンメイの生家付近は「古い村の場所」と呼ばれており、このような場所では良くない死を遂げた者が「メ *meh*」と呼ばれる精霊となって留まっているため、それらに咬まれたのではないかと心配してのことだった。米は儀礼の際に欠かせないものであり、人のよりしろとして用いられる。ここからは、サンメイの娘の魂が生家の炉には存在しないため、身体に直接はたらきかける処置しか行いえなかったことがうかがわれる。

その後、サンメイが良くない夢を何度も見るというので魂の身体からの離脱が疑われた際も、サンメイは母親の進言を断って招魂を行わなかったという。ここでも、やはり彼女の「炉の魂」は生家を離れているため、生家で儀礼を行うことは不適切だという判断がなされたことが分かる。

さて、これらの事例から何が読み取れるだろうか。まず、事例21のナロとナテーの父における、出稼ぎをした娘と婚出した娘に対する招魂の有無からは、遠隔地婚出女性の「炉の魂」が通常の結婚と同様に婚出先に移動すると見なされていることが確認できる。その一方で、事例22のナヌーの例からは、婚出という娘の立場よりも親子のつながりを重視し、婚出したのちも娘の招魂を行い続けるという判断が行われうることが分かる。事例23のサンメイは、娘の不調に際して招魂を行ってはどうかという母親の申し出を制して、婚出した女性自身が自分や娘の魂を生家で呼ぶのは適切でないという判断を下している。ここには、サンメイ自身の説明にあるように、「ずっとここにいるつもりがあるわけでもない。だからここに魂を呼ばない方がいいのではないか」という判断が見て取れる。

このような様々な判断が、何によって行われているのかを知るのは容易ではない。最初の事例のナロとナテーについては、わたしが見たかぎり、二人とも婚出先で比較的円満に暮らし、夫との関係に問題もなく、生家に逃げ帰ろうとは全く考えていないように感じられ、父ジャティはそのような娘の婚出先での状況を慮って招魂を行わなくなったようにも思われた。また、次の事例のナヌーについては、ナヌー自身が漢族夫との関係を継続するかどうかあやふやなところがあり、そのためにナヌーの母は娘への招魂を継続していたのかもしれない。事例23のサンメイは、実はこの里帰りの際に、漢族夫に対して電話口で「わたしはもうあなたのところへは戻らない」と一度宣言している。にもかかわらず、このように生家での招魂を拒み続けたのはなぜなのか。サンメイの気持ちは定かではないが、このように発言しつつも、サンメイ自身も逡巡のさなかにあったのかもしれない。事実、サンメイは漢族夫のすすめに従い、この三ヶ月ほど後に再び湖北省に戻っていった。

このような娘たちへの招魂をめぐる判断には、父母の娘への配慮や娘自身の気持ち、さらには招魂に必須である鶏が潤沢にあるかどうかや、呪医モーパとの相談による婚出女性の扱いについての解釈が関わっており、単純な因果関係では説明できない。また、それらの判断を曖昧にする大きな要素のひとつとして、サンメイの発言に見られるように、遠隔地婚出をして遠くにいる娘の招魂を父母がいつまでも生家で行い続けると、実は娘の体調をかえって悪化させるのではないかという危惧がある。遠隔地婚出女性の生活の拠点は基本的に嫁ぎ先の漢族地域であり、彼女らの里帰りは、頻度の高い女性であっても二、三年に一度である。そのような場合、父母によって生家に呼び戻された魂は、長期間身体に戻ることなく生家に留め置かれることになる。そのような状態が果たして女性の健康にとってよいものなのか、という問題については呪医モーパにも村人たちにも正確な答えはなく、たとえそれが子を思う親の行為であったとしても、そのような対処は招魂の手続きとして不適切なのではないか、と判断する人は多い。

結婚に伴う「炉の魂」の移動は、ラフ同士の結婚であれば、招魂を行う場所をめぐって女性の親と男性の親とのあいだで交渉することの可能なものだが、招魂の実践や結婚に伴う魂の移動というアイデアを共有しない漢族との結婚では交渉そのものがなりたたない。だからこそ、遠隔地婚出女性の「炉の魂」のありかは、通常の結婚のようにアプリオリに決定できるものではなく、複数の判断要素のあいだで揺れ動き、里帰りや治病の契機に親と子のあいだで行われる交渉によって徐々に判断されていくしかなくなっている。遠隔地婚出女性の招魂をめぐる実践からは、婚出女性たちの属する「家」をめぐって生家の父母たちが娘の気持ちを推し量り、招魂を行うのが子にとってよいかどうかの判断を下している様子が浮かび上がってくる。

2 ラフ女性の戸籍をめぐる交渉

婚出女性の魂のありかをめぐる交渉が漢族夫とのあいだではなしえず、婚出女性と父母のあいだでなされているのに対して、女性の所属する家について漢族側とも相互に交渉しうる新たなツールとして、ラフ女性の生家において重要度を増しているのが、ラフ女性の戸籍である。P村から婚出した五三人の遠隔地婚出女性のうち、わたしの調査当時に確認できただけでも実に二六人の女性が、村からすでに離れているにも拘わらず、戸籍の登録地を生家のままにしてある。そして、遠隔地婚出を行った娘を持つ親や、未婚の娘を持つ親たちは、「へパとポイしたとしても、娘の戸籍は手元に留めておくべきだ」とこぞって述べる。女性たちの「乱れ」を語る文脈でも、「娘たちは乱れていて、将来がどうなるか分からないから、戸籍は持って行かせない」という発言がしばしば女性の父母によって語られていた。本節ではまず、中国における戸籍の重要性を確認した上で、そのような戸籍と人の所在をめぐる諸交渉を見ていくことにする。

中国では、公民は戸籍によって世帯単位で管理されている。各世帯の戸籍は公安部によって管理され、その原本は公安部に保管されている。各世帯には「居民戸口簿」と呼ばれる帳面（以下、戸籍簿）が配られ、世帯の各成員の登録カードが綴じられている（図10）。世帯の成員それぞれの登録カードには、姓名、戸主との関係、性別、出生地、民族、「籍貫（本籍）」[15]、宗教信仰、血液型、婚姻状況、学歴、兵役の有無を記載する項目がある。戸籍はその者が常住する土地に

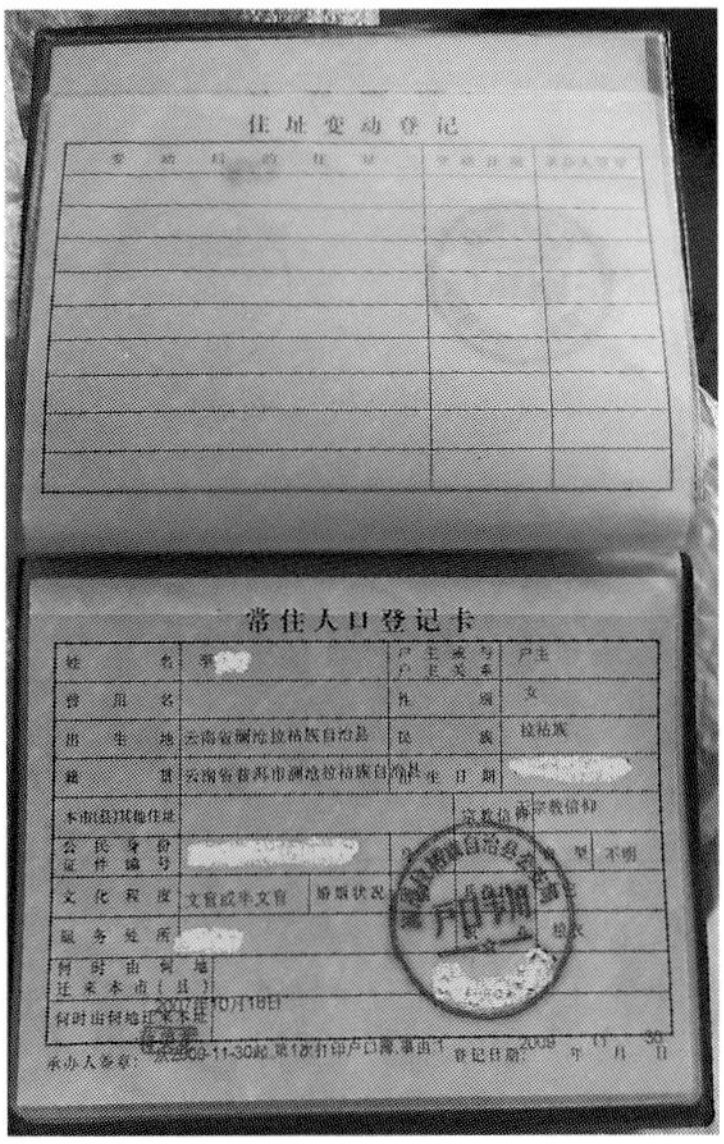

図10　戸籍簿（正式名称は居民戸口簿）
（左）　戸籍簿の表紙。
（右）　世帯成員それぞれの情報が書かれた登録カードが戸籍簿のなかに綴じられている。

登録されており、国家からの補助金や様々な福祉サービスは戸籍登録地においてのみ受けられる。これは、現代中国の戸籍が農村から都市への人の自由な移動を制限する目的で制定されてきたという経緯が深く関わっている［若杉 二〇〇三］。様々な行政書類の手続きは、戸籍登録地で行うか、公安部もしくは戸籍管理に関する機構の印章の押された戸籍証明を戸籍登録地から取り寄せなければならず、特に結婚証や子の出生証の作成、子の戸籍の登録は、戸籍登録地での手続きを介さないと行うことができない。子の戸籍は、父母どちらの側に登録するか選択することが可能だが[16]、戸籍登録のない子どもは就学に制限が設けられ、医療保険にも加入できず、国家の定めるあらゆる行政サービスを受ける権利を持たない。そのため、子の戸籍登録は必須であるが[17]、これを行う場合には父母双方の戸籍簿とともに父母の結婚証が必須となる。これは、一人っ子政策によって婚外出産を禁じているためである。父母の結婚証が作成されていない状態での出産には、高額の罰金が科せられる。そのような、子の戸籍作成に必須である結婚証もまた、父母の戸籍簿がなければ作成できない。日本では、結婚した男女が同一戸籍を作成すること（入籍）を以て結婚の成立とするが、中国においては結婚に際して夫婦が戸籍を同一にする義務はなく、別のところに登録したままでも結婚証は作成される。いずれにせよ、戸籍は様々な行政サービスに関わる書類の作成や、行政上の手続きを行う際の基礎となるようなものと位置づけることができる。近年では、人の移動が盛んになるにつれて、世帯単位で綴じられている戸籍簿の個人携帯が難しいために、一八歳以上の公民には「居民身分証」と呼ばれるＩＤカード制が発布され、戸籍と併用されるかたちで導入されている。常住地以外の場所ではこの身分証が戸籍簿の代替として効力を発揮するが、身分証を発行する基礎となるのもまた戸籍簿であり、身分証更新のためには戸籍簿の登録地で更新手続きを行わなくてはならない。その意味で、やはり戸籍はすべての行政書類の基礎の位置づけにあると言えよう。また、戸籍登録地以外の省に移動する場合には、移動先での暫住登記を行う必要があり、この手続きを行わずに理由なく長期間常住地以外の地域に居住することは難しい。つまり、戸籍は行政にとって、人をその所属する地と結びつけ、識別する強力なツールである。

さて、このような戸籍の重要性がラフの人々にとって意識されるようになった大きな契機となっているのが、二〇〇三年に遠隔地婚出を行ったのち、漢族夫との関係に問題を抱えて帰ってくることになったナモの事例である。ナモの父親によると、ナモが婚出したときの様子は以下のようなものであった。

〔事例24　ナモの婚出と逃げ帰り〕

ナモは、二〇〇三年にＰ村のラフ男性紹介者の連れてきた安徽省の男性と結婚し、婚出した女性である。彼女の婚出に際して、ナモの父親は一万一〇〇〇元を得た。ところが、二〇〇六年ごろ、ナモは突然帰村する。ナモが父親に対して語ったところによれば、ナモの夫はナモの「手足を結んで動けないようにし、水も飲ませず食事も与えない」仕打ちをしたということであった。父親曰く、「最初はみな喜んで、娘が行きたいというので嫁がせたが、その後娘は嫌になって帰ってきた。しかし戸籍を向こうに入れてしまって取り戻せない。〝返して欲しければ取りに来い〟と向こうは言うが、行けば帰ってこられるか分からない。」と嘆息する。ナモは戸籍が手元にないため、漢族夫と離婚することもできず、新たなラフ男性と再婚することもできなくなってしまったのであった。わたしの調査当時、彼女は他村に暮らす遠縁の親戚一家のところへ身を寄せ、養蚕の仕事を手伝いながら暮らしていた。

ナモの帰村にまつわる顛末は、P村の人々が戸籍の大切さを語る際に常に引き合いに出される。特に、近年では遠隔地婚出の不安定さや、再び帰村する女性たちが増えていることから、父母らは容易なことでは娘の戸籍を生家から抜き取らないようにしようとする。

戸籍を手元に残しておきたいという親の意図は、子の将来を案ずるが故に、子に他の選択肢を残しておこうとすることに起因している。次の例は、第5章で登場した、安徽省に婚出した二人組ナウーとナヨのうち、ナヨの語りである。

〔事例25　戸籍をめぐるナヨの母親の判断〕

ナヨは、婚出ののちに漢族夫とのあいだに問題を抱え、他の漢族男性と関係を持っている。そのなかで、生家に帰ろうかと思い悩んでいる。安徽省のナヨの家をわたしが訪れたとき、ナヨは、「母さんが戸籍は持って行かせるな、とばかり言うので、夫の戸籍簿を瀾滄まで持ってこさせ、瀾滄の役場で結婚証を作成した[18]。その後、わたしの戸籍簿は生家に持ち帰り、結婚証を持ってこっち（注：安徽省）にやってきたのよ。」と語ってくれた。ナヨの母親も、「最近の娘はやたらと出歩いて、将来どうするつもりかもよく分からないんだから、戸籍は持って行かせない。誰の戸籍も持ってはいかせず、すべて手元に残しておくんだよ」と語気を強めてわたしに語った。彼女の三人の子のうち、長女にあたるナヨの姉アグもまた広東省に婚出し、その後夫との関係に問題を抱えて他の男性とともに里帰りとも逃げ帰りともつかない生活をしているという状態であった（事例18）から、娘たちの戸籍に対する母親の警戒心は非常に強いものであった。

ナヨ自身も、このような親の意図を不満に思うわけでもなく、むしろそれに呼応するように、親に戸籍をゆだねて婚出していた。結婚状態が今後どうなるか分からない女性にとって、生家は、戸籍をゆだねておく上でもっとも安全な場所のようであった。

広東省で調査を行ったファンは、女性の結婚に伴う移動は、「労働移動の上ではよりよい地域での一時居住しか叶えられないという戸籍上の差別のために、結婚という方法を用いてよりよい地域での永住を目論む」ことであると指摘し、女性たちはよりよい土地での暮らしを安定的なものにするために、戸籍登録地を変更することを望むと指摘する［Fan 2002］。ところが、ラフ女性の遠隔地婚出に関しては、その多くが戸籍を移動させないばかりか、親たちは戸籍を手元に残そうという意思をはっきりと表明している。これは、通常のラフ同士の結婚においては結婚に際して戸籍を婚後の居住先に移すことが多いことと対照的である。このように、遠隔地婚出において女性の父母が娘の戸籍を手元に残すことにこだわるのは、ラフ女性たちの遠隔地結婚が不安定であり、いつ生家に再び戻ってくるともしれない身の上だからであろう。

戸籍の有無は、遠隔地婚出の相手である漢族男性にとっても非常に重要な意味を持つ。ラフ夫との関係に問題を抱え、娘を連れて河南省に婚出したナロ（事例14）は、仲介者らに連れられて河南省に到着したときには何の書類も持っておらず、漢族夫から戸籍を取りに生家まで帰るようにと促されていた。それが叶わなかったため、結局役人に賄賂を支払って新たに戸籍を作成せざるを得なかった。父母双方の戸籍がなければ、出産した子の戸籍も作成できないため、漢族夫もラフ女性の戸籍を求める。この意味で、女性の所属をめぐって、女性の身体とは別に戸籍という行政書類が交渉の大きなツールとなりつつあるのである。漢族夫の側では、雲南省の女性との結婚そのものが、通常の漢族女性の結婚よりもずっと安価なものであり、結婚証や出生証など書類手続きを行う上での戸籍簿の不備に対して賄賂を支払うことで対応することがまだ可能だが、ラフにとっては金銭的に大きな困難を伴う。そのため、ラフ女性の父母はとにかく戸籍の移籍に関しては非常に敏感になっている。

とはいえ、婚出後何年も経ち、婚出先の生活が安定して女性自身が戸籍を嫁ぎ先に移籍したいと言った場合には、それを親がいつまでも拒むばかりではない。以下の例は、娘と娘婿との関係が安定していることを知った上で戸籍を移籍させた母親の例である。登場するのは、一九八九年という初期のころに道路工事の漢族男性とともに村を離れたアメイ（事例3でも登場）の母である。アメイの母には四人の娘がおり、現在では一人を除いてすべてがP村を離れて暮らしている。

〈事例26　アメイの母の語り〉

娘のアメイは以前ヘパと結婚して、ヘパとアメイは四年もここで暮らしていたのに、アメイの妹ナトーの夫が乱暴者で、アメイの夫のヘパとそりが合わない。そうして四川に戻るときに、戸籍を欲しいというので向こうに入れてしまったんだ。もし今後ここに住もうと思っても、もうここには居られない。ただ遊びに来るのでない限り。……わたしの戸籍は一人だけで作ってあるんだよ。

娘のアメイは、一九八九年というかなり初期の頃に、道路復旧工事の若者とともに遠隔地婚出を行った女性である。当時にしては珍しく、彼女は婚出ののちに夫とともに里帰りをし、P村で子どもを生み、家を建てて四年間暮らしていた。アメイの母は、四人の子がすべて娘ばかりで息子がいないこともあり、アメイに対しても自らの近くにいてくれるように期待していたが、アメイの妹ナトーの夫が喧嘩好きでしばしば酒を飲み、アメイの漢族夫とのそりが合わなかったことから、アメイらは漢族夫の出身地である四川省に帰ることになった。そして、その際にアメイらの戸籍をすべて四川省に移籍してしまったのだという。アメイの母は、漢族夫とアメイが四川省に帰ることになったことも、その際戸籍を持っていったこと自体にも文句があるわけではないが、そのような事態を引き起こしたナトーの夫に腹を立てている。アメイの母がアメイのことを「もうここには居られない」と語るのは、たとえ一時的に生家に帰ってこられるとしても、戸籍が生家にない状態では本当に居ることにはならないのだ、ということを指している。

以上のように、遠隔地婚出女性の所在地としての戸籍の置き場をめぐって、娘と生家の親とのあいだには互いを慮る関係がある。父母らは、「娘の戸籍が人のところに置いてあると、そのうちどうされるか分からないから」と心配し、戸籍をなるべく手元に残そうとする。一方、女性たちも、遠隔地婚出には通常の結婚以上の不確定性がつきものであるため、すぐに戸籍を移籍することに積極的ではない。そのような場合、生家は戸籍の置き場として最も安全な場所であると言える。

ところが、上述のナヨやアメイのような、生家に住んでいた未婚の状態から遠隔地婚出を選択する女性たちにとって、生家が戸籍を預けておく場所として安全であるのとは異なり、ラフ夫とすでに結婚している者は、その戸籍を生家ではなく夫方に移していることが多い。通常のラフ同士の結婚においては、結婚後もいつまでも戸籍を生家に残そうとする者は婚出先を信用していないと見なされて姻戚関係の軋轢につながりうるため、戸籍は婚後の居住先に移すのが通常である。そのような女性が、ラフ夫との結婚を放棄して遠隔地婚出を試みる際に、関係を放棄した元夫のもとに自らの戸籍が残っているという状態はゆゆしき事態であり、戸籍の移籍はより重要かつ深刻な問題となる。そのため、そのような女性たちは遠隔地婚出の際に戸籍もともに移動させることを試みることがある。次の例は、第4章でも登場し、性愛呪術の疑いをめぐって議論がなされた帰村女性のナティである（事例12でも登場）。ナティもまた、遠隔地婚出と戸籍をめぐる交渉に関してしばしば噂される女性である。

〔事例27　ナティと戸籍の移籍をめぐる顛末〕

ナティは、P村にやってきた紹介者男性に性愛呪術を放たれたのではないか、という疑いのもと、二〇一〇年に山東省に婚出した女性である。彼女は紹介者であるラフ男性に連れられて村を離れた数日後、瀾滄県城から夫に電話をかけ、P村に戻ってきている。その後、再びP村を離れて出て行ったが、一度目の移動の際には少量の衣服などを持って行ったのみであったのに対し、二度目の移動の際には彼女の夫方に登記してあった戸籍簿から自らの登録カードを抜き取って持ち去った。このことを知った村人らは、彼女の移動が夫とのトラブルからの狂言ではなく本気であったのだと噂することになった。

もっとも、ナティはその後再びP村に戻り、もとのラフ夫とよりを戻すに至った。その際、戸籍の登録カードを抜き取っていったという顚末が問題になるかと思われたが、実のところ戸籍の移籍手続きは正常に行われてはいなかったことが明らかになった。ナティは戸籍簿のなかから自分の名が書かれた登録カード一枚のみを抜き取って持ち出したのだが、戸籍の移籍手続きとは、戸籍簿に綴じられた登録カードを抜き取って他の戸籍簿に挿入すればいいという類のものではなく、双方の戸籍簿を役所に持ち寄って手続きを行わなくてはならないものである。ナティはそれを知らなかったため、戸籍の移籍手続きは完了していなかった[19]。それを知ったナティのラフ夫は、瀾滄県城で働いている行政手続きに明るい兄に相談し、単に戸籍簿を紛失したことにして再発行という手続きを行って事なきを得たのだそうだ。

彼女の場合は、戸籍の重要性は知りつつも、その具体的な手続きを知らなかったために戸籍の移籍は実際には叶わず、結果として帰村後ラフ夫と再度暮らす際の大きな問題を回避することができたが、もしそのまま遠隔地婚出を継続していた場合には、山東省の漢族夫側で何らかの手段を講じてナティの戸籍を手に入れる手続きが採られたことであろう。

結婚相手や結婚の状態があいまいな状態にある女性にとって、戸籍を他者に握られてしまえば、自らの日常生活に大きな影響をきたす。そのような不安定な状態でありながら、戸籍を父母のもとに預けておくということが叶わない女性が、戸籍と自らの身体との離反を畏れ、常に身につけて持ち歩いている様子が分かるのが次の事例である。

〔事例28　遠隔地婚出から逃げ帰ったチャローの妻〕

チャローは、P村で四〇歳になっても独り身なので有名な「チョハモク（高齢未婚男性）」であった。彼は妻がいないため、しばしば北京や上海、広東などを渡り歩く出稼ぎ生活に明け暮れていたが、わたしが長期フィールドワークを終えて帰国したのちに、出稼ぎ先で知り合った女性を連れて暮らしているという噂が聞かれた。二〇一一年九月の補充調査でチャローを訪ねたところ、ヘパとポイして山東省に暮らしていた女性と今ではともに暮らしているという。その女性は、漢族夫との生活が嫌になり、友人のつてを通じて知り合ったチャローと携帯電話で連絡を取りあって瀾滄県城に連れて帰ってもらったというのであった。わたしはその顛末を尋ねるためにチャロー宅を訪れたが、あいにくチャローは農作業に出ていて不在であり、チャローの連れ帰ったその女性のみが家にいたため、一対一で彼女から婚出の顛末やチャローとの出会いについて聞くことができた。その際、チャローの妻が語ったのは以下のような話であった。

戸籍？　戸籍は手放さない。戸籍は誰にも渡さない。わたし一人の戸籍にして、いつでもこのポーチのなかに入っているんだよ。人に持って行かれたら、どうなるか分からないからね。

このように、ラフ女性の所属をめぐって、戸籍は男方と女方にとって重要なツールとなりつつあり、そのありかの交渉は複雑な様相を呈する。女性の戸籍は、女性が移動する前には特に問題にならなかったにもかかわらず、現在では女性自身の身体のありか以上に強く女性の所属を集約するものとなり、その拘束性が問題となって表れる。たとえ身体のみ瀾滄県に帰ってきたとしても、戸籍を付帯していなければ戸籍によって他者からの操作に晒されてしまう。このような事態のなか、P村から婚出した半数以上の女性が生家に戸籍を残していることを見てみれば、最も安全な戸籍の登録先は生家であるという女性や父母らの判断がそこに表れているようにみえる。

戸籍をめぐるこれらの問題は、近年では瀾滄県の政府や公安局によっても認識されている。遠隔地婚出をした娘を持つある女性は、近所の政府の役人から聞いた話として、「あとで取り戻そうと思っても取り戻すのは非常に困難だから、戸籍を気軽に移籍してはいけない」と諭されたことをわたしに語ってくれた。中国の戸籍をめぐる状況は非常に錯綜しており、特に農村部ではその管理が厳密には行われていない。そのようなほころびが、かえってラフ女性の遠隔地婚出をめぐる交渉のアリーナを創出している。

しかし、このような戸籍と身体の離反状態はどのようにして可能なのだろうか。それには、実は居民身分証と呼ばれるＩＤカードの役割が大きい。中国では、人の移動性の高まりに伴い、一九八五年の「居民身分証条例」を経て二〇〇三年の「居民身分証法」の制定によって、戸籍とは別に居民身分証というＩＤカード制が敷かれており、これが戸籍の代替として機能している。戸籍簿が家族単位の登録証であるのに対し、身分証は満一六歳以上の個人ごとに発行され、特に戸籍登録地を離れる際には日常的に所持携帯することが求められている。遠隔地婚出女性の多くもこの身分証を携帯して暮らしているため、たとえ戸籍を生家に置いたままにしておいても問題なく暮らせているのだが、重要なのは、この身分証は戸籍の登録地でしか更新手続きが行えないことである。居民身分証は、作成ののち一〇年、さらにそののち二〇年後に更新の必要がある。わたしの調査当時はちょうど多くの遠隔地婚出女性の居民身分証の更新時期にあたり、更新のために里帰りをしている者に何人か出会う機会があった。戸籍を生家に残しておくことで、身分証の更新手続きのために生家に帰る必要が起こるため、生家とのつながりは完全には絶たれない。また、このような身分証の更新時期の里帰りが、女性にとって戸籍の移籍を行うべきか、あるいは遠隔地婚出そのものを継続するべきかを考え直す契機ともなっているようであった。

ここまで、ラフ女性の所属する家をめぐる女性の父母と女性自身との交渉を見てきた。結婚ののちに婚家に移動すると考えられている「炉の魂」のありかをめぐる判断、そして戸籍という中国の国民管理の行政資料の登録地について見てきた。「炉の魂」と戸籍とは全く異なるものであるにも関わらず、両者のはたらきには奇妙な類似が見られる。それは、この両者がともに、持ち主がどの家に属しているかを示していること、また結婚に際して婚出先の家へと移動していくものと考えられていることである。そして、両者とも錨のように移動する身体（や身体の魂）を捉えている点である。炉の魂は、「身体の魂」がふらふらと浮遊状態になってしまった際に、それを正しい場所に安置するための錨としての役割を果たし、身体や身体の魂が帰るべき場所に据えられている。また、戸籍は、女性が漢族夫との関係の継続をめぐって逡巡した際に、彼女の帰りうる場所を示すものとしての役割を果たしている。

もちろん、両者には違いも存在する。「炉の魂」は人為的に移動させることができず、「長く向こうに住めば炉の魂もそちらに居るようになる」ため、娘が不在にもかかわらず生家で招魂を行い続けることは不適切だと考える人もいる。そのような行為を行えば、「すでに婚家にうつってしまったかもしれない娘の魂を手元にたぐりよせることになる」と語る人もいる。一方戸籍は、人為的に操作することができ、かつ漢族側にとっても重要な意味を持つため、戸籍の登録地をめぐる交渉はより緊迫し、複雑な様相を呈する。戸籍は、女性を確実に手元に定位するための重要なツールとして、漢族夫方やラフ夫方にとって争奪の対象となっている。

娘が誰との結婚関係を維持していくかが不透明な以上、誰かに娘の戸籍を持ち去られることは娘の将来の生活に支障をきたす可能性がある。この危険を回避するために、女性の父母はそれを生家に留め置き、女性自身の心が定まったのちにこれらを女性に受け渡そうとする。特に戸籍を手元に留め置くという判断には、娘の次の行動が読めないなかで、彼女たちに他の選択肢を残し、「何が起こるか分からないので、戸籍が必要となったときに取り返せない事態を防ぐため」という父母の気持ちがある。このように、炉の魂や戸籍をめぐる交渉は、父母が娘の意思を慮りつつ女性の所在の一部を手元に残し、その身を守ろうとする行為であるといえるだろう。

一方、魂にしても、戸籍にしても、一度ラフ男性のところに婚出し、そのあと別の漢族男性と結婚するという方式を採った女性の方が、未婚状態から遠隔地婚出を行う女性よりもずっと脆弱な状況に置かれる。彼女たちにとって、すでに戸籍も「炉の魂」も生家という安全な場所には安置されておらず、他人に操作されるかどうか分からない危険な状態にある。招魂を行ってくれる人がいなくなれば、治病手続きそのものが不可能になる。また、戸籍が手元になければ、結婚関係に問題を抱えた場合に再出発することが困難になる。最後の事例で見た、戸籍を肌身離さず持ち歩く女性は、このような他者からの操作を免れようとしていると理解できるだろう。

3 未婚女性の配偶者選びと性規範からの逸脱

遠隔地婚出の増大によって、ラフの村落で曖昧になり、議論されるようになっているのが、「妻を求める *awmima hui ve*／夫を求める *awhpaw hui ve*」とはどういうことか、という問題である。遠隔地婚出の増大に伴って、現在のラフ村落では未婚女性が減少し、男性の配偶者不足が起こっている。まさにヨメ不足の玉突き現象である。それは結果として、村に暮らす未婚女性の配偶者選択の幅を大きく拡大することになっている。また、既婚女性の遠隔地婚出の増大によって、従来「夫を求める／妻を求める」という言葉で語られていた結婚は、非常にあいまいで簡単に反故にされるような不安定さを孕むものになっている。

ラフの男性たちが集まると口々に語るのは、「ただ酒を飲んで遊ぶ女ならいる。〝居てくれる che la ve〟女を捜すのが難しいのだ」（二〇代未婚男性）、「結婚してともに暮らしても、何ヶ月もつか分からない……最近のラフの女は乱れている」（三〇代男性、妻が遠隔地婚出）といった嘆息であった。そのような未婚男性たちに対して、「女がいないんじゃない、女はいるんだ。おまえたちがきちんと働いて稼いで、暮らしぶりの良いところを見せれば女はへパのところへ行ったりしない」と説教をする既婚男性もいるが、実際には彼ら既婚男性が結婚した時代と、現在ヨメ不足に直面する若い未婚男性の時代とでは配偶者獲得の機会に大きな差がある。配偶者選びの目が厳しくなる女性たちの「乱れ」は、ラフ男性の深刻な配偶者不足を招くが、問題はそれだけではなく、ラフの村における「家の秩序」や「村の秩序」を成り立たせていたような夫婦関係そのものを揺るがしてしまうことにある。そういった状況のなか、人々は「妻を求めること／夫を求めること」をいかに再定位しようとしているのだろうか。本節では、配偶者選択のアンバランスをめぐって行われるラフ男性とラフ女性の様々な対策のなかで、従来ラフの未婚者と既婚者を隔てていた村／家の空間秩序における性規範への逸脱が起こっていること、そしてそのような非難を避けながら結婚を行うために、結婚のあり方が変化してきていることを論ずる。

第2章で述べたように、P村周辺一帯のラフの村は、「山神」あるいは「村神」と呼ばれる祠を頂点とし、その内部にはゆるやかな秩序が築かれている。村の頂点に山神の祠が建てられるのと同様に、各家の内部には「家神」の祠が建てられ、それらはあたかも入れ子のようにその内部の秩序を維持している。家神を基点とする秩序は夫婦がともに維持するものとされ、これらの秩序からの違反として最も重大なものは、その空間内部における未婚者の性交や既婚者の不倫などの姦通であり、姦通が発生してしまった場合には、村や家に対する「オリ（罰金）」の支払いが必要とされる。そのため、村内や家屋内部での性交は夫婦に限られ、未婚の男女の語らいはすべて夜に村外で行われる。未婚女性が、儀礼への参加など特定の用事以外で未婚男性のいる家に入ること、その家のものを食べることはそのまま結婚を暗示することになる。「男の家に入ったことのある女には、他の男は声をかけなかった。家に入ったからには、もう〝夫を持った〟ものと見なされたから（四〇代男性）」だったそうである。[20]

このように、村外で築かれる未婚者の男女関係を、村内において知らしめ、新たな家を形成する端緒となるのが結婚であった。男性側から女性の親に対して差し向けられる仲人ツカパを介した「ヤミナヴェ」と呼ばれる結婚の申し込みによって、村外から村内にその関係が持ち込まれ、双方の家での婚礼で、男女が各家の家神に頭を下げることを以て夫婦関係は締結される。その後、男女はともに生活を始め、中国の婚姻法で規定された結婚最低年齢に達したときに結婚証を作るというのが通常の手続きであった。P村で結婚証登記が行われはじめたのは一九九〇年代半ばであったようだ。

ところが、近年では、遠隔地婚出に伴うヨメ不足の進展のなかで、妻となる女性を確実に自らの近くに置いておくために、未婚の女性を家に招き入れ、同居をはじめる若いラフ男性が増えてきている。若いラフ男性らにとって、対象となる女性を見つけるのは容易なことではない。婚礼を行わず、結婚証も作成していない頃から長らく同居を行う男女に対し、村長や「婦女主任」[21]の役職に就く者たちは、村の秩序を乱してしまうこと、また一人っ子政策に違反する恐れがある行動であることから、それを防ぐための「オリ（罰金）」として四〇元の支払いを家の主（多くは男性の父親）に求めている。それでも、婚礼を挙げず、結婚証も作成していない男女が同居することは増える一方である。P村において、罰金を支払いながら同居を続けていた男性はわたしの滞在中に五組（いずれも他村の恋人と同居）であり、これは当時村内に暮らしていた一五～二五歳の若者が男性一〇人、女性五人であることを考えれば大きな数である。このように男性の家に住むようになった女性たちは、婚礼も挙げず、結婚証こそ作成していないものの、男性の父母のもとで同居をしているという点ですでに父母の承認を得たことになり、次第に「○○のヨメ」や「○○の妻」と呼ばれるようになっていく。

ところが、このようにすでに男性側の家に入ったのちであっても、新たな恋人を見つけたり、遠隔地婚出を選択したりして、その関係を反故にする女性も増えてきている（上記五組のうち二組、他村でも複数確認された）。彼女たちは、まだ結婚証を作っていないという点において法的には未婚であるため、男性側父母は、彼女との同居に関して村に罰金を支払ったにもかかわらず、彼女を強く拘束することはできない。そのような女性たちは、「すでに夫を持ったことがあるのに、何人の夫を持つつもりか」といった陰口の対象となるが、女性たち自身は相手の男性や男性宅での生活がいかに期待に添わないものであったかを語り、そのような男性と結婚しても意味がないことを強調する。

〈事例29　スーメイの配偶者選びに見られる逡巡〉

二〇一一年当時一八歳であったスーメイは、二人姉妹の次女である。彼女の姉は近隣の村に婚出しており、彼女は親の扶養の期待をされる存在であった。彼女は隣村のラフ男性と恋をしており、ある日を境に彼の家に住むようになった。男性の父母は彼女に対して「我がオクマ（息子の妻）よ」と呼びかけるようになり、そのまま数週間彼の家に寝泊まりしていたという。男性側親族たちはスーメイのことを気に入り、スーメイの父母のもとを訪れて再三結婚の希望を伝えていた。スーメイの父母は、自らの扶養者として彼女に期待していたため、婚後の居住についての相談をしたいという旨を相手方に伝えていたが、ある日突然スーメイが生家に帰ってしまう。母親がたしなめるも、「彼の父親はとても口うるさいのよ。料理をしているときに、唐辛子を少なく入れたら〝味がない〟

と言われたので、その次に多く入れたら〃なんと辛いこと！〃と嫌味を言われたの。だから彼とは結婚したくない」と言い、のちに他の男性とともに出稼ぎに行ってしまう。母親は何度も娘に電話をして帰ってくるように伝えたが、帰ってきても再び出稼ぎを繰り返すばかりであった。両親は、彼女の新たな恋人の生家が非常に貧しいために結婚に反対しており、現在も二人は出稼ぎをして暮らしている。

彼女のこのような行動に対して、村のある六〇代男性の語ったところによれば、「俺たちの時代は、女性は恥ずかしがって滅多なことでは男の家には入ろうとしなかったものだ。しかし最近の女性は気が大きく、男性の家が過ごしやすいかどうかを見にやってくる。そうしてしばらく住んだのち、気に入らなければまた帰って行ってしまう」とのことだった。また別の四〇代の既婚女性は、「わたしたちの頃は、男性側の仲人ツカパが家に来て親に知らせてしまったら、断ってもいいなんて知らなかった。」と語る。

次の例は、遠隔地婚出の機会をめぐって表出する未婚女性のふるまいである。

〈事例30　ジューメイと遠隔地婚出の申し出〉

二〇一一年の春節、遠隔地婚出女性の一人であるサンメイは生まれた娘を父母に見せるため里帰りをしていた（事例24）。彼女の滞在中、漢族夫の兄から電話がかかってくるということがあった。三〇歳を過ぎても結婚相手がいない彼の息子のために、もし嫁いでもいいというラフ女性がいたら探してくれないか、という依頼であった。サンメイは電話口で少し困った顔をして、「ひとまず探してみて、いい人がいたらまた連絡するね」と言って電話を切ったが、わたしに向かって「問題はラフの村にも紹介できるような女の子がいないということなのよ」と嘆息した。村にはジューメイという快活な一七歳の女性がいるため、彼女についてわたしが話してみると、サンメイはすでにジューメイには相談をしてみたことがあるという。ジューメイはそのとき「行ってもいいよ」と答えたが、「行ってみて、いいところだったらそこに残るし、もし嫌だったら帰ってくる」と気軽に言うのを聞いて心配になり、この話を取りやめたそうである。「ジューメイ自身だけでなく、ジューメイの母までが同じように、ひとまず行ってみて、嫌なら帰ってきてまた新しいのを探せばいいと娘に言い聞かせているのよ！」とサンメイは語った。ヨメ探しを希望している男性がサンメイの夫の近しい親族であるため、ジューメイのそのようなふるまいがサンメイの人間関係に響くことを懸念してのことだった。ジューメイの父母は、P村に農地が少ないため、西双版納での薬草栽培を住み込みで行う出稼ぎ暮らしを長く続けていた。ジューメイには兄と弟が一人ずつおり、生家に残って父母の世話をする者がいるために、ジューメイの母親も娘をどうしても手元に残しておきたいとは考えていないようであった。「娘次第だよ。娘がラフと結婚したいならそれでもいいし、ヘパがいいならそれでもいい」とジューメイの母はわたしに語ってくれた。

遠隔地婚出は女性にとって常に賭けとリスクを伴うものであるが、近年では識字率の上昇に伴い[22]、バスや列車を利用しての長距離移動もラフ女性にとって困難なものではなくなりつつある。また、携帯電話の普及によって、あちこちの友人や親戚らと連絡を常に取り合っているために、遠隔地婚出は片道切符の大冒険ではなくなりつつある。二〇〇七年から瀾滄県で開始された、農村を対象とした低保（正式名称は農村居民最低生活保障）と呼ばれる巨額の補助金や、様々な保健サービスの拡充によって、「ヘパのくに」は「ラフのくに」に対して絶対的な経済格差に基づく魅力を持つものというよりも、あくまでもひとつの選択肢としての位置を占めるようになりつつある。

未婚女性たちが集まると、しばしば恋愛にまつわる会話が繰り広げられるが、そこで語られるのは「そんなに早く結婚しても意味がない、色んな男性をよく見てから決めないと」という話題である。これは、遠隔地婚出女性たちのなかには帰郷の際に「何も知らず、恋愛をしたこともないのに、ヘパのくには過ごしやすいと思ってただ家を出てしまった」と後悔混じりに語る者が存在することとも関連している。祭りの場などで身ぎれいにしている男性らに声をかけられても、その身支度にかけられた資金が一時的な出稼ぎによって得られたものか、生家がそもそも豊かであるからなのかは分からない、と女性たちは言う。たとえ現在は一時的に豊かでも、生家の土地が狭かったり、財産を分けるべき兄弟が多ければ、将来どのような暮らしが待っているかは分からない。そうして、配偶者の経済的条件や土地の広さ、親族構成などといった入念な吟味が行われるなかで、未婚者と既婚者を隔てていた村外と村内の境界線はときに乗り越えられ、従来なら「夫を求めた」と見なされる行動が、女性たちにとってはそういった意味を含まずに行われるようになってきている。

また、遠隔地婚出を行った女性たちのなかにも、再び帰ってきて近隣村で新たな結婚相手を探す者が登場している。P村では、そのような例は一〇件確認された。遠隔地婚出を行った女性たちの多くは、数年に一度友人たちと連れだって里帰りをした際、昔のラフの恋人や新たに知り合った男性たちと酒を飲み交わし、村に残るべきかどうか逡巡する。漢族地域の経済的魅力の減少と、ラフ村落で進展するヨメ不足という状況下で、女性たちは残りたければ残ってラフ男性と再婚することができ、それが嫌になれば再び漢族夫のもとに戻る、ということが可能になりつつある。さらに、ラフ夫を捨てて遠隔地婚出を行った女性のなかには、遠隔地婚出の数ヶ月後、再び戻ってきて元夫との関係を再開するものすら現れつつある。このような事例はわたしの調査中にP村で二件起こったが、元夫は、元妻からの再婚の申し出を拒否したい思いがありつつも、それを凌駕するほどの女性不足との葛藤の中で、結局どちらの例でも再婚を承諾していた。

このような女性たちの配偶者選択をめぐる吟味や逡巡は、生活圏の拡大やライフスタイルの変化などとも大きな関わりがある。P村の四〇代の女性が、「瀾滄（瀾滄県城のこと）にすら行ったことがない」と述べ、その人生のほとんどを村と農地と市場といった空間の広がりのなかで過ごしてきたのとは大きく異なり、近年の若者たちは皆中学に通うために一三歳になれば竹塘郷の宿舎に住み込み、卒業後には知人を頼って西双版納や省都の昆明へ出稼ぎに行く者も増えつつある。遠隔地婚出が始まった一九八〇年代後半以来、遠隔地婚出とほぼ同様の勢いで若年層の出稼ぎ移動は増加しており、特に若年男性においてはより遠方の上海や北京、広東などへの出稼ぎがステイタスとなっている。未婚のラフ女性の出稼ぎ先はそれほどの遠距離にはならず、知人の暮らす雲南省内であることが多いが、ラフの男女が結婚ののちに、結婚費用や住居の建築費用を稼ぐために二人で出稼ぎに行くという例も少なくない。つまり、「ヘパのくに」を一度見てみたいというラフ女性の欲望は、ヨメ探しの漢族男性と結婚するだけでなく、ラフ男性と結婚してともに出稼ぎに行くことによっても叶えられる可能性があるのである。「ヘパのくに」へ婚出すれば貧しい村の生活から脱却して良い生活が待っているという、一九九〇年代末までは疑われることのなかったストーリーは、現在では必ずしも現実味を帯びず、遠隔地婚出を行ったのちに期待したものとは異なる生活に失望して再び帰ってくる女性たちもいるなかで、女性たちは結婚をめぐって揺れている。

このような逡巡のなかで、男性の家に入ること、婚礼を挙げること、結婚証の作成、などの手続きの、どの段階を以て「夫を求めた」と見なすのかが不明確になっている。関係をすでに村内で取り結んでおきながら、それを再び反故にして新しい男性を探すラフ女性たちを、「いつまでもヤミハ（未婚女性）をしている」「夫を何人求めるつもりか」とラフ男性たちは揶揄する。しかし、女性の母親たちのなかには、娘の行動をたしなめながらも、自分たちの身を振り返りながら「今のような時代に生まれていたら、わたしも村のなかに留まっていることなどないだろう」と語る者も少なくない。村の規範や結婚締結に向けてのルールをあまり考慮せずに行われる娘のふるまいがよいものではないことは事実であっても、女性たちの母親には、もし自分が今のような時代に生まれ、漢族と結婚して遠くに行くことが可能であったなら、そのようにしてみたかったという思いもある。そのため、娘には良い選択を熟慮して行って欲しいと願う母親も少なくない。従来であれば、何の結婚手続きも行わず、女性側への豚の饗応も行わないままに、断りもなく未婚の娘が男性宅に居住することは、「すぐにでも仲人ツカパをよこさなければただではおかない」と女性の親たちを立腹させる出来事であるはずだが、親たちは、娘がよりよい生活のために配偶者選択に逡巡することを、口ではたしなめながらも大きく関与しないことが多い。娘の結婚が親たちにとって巨額の金銭を得る機会になりうることも関わっているだろう。結婚についてのあるべき規範をめぐる語りが強調される一方で、その現象に対応し、そこから娘や親にとってよりよい選択を行おうとする思惑も同時並行的に進行している。

4　結婚証のジレンマ――ラフ同士の結婚の締結をめぐる交渉

馬は、配偶者を得られないラフ男性が人生に悲観し、自殺する事例が増大していることを指摘しているが［Ma 2013: 206］、P村では未婚男性の自殺は一件も起こっていない。ラフ男性たちは、ゆらぐ結婚の安定性と女性不足のなか、配偶者を得るためにどのような対策を採ろうとしているのだろうか。

結婚のあり方をめぐる重層性のなかで、近年、最も確実なものとしてラフ男性や男性の父母らに重視されはじめているのが「結婚証」である。結婚証は、男女が夫婦であることを法的に証明する書類であり、前節で述べたように、結婚証の登記には男女双方の戸籍が必須となる。そして、中国においては結婚証がなければ出産した子の戸籍を作成することができない[23]。結婚証を作成していない男女のあいだに生まれた子どもには、多額の罰金が科せられる。その意味で、結婚証は、結婚後の夫婦が子どもをつくることを可能にする前提条件となるものである。P村で結婚証登記が行われはじめたのは一九九〇年代半ばであるが、国家の定める結婚最低年齢である男子二〇歳、女子一八歳[24]に満たないうちから結婚生活を開始する者がほとんどであったため、婚礼を挙げて夫婦生活を送りはじめてもすぐには結婚証を作成しないことが通常であった。ラフにとっては「男性の家に入る」「婚礼を挙げる」といった手続きを行えば、すでに「夫／妻を求めた」ものと見なされた。

ところが、近年では何よりもまず結婚証を作るべきだ、という意見が主に男性側親族において主流になってきている。その理由は、たとえ婚礼を挙げて結婚生活を送っていても、結婚証を作成していないうちは、彼女は未婚女性と同じであり、「ヘパとポイ」されても、他の男性と関係を持っても、法の上では文句が言えないからである。五〇代のある女性は、自分の息子と婚礼を挙げて、数年間の労働奉仕を行っている最中に遠隔地婚出してしまったヨメについて、「大きな豚も一頭つぶして婚礼を挙げたのに逃げられてしまった。結婚証を先に作っておくべきだった」と憤慨する。結婚証は、既婚状態と未婚状態を行き来する不安定な女性の行動に対して、法的書類を以て確実に彼女を既婚者に転換させるものとして用いられている。これは、単に国家の婚姻法が教育によって遵守されるようになっていったというよりも、遠隔地婚出への対処として重視されはじめたものである。婚礼にかかる費用のほとんどは男性側から出されるものであり、それらの出費ののちに、法的に未婚であることを理由に女性が異なる男性を選択することを危惧するからである。

しかし、ラフ男性やその家族らが意図するこれらの対策は、言説の上でははっきりしていても、行動の上では非常に困難な駆け引きを伴う。結婚最低年齢に達しておらず結婚証を作成できないことを理由に、いつまでも婚礼を挙げずにいれば、女性はいつ誰のところへ行ってしまうか分からない状態のままであるからである。しかも、そのような状態での同居は、「村のオリ」の支払いを求められる。このようなジレンマの結果、近年では婚礼手続きと結婚証作成をめぐってその順序や手法に変化が起こっている。つまり、婚礼の様々なプロセスのうち、どの段階で結婚証作成という手続きを挟み込むかということが交渉されるようになっているのである。

第2章で述べたように、ラフの婚礼は、①男性側親族の仲人ツカパによる女性側父母への求婚「ヤミナヴェ」、②婚礼の日に各家の家神の祭壇に「頭を下げる」、③豚の饗応による披露宴「ケチャヴェ」、という一連の手続きの組み合わせからなる。そこに結婚証という要素を加えるために、近年興味深い変化となっているのが、婚礼の分割である。それは、①のヤミナヴェを終えたのち、②の「頭を下げる」手続きのみを先に行い、その数ヶ月から数年後、結婚証を作成したのちに③の披露宴「ケチャヴェ」を行うというものである(表4)。これは、結婚証を作成できる結婚最低年齢にまだ達していないが、その男女が「夫を求めた／妻を求めた」状態であることをあらかじめ確認するための手続きである。「頭を下げる」手続きが採られれば、未婚の男女の同居に対する「村のオリ」は求められない。そして、夫婦生活を送り、結婚最低年齢に達したのちに結婚証を作成する。その後に行われる披露宴の際には、家神に「頭を下げる」行程はもはや行われない。このことには、披露宴の驕奢化も関わっている。近年、ラフのあいだでも婚礼の驕奢化は進み、豚だけではなく金銭のやりとりがなされることすらある。披露宴のために準備するべき資金が大きくなるほど、結婚証という確実なものがない状態では披露宴を行いたくないという男性側の思惑が働き、それらの葛藤の折衷として現れたのが婚礼の分割だと言えるだろう。分割された諸結婚手続きのうち、前半の「頭を下げる」手続きのなかに、ひとつの器の水を男女が分けて飲む手続きがあることから、このような分割された結婚手続きは、他の婚礼とは区別して「水を飲む *ika hkeh daw ve*」と呼ばれる。このタイプの婚礼を行った男女はP村に四組あった。両親らはこの結婚について、「年齢がまだ結婚最低年齢に達していないけれど、早く家に招いてともに働いて欲しかったから」と説明した。

「水を飲む」は、女性側の親にとっても、娘が危うい遠隔地婚出に向かっていかないうちにラフ男性との結婚を確実なものにし、さらにそれを通じて若い男性の労働力を引き込む手続きと見なされている。「水を飲む」手続きだけを行って、まだ結婚証を作成していない男女について、「妻／夫を求めた、しかしまだ結婚していない *Yaw aw mi ma／aw hpaw hui -o, ma jeh hui she*」という表現がなされる。この「結婚していない」という表現には、漢語の「結婚 jiehun」を借用した「*jeh hui*」という言葉が用いられており、この言葉は結婚証作成の有無について語るときにのみ用いられる。

もっとも、結婚証を作成して女性との結婚関係を確実にしてから披露宴を行いたいという男性側の思惑が成功しないこともある。それは、男女の性関係の結果である妊娠の発覚や、中絶という事実が明るみに出た場合である。二〇一一年の春にわたしが参加したある婚礼は、結婚証作成よりも先に行われたものであったが、これは女性の妊娠と中絶という事態が発覚し、女性側父母から男性側に対する叱責と婚礼の催促が来たためであった。ラフ同士の結婚をめぐる交渉は、基本的に女性側の強気な要求を男性側の仲人ツカパがとりなしていくという過程を経るが、女性の妊娠や中絶という事態が起こった場合には、女性側からの要求はより大きくなり、男性側の父母はすぐに結婚に向けて動き出さなければ大きな社会的叱責を受ける。女性の父母は、娘が配偶者選択を逡巡している状態であれば娘の行動をそれほど強くたしなめないが、村外で行われていた性関係の結果としての妊娠が分かると、男性側を叱責し、責任を取ることを要求する。

このように、結婚をめぐる手続きは徐々に変化し、結婚証の重視へと収斂しつつある。そもそも結婚証を作成していても、それを反故にして遠隔地に「ポイ」してしまう女性もいないわけではないが、結婚証を作成していれば、「ポイ」した女性は新たな男性とのあいだに結婚証を作成するために前夫との離婚手続きが必要となる。それが叶わない場合、漢族夫とのあいだに結婚証を作成するために役所に多額の賄賂を支払う必要が生じる。一人っ子政策を採る中国において、結婚証は出産の基本要件であり、結婚証を持たない男女のあいだに生まれた子どもには戸籍が与えられないた

表4　ラフの基本的な婚礼の行程と、「水を飲む」と呼ばれる結婚手続きの違い

—通常の婚礼の行程—

ヤミナヴェ	①男性側の仲人ツカパが新婦父母に対して結婚の希望を伝える ・合意ののち、婚礼の日取りと「過礼（婚礼でふるまう豚肉や米、酒など）」の量を相談する
婚礼一日目	・新郎と新郎方親族、新婦宅へ向かう ②新婦宅の家神に対して新郎新婦が「頭を下げる」 ③新婦宅で豚をつぶしての披露宴「ケチャヴェ」
婚礼二日目	・新婦と新婦方親族、新郎らとともに新郎宅へ向かう ②新郎宅の家神に対して新郎新婦が「頭を下げる」 ③新郎宅での食事（小さな披露宴）
婚礼三日目	・新郎新婦双方の父母及び親族が両家を訪れあい、「姻族を認識する」

—「水を飲む」と呼ばれる結婚手続きの行程—

ヤミナヴェ	①男性側の仲人ツカパが新婦父母に対して結婚の希望を伝える 合意ののち、婚礼の日取りと「過礼（婚礼でふるまう豚肉や米、酒など）の量を相談する
「水を飲む」	②新婦宅の家神に対して新郎新婦が「頭を下げる」 ②新郎宅の家神に対して新郎新婦が「頭を下げる」
	—結婚証作成—
婚礼	③新婦宅で豚をつぶしての披露宴「ケチャヴェ」

め、漢族男性側も結婚証作成のために奔走せねばならない。ラフ男性たちは、このような手続き上の拘束性を背景としながら、ラフ女性における「結婚とはなにか」という状態の曖昧さをはっきりさせるために、結婚証を有効かつ重要な手段と見なしている。

結婚証を重視すれば、女性の既婚者としての立ち位置ははっきりするものの、結婚証はそのようにただ女性を手に入れるための男性側のツールであるだけにはとどまらない。むしろ、人の家への所属や結婚状態をめぐるラフ村落のオリ（規範）に関する判断を決定し、その根拠として依拠されるものとして、結婚証の存在感が増すようになっている。次の事例は、未婚状態と既婚状態を行き来する女性のふるまいをめぐって、結婚証の有無が家神の規範を左右し、混乱を呼んだ例である。

〈事例31 「家神から見放された」ロメイ〉

ロメイは、他村からP村の男性に嫁ぎ、二人の子を持つ母親である。二〇一〇年当時、彼女の息子は中学生で、娘は四歳であった。彼女と夫は自他ともに認める「恋愛結婚 *gui hui ve*」で、ロメイの母親は「自分が農作業のために出作り小屋に出てしばらく村の家を空けているあいだに、恋人を作ってしまった。貧しい男性なので結婚はやめさせようとしたが、もし無理に反対すれば自殺してしまうか、ヘパとポイしてしまうかと心配でやむなく結婚させた」とわたしに語ってくれた。ロメイの夫は広い水田を持っていたものの、出稼ぎをせずサトウキビ畑も小さいために現金収入が少なく、水田をすべて運用するための種籾や化学肥料、農薬の費用をまかなえない生活であった。ロメイは、そのような苦しい経済状況を助けるために、暇を見つけてはラフの伝統的な鞄を縫い、人に頼んで売ってもらっていた[25]。

二〇一一年の春節、ロメイは出稼ぎから帰ってきたP村の未婚男性チャヌーと知り合った。彼は春節の休暇のために里帰りをしており、年明けには再び出稼ぎに行く予定であった。ロメイは春節のあいだに彼と親しくなり、年越しの過ぎた三月ごろ、ロメイの夫がP村から少し離れた場所で道普請の日雇い仕事をしているすきに二人でいなくなってしまった。ロメイが駆け落ちをしたと知った夫は立腹し、ロメイとチャヌーが帰村した際に村裁判が開かれることになった。この村裁判では、姦通をした二人に対して村民から厳しい尋問が繰り返され、二人の関係をこのまま続けたいのであればロメイの夫に対して八〇〇〇元という高額の罰金を支払うように、という結論が下ったが、二人は罰金の支払いに応じ、ロメイは正式に夫と離婚することとなる。

しかし、その後ロメイとチャヌーは出稼ぎ先でしばしば口論になり、ロメイはチャヌーを出稼ぎ先に置いて一人で帰ってきてしまう。その頃ロメイの元夫は、谷向かいの女性との再婚の話が進んでおり、その女性はP村にやってきてともに住み始めていた。ところが、ロメイの夫はロメイとのあいだに離婚証を作成していたものの、ロメイの戸籍を別の戸籍として抜き取る手続きを行っていなかったため、ロメイは自分の戸籍がまだ元夫のところにあることを理由にその女性を谷向こうに帰らせてしまった。

ロメイのこのような行為は、当然のことながら村人たちのうわさの的となった。駆け落ち男性チャヌーの母は、息子がわざわざロメイのために罰金まで支払ったというのに、再びロメイが元夫のもとに戻るというのであれば息子は何のために出稼ぎで稼いだ金を失ったのか、と立腹し、ロメイの夫に対してその罰金を返金するようにと要求した。しかし、息子のチャヌー自身は一貫してロメイとの関係を維持することを希望したため、この返金の要求は頓挫してしまう。チャヌーの母は、ロメイをヨメとして迎えることにもためらいがあり、「一体どのオリ（規範）を以て誰を責めればいいのか、頭が痛くなってしまった」と困惑し、結局は未婚者であったチャヌーの生家の「家のオリ」を乱したことに対する「顔を洗う金 *ǧui zhi bpu*」[26]をロメイに対して請求することになった。この要求は村の話し合いによって承認されることになったが、村のもめごとの調停役をになう男性は、「ロメイは元夫とのあいだに離婚証を作成し、その後チャヌーとのあいだに結婚証を作成していない以上、書類の上ではヤミハ（未婚女性）と変わらないことになる。なので、彼女のどっちつかずの行動は何のオリに反しているとも言い難く、頭が痛いのだ」と嘆息した。

そのうち、このようにロメイがあまりにも頻繁に心変わりをすることを、「彼女を家神が見なくなった *yeb seu yaw bta ma ni la ve*」ととらえる者が現れ始めた。ロメイが元夫を裏切って姦通を行った際に、彼女と元夫とのふたりで成り立たせていた家神の秩序に対する逸脱が起こり、徐々に彼女を「管理している」はずの家神が彼女を見なくなり、そのために彼女は「狂ってしまった*gù la we*」のだ、というのであった。ロメイが狂ってしまったという語りはその後P村で頻繁に語られるようになったが、わたしには、ロメイが行政書類の所在を楯に元夫の再婚相手に帰村を要求する様子などからは彼女が狂っているようには思えず、わたしのホームステイ先の女性家長Mにそのことを尋ねてみた。Mは、「彼女が狂ったのかどうかはわたしには分からない。おそらくロメイは、はじめのころはP村のなかでも貧しい暮らしをしているなかで、比較的自由に使える金を持っていた若い出稼ぎ帰りのチャヌーのことを魅力的だと思ったのだろう。ところが、その後チャヌーとともに出稼ぎをしてみると、それほど安定した生活を送れるわけではないことが分かり、再び元夫のことが恋しくなったのではないか。元夫とのあいだには、すでにレンガ造りのしっかりした家があるし、子どもも二人いる。しかしチャヌーと暮らすのであれば、これからがんばって金を稼いで家を建てて、子どもも生まなくてはならない。ロメイは避妊（輸卵管結紮手術）をしていないのでまだ子どもを生むことができるとはいえ、そのような人生が今度は嫌になったのではないか」と語ってくれた。

わたし自身は、頻繁に村の内外を行き来するロメイに彼女の気持ちを尋ねる機会を得られなかった。村のなかでは、ロメイの夫に対し、「本当にロメイと結婚したくないのであれば、ロメイの戸籍などすぐに手放せばよいものを、ロメイの夫はやはりロメイと結婚したいのだ」という陰口がしばしば囁かれていた。わたしの帰国後、ロメイの元夫は遂にロメイと〝再婚〟することになったということであった。

この事態が村人たちにどのように見られたか、ということが端的に分かるのが、ロメイに対する呼称の変化である。当初、ロメイは長男シェパの母であることを表す「シェパエ」という呼び名で呼ばれていた。ところが、駆け落ちによって村からいなくなったのちは、この「シェパエ」という呼称は消え、ロメイという本名か、あるいは駆け落ち男性チャヌーの妻であることを指す「チャヌミマ」という呼び名で呼びかけられるようになっていった。この呼称には、他人の妻を奪ったチャヌーと奔放なロメイに対する皮肉の意も込められていたが、村人たちが彼女の離婚を受けて、新たな男性との関係が公のものとなったことを示している。村の話し合いで元夫との離婚が成立したのち、チャヌミマという名が定着するかに思えたが、再びロメイが元夫のところに戻ってきたことで、彼女の立場は不明なものとなり、「ロメイ」という個人名が復活する。その後、元夫との再婚騒動が紛糾しているあいだは彼女は常に「ロメイ」と呼ばれ続けた。この「ロメイ」という呼び名は、彼女が誰の関係からも切り離されたもの、まさに「ヤミハ（未婚女性）」であるかのように見なされていることを示している。

ロメイのような事件はP村でも類を見ず、極端な例であるものの、この顛末からは、行政書類のあり方が女性の逸脱をめぐるレトリックを左右し、何のオリ（規範）を持ち出して誰を叱責すればよいのかの判断に影響するようになっていることが窺える。未婚女性の逡巡がただ「乱れ」と呼ばれてたしなめられるのとは異なり、すでに既婚者であったロメイの場合は彼女に関わるオリ（ここでは家神の秩序）がより重大であったことも、このような錯綜の要因であろう。女性の結婚状態が不明瞭になるなかで、女性の属する家や既婚／未婚状態をはっきりさせるために結婚証が重視されてきたことは事実であるが、そのことがラフのオリにまで影響を与えつつあることが分かる例だと言えるだろう。

配偶者選択をめぐって逡巡する女性や、それに翻弄されつつも何とかイニシアティブを取ろうと女性を自らの家に招き入れる男性たちの行為は、従来男女一対で築いていくものであった家神を頂点とする秩序に抵触するものであった。そして、ラフ村落における既婚者と未婚者の区分は揺らぎ、何を以て結婚と見なすのかの基準が多元化してきている。今や頻繁に村や家の内外を行き来する若者たちにとっては、村や家の「オリ」とは常に意識されるものではなくなりつつあるものの、未婚男性が女性を家に招き入れる際には村や家のオリと関わらざるを得ない。また、彼らを養う家の主である父母らにとっては、そのような既婚状態とも未婚状態ともつかない行動は、家のオリ（罰金）や村のオリ（罰金）の支払いを引き起こす可能性をはらんでいる。

この事態に際して、ラフ男性や男性の親たちは「結婚証」という書類を用いて女性を確実に自らの配偶者として定位しようと試みるようになりつつある。「夫を求める」とはどういうことか、がきちんと確定できないからこそ、行政書類を以て結婚の成立と認めるしかなくなっていると言えるだろう。本来国家による国民管理のためのツールである行政文書が、女性の移動や所在をめぐる重要なカードとしての役割を持つようになっていると言える。女性を確保したいというラフ男性の欲求と、よりよい配偶者を選びたいというラフ女性の思惑との拮抗の結果、結婚証を従来のラフの婚礼のなかに組み込むための婚礼の分割という新たな実践が登場している。

この一連の変化は、端的に言えば結婚という契約方法の変化である。いかなる手続きを以て結婚の締結と見なすのか、という規則には、常に問いを寄せ付けない恣意性が伴う［cf. 浜本 二〇〇一：一一五–一二五］。これこれの手続きを行うことを以て「夫を求める」こととする、という秩序の内部にいる者にとっては、それを行ったのちに関係を反故にするという選択肢など「知らなかった」ほど当然のものであった。しかし、その秩序の外にいる漢族男性との出会いや遠隔地婚出という新たな形態の登場によって、その必然性が成り立たなくなったとき、この秩序の呪縛力は損なわれてしまう。そして、その代替として結婚証という別の規則が台頭してきた。こちらの規則は、たとえラフの結婚手続き同様に恣意的・無根拠であろうとも、国家の制度として定められているという点において強力だからである。

しかし、問題はまだ残る。結婚証を作成するためには、女性が一八歳になるまで待たなくてはならない。これはむしろ、一八歳までの時間を彼女に自由に与え続けることを意味し、女性を早く確保したいという男性側の思惑と矛盾する。そこで再登場するのが、男女を既婚状態に踏み込ませるものとしての「頭を下げる」および「水を飲む」手続きである。これはすでに反故にされる可能性を孕む弱い規則ではあるが、「村のオリ」を回避し、コストのかかる披露宴ケチャヴェを後回しにしながら女性との関係を村内に持ち込むことを可能にする。このように一度ほどかれ、結婚証という新たな要素を加えて編み直された結婚手続きは、女性の配偶者選択におけるあいまいさを最小限に抑えようとする動きに基づいていると言えるだろう。

女性の立ち位置を明確化するために用いられる結婚証というツールは、結局のところ移動性の高まりつつある女性を束縛する道具のように見えるかもしれない。しかし、それは一方向的に女性の束縛を可能にするものというより、女性の立ち位置がそこに集約されるようなものとなってきている。行為の上では「乱れ」ていても、結婚証の上で逸脱していなければ、女性を罰することは難しくなる。このような反転によって、結婚証は必ずしも女性だけではなく男性の行為も拘束するものとして、その効力を増してきていると言える。

5　国家制度と女性の「ハイブリッド」化

本章では、遠隔地婚出に逡巡する女性たちについて、周囲の人々が女性の所属をめぐるいかなる交渉を行っているのかを見てきた。遠隔地婚出女性の逡巡や、結婚関係の不安定性のなかで、従来ラフにとって自明のものであった人と家とのつながりは曖昧になり、ラフ女性の属する家はどこか、という問題は容易に判断のできないものとなっている。

本章の前半においては、招魂を行う場である「炉の魂」のありかや戸籍の登録地をめぐる交渉に着目し、遠隔地婚出を行った女性の属する家についての父母と娘の交渉を論じた。父母は、遠隔地婚出を行った娘の将来の不透明性を見越して、娘の安全や健康をなるべく担保できるような対処を行おうとしている。これは、女性が婚出したあとであっても娘に対するなんらかのはたらきかけを行える余地を残しておこうとする判断であるが、「炉の魂」については、娘の状況や気持ちを慮りながらもその解釈に常にあいまいさが残るのに対して、戸籍の登録地についてはきっぱりと生家に置いておくようにと娘に進言している。「炉の魂」は、人の手によって動かすことのできないものであり、生家の父母はそのありかを生家だと「見なす」ことによって娘へのはたらきかけを行うことができるのみであるが、戸籍は実効的な拘束力を持っており、娘のさまざまな書類手続きの源となるため、娘へのはたらきかけの余地を残すより強力なツールとして認識されてきていると言える。

本章の後半では、結婚の成立をめぐるラフの男性側と女性側の交渉を論じた。女性の父母は、娘が婚出を遅らせてよりよい選択をしようと画策することに大きな口出しをしないのに対して、ラフ男性側は、ヨメ不足のなかで確実に配偶者を確保するために女性を自らの家に住まわせることで結婚関係の形成を急ごうとする。このような事態のなかで、家の内外や村の内外で区分されていたラフの秩序に対する女性の逸脱状況が起こっている。そのなかで、ラフ女性を手元に留めようという男性側の意図が結婚証の確保へと収斂していき、結婚証がむしろラフの村のオリ（秩序）をはっきりさせるツールになっていることが明らかになった。

さて、これらの交渉は、家と人とのつながりというラフの人格観念を抜きにしては考えることができない。ラフにとって家は人の心身の健康を維持するものであり、治病の際には必ず依拠されるものであった。そして、家神への背徳行為や家からの長期的な離反は、人の心身に悪影響をおよぼす危険性を持つ行為であった。家から長期間離れると、その者の心身は脆弱な状況に置かれる。また、どの家神に「管理されて」いるのか分からない状態は、気が狂ってもおかしくない状態だと見なされる。第4章で論じたような、性愛呪術にそそのかされた者が「野山をさまよって気が狂って死んでしまう」という語りにも、性愛呪術が人の家との関わりを絶ち、家や村のなかではなく「野山」に人を連れ出して狂わせてしまうことが示されている。ラフ女性の遠隔地婚出は、女性に素晴らしい未来を与えてくれる可能性を秘めたものととらえられつつも、同時にラフにおける結婚の形態や家への所属状態を攪乱するものである。その結婚関係の継続をめぐる女性の逡巡は、彼女たちを脆弱な状況に置くものととらえられている。そして、そのような女性との結婚を目論む男性もまた、男女二人で築くはずの家の秩序の不安定性に直面することになる。

このような状況に対して、女性に対するはたらきかけを行いうるツールのうち、結婚証や戸籍といった国家の行政書類がその存在感を増していることは注目に値する。ラフ女性の父母や、あるいは若いラフ男性たちが、結婚証や戸籍に大きな関心を寄せるのは、このような家と人との関係の攪乱を、それらの行政書類がはっきりとさせてくれるからである。これらの書類は、国家による国民管理のツールでありながら、ローカルな場では全く異なる文脈で人々を分節化し、秩序立てる装置として用いられている。ラフの「オリ（秩序）」だけでは対処しきれない状況に対して、国家の行政書類を用いて対処している様子が本章からは浮き彫りになる。

身体の居場所、戸籍の登録地、炉の魂のありか、結婚証の相手などが多地域的に配置されるという事態そのものが、現在の多くのラフ女性のあり方の特徴となりつつある。女性の所属を示すこれらの諸要素は争奪の対象になりながらも、その多地域的な配置自体は、それぞれが適切かつ安全に取り扱われている上では大きな問題にはならない。本章で見てきたような女性の所在をめぐる交渉は、家に根ざした人のあり方というラフの人格観念に根ざしたものでありながら、すでに従来のラフの人格観念だけでは理解できないものとなっている。すなわち、戸籍や結婚証の有無を抜きにして、結婚や家族に関するラフのオリ（秩序）を考えることはもはやできない。そのなかで、女性の所在は、身体のありか、「炉の魂」のありかだけでなく、戸籍の登録地、結婚証作成の相手など複数の要素によって判断されるようなハイブリッドの状態［ハラウェイ　二〇〇〇］になっている。

註

（1）「ひとつの家の人間」は、基本的には一軒の家に住む世帯内の人間を指すが、「オヴィオニ（キョウダイ）」と同様に、親密さを表して「我々はひとつの家の人間ばかりだ」と表現することもある。

（2）ラフの家や魂の観念については、北タイのラフニ（赤ラフ）を取り扱ったウォーカーの記述や［Walker 2003］、雲南省瀾滄県北部のラフナ（黒ラフ）に関する複数の記述がすでに存在する［馬　二〇〇四ａ：張　二〇〇八］。これらの研究は、地域ごとの違いを見る上で興味深いものの、家屋をひとつのコスモスと捉え、静的に捉えるアプローチを採っているため、婚姻に伴って家を出入りする人の移動については触れていない。本書ではこれらの研究も適宜参照するものの、基本的には筆者の調査によるＰ村の事例をもとにする。

（3）ウォーカーによれば、北タイのラフニにおいて、一人の人間が持つ魂の数については二から三一まで幅があったそうだ［Walker 2003: 125］。馬は、中国のラフナ（黒ラフ）について、炉と身体にひとつずつ存在すると述べるが［Ma 2013: 116］、馬の調査地の隣村で生まれ育ったラフ研究者の張は七つだという説を報告している［張　二〇〇八：二二］。また、筆者の調査地では三つという意見が複数聞かれた。このような数のばらつきは、結局のところラフにとって魂の数そのものが特に問題とされないことの証左とも感じられる。しかし、少なくともふたつ以上ではあるようである。

（4）ラフ語には二種類の魂を言い分ける言葉がなく、単に「炉にも身体のなかにも魂がある」と述べるのみである。

（5）このような招魂の大小の区分は、東南アジア側のラフでは報告されていないようである。しかし、精霊祭祀と宗教刷新運動とが拮抗しているタイのラフニ村落で調査を行った西本によれば、精霊祭祀を行う呪医は、魂に対して戻ってくるようにと直接呼びかけるのに対して、宗教刷新運動の担い手である宗教者は、さまよっている魂を呼び戻してくれるようにと、至高神グシャに対して祈りを向けるという違いがあったそうである［西本　二〇〇九：二二一］。

（6）「大きい招魂」は偶数月にしか行われず、七月や九月は避けられる。理由は定かではないが、「対 *aw ceh*」の月でなければならないという説明から、対概念を重要視するラフの観念［Du 2003］が関わっていると推察される。

（7）タイのラフニの調査を行ったウォーカーの説明によれば、これによって鶏の付近に帰ってきている魂を炉の火であぶりだし、身体に戻すのだという［Walker 2003］。

（8）招魂手続きで唱えられる、「死のくに」に至る地名のルートについては馬を参照のこと［馬　二〇〇二］。しかし、村ごとに移動の起点が異なり、またモーパによってもこれらのルートには若干の違いがある。Ｐ村のあるモーパは、他の若いモーパが招魂の唱えごとについての教えを請うた際に、「〇〇を過ぎれば、その後はお前の思うように進むがいい」と返答していたことから、このルートは必ずしも固定的なものではないことが窺える。

（9）魂の身体からの離反は、家以外の場所にいる夢を頻繁に見ることなどによって分かるとも言われる。

（10）結婚の他、転居の際にも「炉の魂」の移動は起こるはずだが、「炉の魂」を転居に伴って移動させる具体的な手続きはP村では聞くことができなかった。他村では、前の家の炉の火種を家長がまず新居に持って入らねばならないという話が聞かれた。

（11）「大きい招魂」については、死者との交渉を行う立場にない若者たちには主催することができないため、親の主催する招魂に列席させてもらわなくてはならない。婚出子は、通常は生家ではなく婚出先の父母（つまり配偶者の父母）の行う招魂に名を連ねるが、もしも舅や姑が「大きい招魂」を行う予定がないときに不調に陥った場合には、生家に戻って生家の招魂に参加することもできるそうである。しかし、筆者が参加することのできた儀礼のなかではそのようなケースはひとつも見られなかった。また、婚出子が生家の父母の招魂に参加可能なのに対し、婚出子の子は同居していない祖父母の招魂に参加することはできない。

（12）馬は、ラフの親子関係の強さが現世だけでなく「死のくに」にまで引き継がれること、「死のくに」から親は子の行動を常に監視し、子が過ちを犯せば罰を与えにくるような存在だとさえ述べる［Ma 2013］。しかしP村で筆者が耳にした限りでは、「死のくに」にいる父母が罰を与えにくるという話は全く聞かれず、「子が恋しくて、お腹が空いたら（子の食糧を）食べに来る」という説明がなされていた。

（13）ナロについては事例14、ナテーについては事例15も参照のこと。

（14）漢族においても、実は招魂の実践は存在する［たとえば莫　一九九九］。しかし、P村のラフの人々は口をそろえて「ヘパとはネ（注：ここでは呪医モーパによる治病儀礼一般を指す）を行わない人たちのことだ」と語った。近隣の漢族とのつきあいが比較的多い出稼ぎ者などは、瀾滄県に住む漢族にもラフと同様に招魂の習慣があることを語ったが、ラフ女性が婚出するような遠くの漢族は招魂を行わないのではないかと語った。

（15）籍貫とは、中国古代においては父系的な祖地のことであり、父あるいは祖父の常住地を指す。中華人民共和国においては、一九九一年に発布された「幹部檔案工作条例」において祖父の長期常住地を書くことと規定されているが、実際には父親の長期常住地を書く例が多いという。

（16）従来、子は基本的に母親の戸籍種別を受け継ぐこととされていた。これは、中国の多くの結婚において、女性の社会的地位が男性よりも低いことが多いことを踏まえた上での規定である。つまり、都市戸籍保持者の男性と農村戸籍保持者の女性との結婚はあり得ても、その逆は非常に少ないことを見込んだ上で、より戸籍種別において社会的地位の低い女性を水準として子の戸籍の登記を行おうとしたのである。そのため、夫婦や家族のあいだで戸籍種別が分断されてしまう悲劇や抗争が多く報告されている［若杉　二〇〇三］。このような子の戸籍登録に関する条項は一九九八年には改正され、現在では子の戸籍は父母どちらの戸籍登録地に登記することも可能になっている。P村では、遠隔地婚出女性と漢族男性とのあいだに生まれた子どもが母方の戸籍に登録されているという例は見られなかった。

（17）それでも、一人っ子政策に違反する超過出産のために戸籍登録を行っていない子ども（黒孩子）が中国に数多くいることは知られている。

二〇一〇年の時点で人口の約一％にあたる一三〇〇万人が黒孩子として暮らすという［国務院人口普査辦公室 国家統計局人口和就業統計司（編）二〇一二］。

（18）結婚証作成の手続きは次のようなものである。男女双方の戸籍簿と証明写真を持って、男女どちらかの常住戸籍がある地域の婚姻登記機関に行き、そこで「結婚登記声明の申請書（申請結婚登記声明書）」をそれぞれ一枚ずつ作成する。その申請書には当事者が必ずその場でサインもしくは拇印を押し、問題がなければ当日には結婚証が発布される。（二〇〇三年に施行された中華人民共和国婚姻登記条例より）［加藤 二〇〇三：一一四-一二〇］。中国においては結婚に際して夫婦が同一戸籍にする義務はないため、瀾滄県で結婚証の作成手続きを行えば、ナロが婚出先に戸籍を移籍する必要はなくなる。

（19）このような不完全な戸籍移籍の試みからも、ナティ自身が行政書類の諸手続に詳しくないことは明らかである。おそらく戸籍を持ち出すようにという助言は、彼女を連れ出した仲介者から成されたものだと思われる。

（20）単に家屋に立ち入ることではなく（それすらも未婚女性は恥ずかしがることが多いが）、宿泊やそれに伴う性関係を指している。

（21）計画出産や子どもの成育に関する職務を担う。各村に置かれた役職であり、女性が担当する。

（22）P村の現在一〇代の若者は、男女ともほぼすべて初級中学（日本の中学校に相当）を卒業している。

（23）結婚証作成のためには、従来健康証明や村民委員会の推薦など複雑な書類手続きが必要だったが、二〇〇一年の婚姻法修正以降、戸籍簿・身分証・結婚状況証明書・証明写真に簡略化された。

（24）中国における結婚最低年齢は男子二二歳、女子二〇歳だが、少数民族地域にはいくつかの変則がある。瀾滄県は、一九八二年の「瀾滄拉祜族自治県変通執行〈中華人民共和国婚姻法〉的規定」において、「農村社員の結婚年齢は、男性が二〇歳以下、女性が一八歳以下であってはならない」と定めている［《瀾滄拉祜族自治県概況》編写組（編）二〇〇七：九六］。

（25）瀾滄県は二〇〇三年より「ラフ文化興県」というプロジェクトを開始し、ラフの踊りや歌、神話などを文化資源として文化振興を行おうとしているため、ラフの伝統的な民族衣装や民族鞄の価値が高まり、P村においても製作・販売を行う女性が出てきつつあった。ロメイは、かつて村の婦女主任の役職を行っており、このような鞄の製作・販売の先駆者であった。

（26）ロメイとチャヌーの一件以外で、「顔を洗う金」という表現は聞かれなかった。チャヌーの母は、「息子やわたしたちの顔に泥を塗ったので、その顔を洗わせるための金だ」とこれを説明した。

第7章
結論　移動する女性の主体と所在

女性の移動が活発になるにつれて、女性の位置づけは従来のラフの観念ではとらえきれないようになっている。行政書類や携帯電話などのさまざまなツールは、ラフの観念のなかに編み込まれるようにして女性の所在をゆるやかに位置づけている。今後、女性の移動の連鎖がミャンマーにまで波及するようになれば、ラフの村の生活はどのように変わっていくのだろうか。写真は、田植えののちに車道を歩いてＰ村まで帰る女性たち。かつて、地震の復旧工事のために多くの漢族男性が訪れ、ラフ女性に声をかけて連れ出していった道を歩きながら、彼女たちは何を思うのだろうか。

本書の目的は、序論で述べたとおり、ヨメ不足の連鎖の末端に位置し、そのしわ寄せを受ける女性の送り出し社会において、女性の流出がいかに受け止められ、ローカルな社会規範をいかに変化させているかを、中国雲南省のラフ社会を事例として明らかにすることであった。一九八〇年代後半以降に起こったラフ女性の遠隔地婚出が、ラフの社会にどのような変化をもたらしているのか、そしてその社会変化が人々によってどのように経験され、いかなる実践を引き起こしているのか。これまで女性の移動先社会での調査に基づき、女性自身の発話のみに依拠しがちであった従来の議論に対して、女性の送り出し社会における論理を様々なアクターの語りと実践から重層的に描く手法を試みてきた。本章では、各章の議論を振り返りつつ、ラフ社会における女性の位置づけの変化について全体を通した考察を行う。

まず、第1章では、女性の移動に関する先行研究を整理し、そこにしばしば見られる構造対個人という議論の構図を確認した。そして、近年優勢である女性の行為主体性に関する議論の問題点として、女性個人の語りをもとにしているために、女性がたんに行為を主導する能動的存在として描かれがちであることを指摘した。そして、このような女性の行為主体性の解釈に関する問題を、女性を取り巻くローカルな人々の視点から捉えなおすことを提唱した。また、地域間経済格差に基づいて世界各地で起こっているグローバル・ハイパガミーに関する議論において、女性の送り出し社会への視座は不足しており、送り出し社会に起こる変化を捉えるためには、女性を取り巻く人々が女性の行為主体性をどのようにとらえているかということからをまず出発しなくてはならないことを指摘した。そして、そのような行為主体性の解釈は、彼らの人格観念に基づかなくては論ずることができない。

第2章では、このような問題意識に基づき、ラフ女性の遠隔地婚出をラフの論理から理解する上で前提となる村落の空間秩序と婚姻慣行について論じた。P村では、村の最上部に座す山神の祠を中心として、山神が庇護する村内の空間と、各家の最奥部正面に据えられた家神の管轄下にある屋内の空間はそれぞれ「オリ（秩序）」のある空間と見なされていた。これらの空間の内外で未婚者と既婚者の性交渉は隔てられ、結婚によって男女ははじめて村内で男女関係を公にすることができる。ラフは体系的な親族組織や親族集団を形成せず、結婚を結節点として双系的に親族関係が広がるため、結婚は人々の関係をつなぐ大きな契機である。結婚によって、男女の双方向に「オヴィオニ（キョウダイ）」の関係が拡大するが、そのような双方向性が、漢族との遠隔地婚出においては大きな断絶を伴うものであることを指摘した。

その上で、第3章では、一九八〇年代後半以降のP村における遠隔地婚出の登場と変遷について述べた。まず、中国全体で進展する男女比の不均衡と慢性的なヨメ不足の状況を示し、それがどのように瀾滄県にまで波及してきたのかを示した。そして、P村で進展した遠隔地婚出の変遷を時代毎に概観するとともに、このような遠隔地婚出において重要な役割を果たしてきたのが、必ずしも組織化されているばかりではない様々な仲介者たちであることを指摘した。町で結婚の斡旋業を専門に行う漢族商人、そのさらに仲介を行うラフ男性の「紹介者」、先に婚出した女性など、一九八〇年代後半から実に様々なつながりが張り巡らされ、女性がひとたび「ヘパ（漢族）のくに」に婚出したいと思えば必ず到達できるようなネットワークが形成されてきたことを提示した。

第4章では、遠隔地婚出をめぐってラフの村内で様々に語られる語りから、女性の行為に対する意図や理由をいかに語るか、というローカルな場における行為主体性の解釈に関わる問題を論じた。そして、女性の行為に対する理由の語りが時代や社会状況によって変化しつつあることを指摘するとともに、先行研究によって指摘されてきたような女性のエージェンシー論とはそぐわないような、女性の行為の責任を女性には帰さない語り口があることを性愛呪術の語りから明らかにした。女性の行為をいかに語るかは、時代やその後の女性のおかれた状況によって様々に変化しうる。当初は自分自身が望んで出て行ったのだと思われていた事態が、女性自身のその後の語りによって、仲介者による性愛呪術の疑いを呼びおこすこともあった。また、女性の嫁ぎ先を訪れた人たちの語り方によって、良い暮らしをしていると思われれば「紹介された」、良くない暮らしだととらえられれば「だまされた」のように判断が分かれる場面もあった。このように、行為主体性／エージェンシーは、誰から見てどのような状況のもとに語られるか、という問題と不可分であり、それを抜きにして行われる分析概念としての行為主体性は、しばしばローカルな解釈とは乖離してしまう。

第5章では、女性の婚出先である安徽省や河南省の農村に目を移し、婚出後の女性たちが生家での暮らしと嫁ぎ先の暮らしとのあいだで揺れ動き、最終的な居場所を決めかねて逡巡する様子を見てきた。かつては婚出ののちに帰村することは容易ではなかったが、近年では交通手段の発達によって移動が容易になり、里帰りを行う女性たちも増えつつある。それらの帰ってくる女性たちの多くは、里帰りの最中に、漢族夫との結婚を放棄して生家に残るか、それとも再び漢族夫のもとに戻るか逡巡する。貧困対策のために飛躍的に生活環境の向上しつつある瀾滄県と、出稼ぎ者の流出によって高齢者ばかりが残る広大な漢族農村地帯とのギャップ。温暖な雲南省からは想像できないほどの厳しい冬の寒さや、はじめは口に合いにくい小麦食。結婚を機に双方向的に広がるはずのオヴィオニ関係の欠如など、さまざまなギャップが女性たちを迷わせている。そんななか、里帰り中には未婚男性やかつての恋人など、さまざまな男性が彼女たちを取り巻き、別の人生の可能性を提示する。このような、P村において女性たちをさまざまに逡巡させる諸状況を提示するとともに、女性の所在の不安定さと葛藤を描き出した。

上述のような、婚出女性の行動に見られる逡巡や葛藤を受けて、第6章では、婚出した女性たちの属する家をめぐってP村で行われる様々な交渉を描いた。近年では、女性の葛藤や逡巡や心変わりが顕著であるために、ラフの人々は女性を「乱れ」ていると語り、彼女たちの発言をそのまま受け止めることにためらいがある。「彼女たちの心のなかは誰にも分からない」と嘆息する母親たちも少なくない状況で、女性たちの属する家がどこにあるのかをめぐって、生家の家族や男性たちのあいだでは様々な交渉が行われている。まず、女性の父母が考える、娘の「炉の魂」のありかと戸籍をめぐる処遇を論じた。そこには、移動によって通常よりも脆弱な状態に置かれる娘の健康を維持し、不慮の事態が起こった場合に何らかの対処を行える余地を残すような親の娘への配慮が見られた。そして、そのような親の庇護からすでに離れてしまった既婚女性の遠隔地婚出においては、女性の魂をつなぎとめる者もおらず、究極的には戸籍についても自分で常に身体に結びつけておくことによって他人からの操作を防ぐという手段をとらざるを得なくなっていることが明らかになった。これは、もし漢族男性との結婚がうまくいかなかった場合に、戸籍を漢族夫方から取り戻せなくなることを危惧しての対策であるが、そのような戸籍をめぐる交渉の結果、女性の所在が複数化することを示した。次に、遠隔地婚出を受けて、村にいる未婚女性をめぐる状況も複雑になってきていることを論じた。未婚女性の配偶者の選択肢が増えるなかで、結婚による女性の立場の変化を確認・強化するために、男性たちのあいだで結婚証が重視されるようになりつつあることを指摘した。このこともまた、女性の所在が不安定であるなかで、ラフの規範よりも強固に女性にはたらきかけることのできる行政書類が重要な駆け引きのツールとなっていることを示している。

以上のような本書の議論のなかから、わたしが主張したいのは以下の三点である。すなわち、女性の行為主体性に関する議論を文脈化するためのエスノ・エージェンシー論の必要性、そしてエスノ・エージェンシー論を論ずる土台として、人々の人格観念への探究が不可欠であること、そして、エスノ・エージェンシー論に立つことによって明らかになった、ラフにおける人格観念と家との強い結びつき、そしてそこに新たに編み込まれつつある行政書類の存在である。

1　移動する女性についての語りと場——エスノ・エージェンシー論に向けて

本書では、従来女性の移動先の社会において論じられてきた、移動する女性の行為主体性についての議論を、女性の送り出し社会に着目して論じなおすことを試みた。それを通じてわたしが意図したことは、女性の移動に関する行為主体性論の問い直しである。女性にとっての移動は、特に近年ではしばしば行為主体性の発揮として描かれてきたが、そこで彼女たちの移動という行為を「行為主体性の発揮だ」と見なしているのは研究者である。それに対して、本書が見てきたのは、女性の送り出し社会から見た女性の遠隔地婚出という経験と、そこで語られる女性の移動に関する多声的な語りであった。

女性と彼女たちを取り巻く微細な語りや実践の連なりに着目することによって、従来論じられてきたような、女性の移動を大きな社会構造的な状況下における被害者性と結びつける議論や、そのような構造からの脱却を目指す女性の行為主体性を強調する議論の双方からある程度の距離を取ることが可能になった。女性を構造的弱者とのみ断ずることに批判的視線を投げかけ、女性自身の主体性を強調してきたフェミニズムの流れを汲む行為主体性論もまた、女性自身の語りを重視するという点で女性たちの個別性を示すことには成功しながらも、なんらかの女性の行為を観察者が行為主体性の発揮の機会と見なす、という点において奇しくも俯瞰的視点を持っていた。女性自身が婚出先で研究者に語る様々なストーリーは、研究者が女性の移動について尋ねるという対面的状況に埋め込まれた語りであり、その場と聞き手との関係においてしか生起し得ない一度きりのストーリーとしてとらえられなくてはならない。

本書では、語りの場を女性の送り出し社会に移し、送り出し社会の諸アクターがいかに女性の主体性を解釈しているかに着目することで、女性たちの行為が周囲の人々によってどのように解釈され、語られるのかを見てきた。このようなアプローチを、本書では試験的にエスノ・エージェンシー論と名づけている。本書で主張するエスノ・エージェンシーとは、行為を解釈する視点をその社会の人々に据え、人のあり方や人格観念との関わりから人の相互交渉を捉える手法である。人の行為主体性をローカルな人々（エスノ）の視点から捉えることは、研究者であるわたしの（俯瞰的）視点を回避することにはつながらないが、分析概念として用いられるエージェンシー論よりも具体的に女性の立ち位置を文脈化することを可能とする。

エイハーンが述べるように、人の行為を解釈する仕方や、人の行為主体性の発揮の方法には、社会や文化によって様々な違いがある［Ahearn 2010］。しかし、女性の移動に関する研究においては、移動を社会問題とのみ捉える視点に対する研究者からの反発や、フェミニスト人類学との親和性のなかで、エージェンシーという言葉の含意は希釈され、「能動性」や「主体性」とほぼ同義の用語として使用されてきた感が否めない。そして、そのような用法は必然的に、移動する人を「行為を能動する主体」としてのみとらえる近代西洋的個人観を温存するものであった。これに対して本書では、自己をすでに成立したものと見なすのではなく、河野が「エコロジカルセルフ」と論じたような、より環境依存的で不安定なものととらえる［cf. Battaglia 1995; 河野 二〇一一］。ラフにおいて、人はしばしば正常な思考を失い、社会関係からの離反によって「気が狂い」うる可能性をもつものであった。では、そのような不安定な自己を、送り出し社会の人々はどのように見なし、それにどのように対処するのか。

本書で見たように、女性の行為を引き起こした原因をめぐってあとからなされる語りには多様な解釈が入り交じり、ひとつの像を結ばない。また、女性の語りのみが常に特権的に彼女の主体性を保障するわけでもない。女性の移動を引き起こした原因の語りには、遠隔地婚出が行われた時代毎の特徴や、婚出の方法などによってある程度の類型化が可能であった。一九八〇年代後半ごろの婚出は、地震による生活基盤の崩壊と、それによって深刻化した貧困に原因が帰せられており、そこから逃れようとするラフ女性の婚出は同情を持って語られていた。その後、漢族男性が村を訪れるようになり、父母に金銭が渡されるようになるにつれて、遠隔地婚出は徐々に女性自身の希望による選択として語られるようになっていた。ところが、二〇〇八年ごろに引き起こされたヨメ探し漢族男性の来訪制限という措置によって、女性の移動を媒介する諸仲介者らの活動が目立つようになるにつれて、移動は再び不可思議なものになってゆく。そして、女性の婚出は女性の主体的行動ではなく、表面上はそう見えたとしても、仲介者らによる性愛呪術のはたらきかけによって操作されたものではないのか、という疑いが強まっていくこととなる。これは、遠隔地婚出という選択の魅力が薄れ、女性の移動の意図や原因が汲み取りにくいなかで、村人たちによって行われる憶測である。また、これは実際に増大しつつある女性の消失や誘拐といった犯罪に関わる事態と無関係ではないだろう。しかし、性愛呪術の語りは、ただ不可解な現象に説明を与えるというだけではなく、女性の結婚が破綻して再度帰村するような事態が起こった際に、女性の身を庇おうとする人たちによって主張され、女性自身の責任を分散させるような効果を持っていた。

これらの多声的な解釈は、「無限後退」[木村 二〇〇三]とも言いうるような憶測の連鎖を生み出す。どこからが女性自身の意図なのか、相手が行った行動への反応として自分が行為したのか、といった解釈は、常にひとつの答えには行き着かない読み合いの連鎖であり、かつその後の生活によって様々な再解釈があり得るため、それに決着をつけうるような絶対的視点や決定的証拠はあり得ず、女性の行為の理由／原因はひとつのアクターに収斂していかない。法的責任を問う場面でもない限り、そのような行為の原因の追及はそれ以上行われず、女性の婚出後の行為にその関心は移行してゆく。それは周囲の者だけでなく、女性自身にとってもそうであり、彼女自身が「騙された」と語るか、「自ら行った」と語るかは、結婚後の夫との生活によって可変的なものであった。

このような、送り出し社会の人々によってなされる女性の主体性についての解釈を文脈化してみると、ラフの人々には女性の行為主体性を最後まで突き詰めることができずに、「彼女の心の中は誰にも分からない」とする態度が見られること、特にその傾向が近年顕著になりつつあることが浮かび上がってきた。

2 ラフにおける人格――魂・家・結婚

それでは、このような女性の行為主体性をラフの人々が解釈するにあたって欠かせないものは何か。本書では、ラフにおける人格観念を見ることで、それとの関わりでラフ女性の行為主体性が解釈されており、またそれを抜きにして解釈することは不可能であることを指摘した。

ラフにとって、すべての人間は家と魂に基づく関係を持っており、その魂の正しい配置によって正常な心身を維持している。その人の属する家の炉に据えられた「炉の魂」へのはたらきかけによって、諸精霊からの攻撃や祖霊からの要求にも応えることができる。その意味で、家と炉はラフの生命を維持する基礎となるものである。また、それぞれの家に据えられた家神の祭壇は、家長である夫婦の調和や性規範によって維持され、この家神に基づく秩序がなければ家畜の大量死や子どもの病気、果てには家族のなかから「気が狂う」ものが出てしまうことになる。

このような、人の心身の状態と不可分に結びついている家は、結婚によって成立する。夫婦となって、村の内部に家神を冠した家を持つことによって、男女は健康や安寧を生み出す秩序で保たれる空間の担い手となる。これらの空間を担っていない未婚の者たちは、まだ「人のことばをきちんと知らない」者と見なされ、危険や病の前に脆弱である。その意味で、ラフにとっての人格は、先行研究も指摘するように、異性との結婚という関係を結ぶことによって成立するものと言える［Du 2003］。

そのなかで、遠隔地婚出という女性たちの選択は、家族にとって女性の位置づけを理解し難いものにする現象であった。村から出て行き、その後新たな場所で新たな夫婦関係を築き、生活を営んでいるのであれば大きな問題にはならない。しかし、交通の便がよくなり、里帰りによって多くの者が村の内外を行き来するようになるにつれて、それらの女性たちがどこに属しているのかは曖昧になる。出稼ぎや就学のために町へ出る若者たちは、身体の上では生家におらずとも、生家の炉に魂をひとつ宿した状態にあり、彼らの所在は曖昧にはならない。しかし遠隔地婚出女性については、結婚という所属の転換をすでに行っているために、P村での滞在はあくまでの一時的なものであり、P村に「居る」ものではないということになる。それにも関わらず、里帰りを行って新たなラフ男性との男女関係を築いたり、漢族夫との関係を放棄したりする女性の行動は、それだけで彼女の所属を非常に曖昧にしてしまう。正常な判断を下せる人間の状態そのものが家の秩序と分かちがたく結びついているために、このようなどの家に帰属しているとも分からないような女性たちの行動はより一層「狂気」や他者からの操作に近く見えることになる。遠隔地婚出に関するものではなくても、姦通を犯した者や媚薬を放たれた者が、そのままでは「気が狂い、野山をさまよって死んでしまう」と言われるのは、まさに村や家の秩序から切り離されてしまった者が村のなかではなく危険な野山にさまよい出てしまうことを示しているのではないだろうか。

このような、家の秩序から距離を取るほどに人が「狂って」しまうことは、女性に対してのみ起こるわけではない。男性であっても、村外で姦通を行ったり、そうでなくても家族を顧みずに長く家を空けているような者は、気が狂ってきたのではないか、という疑念に晒されることがある。わたしの滞在していた家の男性家長は金稼ぎの上手な人で、養豚や植林など、村人がまだ手をつけていない商売の将来性を他村の人々からききつけては率先して行う人物であった。しかし、妻である女性家長Mは姑とともに心配そうな顔で「近年彼はあまりにも好き勝手な行動ばかりしている。商売をして長く家を空けるから、気が狂ってきたのではないか」と語った。家を長期間空けること、外の村で酒をたくさん飲むことなどは、人を狂気に近づける行為と見なされうることがここから窺える。好き勝手に振る舞うことは、その人の主体的行為としてよりも、狂気の末なのではないか、と見なされる危険がある。同様に、決死の覚悟の末に生家や元夫の家との関係を絶った女性は、生家においては非常に脆弱な状態にあると見なされるのである。本書の第6章で述べたような、婚出した女性の父母が、逡巡する娘の属する家をはっきりさせようと腐心することもまた、このような家と人との関わりのなかで理解されなくてはならない。

3　秩序に編み込まれる国家制度

本書の問いは、このような新たな現象の進展のなかで、送り出し社会にはいかなる変化が起こっているのかという問題であった。そして、遠隔地婚出を理解可能なものとするためにラフ村落においていかなる行為が積み重ねられているかを見てきた。

女性の婚出による遠距離移動は、労働移動の進展とは全く異なる帰結を送り出し社会にもたらしている。それは、ラフの行動を方向付けていた村の内外の性規範や、男女の結婚という状態、引いては家族のつながりという枠組みすらもあやふやなものにしてしまうことである。結婚が成人と見なされるための契機であると言われるラフ村落において、「夫を求める」という状態が曖昧になるということは、多くの人々にとって困惑を呼ぶものであった。「何に対して怒り、何をどうするべきだと主張するべきなのかも分からなくなってしまった」という第6章で見た母親の語りは、まさにラフの行動を構成していた秩序が女性の遠隔地婚出を基点として拘束力を弱めていることを示している。村落裁判によって裁かれるべき性的放縦は、人が村という境界線を飛び越えてしまうことで追求しにくい問題となり、女性たちは西双版納の出稼ぎ先や他地域に婚出した友人たちを訪ね歩くことによって、罰金や他者からの非難などをやりすごせるようになりつつある。

P村で見られた女性の父母らの実践は、このような秩序の上での混乱をより理解しやすいものにするべく、国家の諸制度に依拠しつつある様子であった。結婚証や戸籍をめぐる様々な交渉は、結婚関係によって秩序だっていたラフ社会のどこに位置づければいいのか分からなくなってしまった異化された遠隔地婚出女性たちを、少しでも理解可能なものにし、「どの家に属しているのか」「誰と結婚関係にあるのか」を明確にするために行われている。なかでも、本書で着目したのは戸籍の置き場としての生家である。漢族夫に戸籍を持って寄こさせ、瀾滄県において結婚証を作成することによって、結婚証という側面では娘を法的に既婚者とすることを許しつつも、戸籍は生家に残そうとする父母の目論みは、決して娘の束縛を意図したものではなかった。婚出した娘の戸籍を手元に残すという手段には、娘の将来を案じ、取り返しのつかない事態が起こることを防ぐために娘の所在の一部を手元に残しておこうとする親の子を思う心がある。

制度は、さまざまな媒介をとおして世界を切り分け「現実を作り出す」ものである［中川 二〇一一：八八］。それは国家権力によって作られようとも、必ずしも抑圧のためだけに一方的に用いられるわけではない。P村において、女性の所在のあいまいさや結婚状態の判断不可能さは、戸籍の確保や結婚証の作成によってこそ理解可能になるととらえられるようになりつつある。戸籍や結婚証は、女性の未来の不確実性に対して、より明快で操作可能な指標として、家族や夫らによって用いられるようになっている。かつては女性の所在の確認に特に関与しなかった戸籍や結婚証なくしては、すでに女性の所在を認識することは難しくなっていると言える。そのなかで、女性自身も戸籍の重要性を意識するようになっている。遠隔地婚出とその破綻ののち、常に戸籍を身につけ、他人には触らせないようにして身体と戸籍とを縛る女性や、自らの身体の移動だけでなく、そののちに一度戸籍を取りに戻る女性たちの行為は、自らの居場所についての拘束力が戸籍に帰されるということを周囲の者たちと同様に意識しているからであった。

このような変化は、ラフの「オリ（秩序）」の衰退、あるいは国家による包摂の過程と見なせるのかもしれない。かつて、ポイするという動詞は主に「下のくに／南のくに *awhaw muhmi*」であるビルマやタイに逃げることであったのに対して、現在では女性が漢族地域に「ポイ」するようになってきていること、そしてそのなかで国家の行政書類をめぐる複雑なアリーナが生まれていることは、まさにラフが中華人民共和国という国家のシステムに飲み込まれていく過程である。しかし、そのなかで戸籍や結婚証といった行政書類の重要性が増している事態を、ただ国家からの包摂に対する応答／抵抗の実践と捉えるだけでなく、本書では移動という事態に際して起こった、ラフの人格を構成する諸要素のハイブリッド化という側面に着目したい［cf. ハラウェイ 二〇〇〇：山崎 二〇一一］。なぜなら、ラフの人びとによる行政書類の取り扱いは、単に国家からの管理や統治をすり抜けたり利用したりするための戦略としての「見えないコード」［陳 二〇一二：三一六］であると言うよりも、家族や人の所在に関するラフの観念と不可分のものになっているからである。

ラフにとって人間は、身体と「身体の魂」、「炉の魂」からなり、それらはしばしば多地域的に配置されている。炉の魂が村内の家の炉にある状態で、長らく農作業用の出作り小屋に住みこんだり、出稼ぎで何ヶ月も家を離れること、また、出稼ぎ先で身体から抜け出た「身体の魂」を生家に呼び寄せて留めておくような行為からは、それらの諸要素がすべてひとところにあって本人の管理下にあることが常に必要なわけではないことが分かる。それらの要素は、ときに家族によって保護され、適切に取り扱われることで、人の心身の健康を維持している。そのようなラフの人格を構成する諸要素のなかに、戸籍や結婚証といった国家による行政書類が組み込まれ、不可分のものとなっているのが、遠隔地婚出を行った女性に特に顕著に見られるハイブリッドの状態であると言える。山崎は、ハイブリッドの状態について、臓器移植など身体への技術的介入を例にしながら、「旧来の枠組みでは互いに通訳できない複数の秩序が連結されるときに垣間見える」ものと論ずる［山崎 二〇一一：二五八］。山崎が論ずるほど互いに隔たった秩序とは言えないにせよ、ラフの人格の諸要素と、国家による世帯管理の書類もまた、このような境界状態における翻訳の作業を伴うものであったと言えるだろう。

このようなハイブリッドの状態は、現在のラフの村落においては、男性よりも女性により顕著な現象として起こっている。国家による国民管理という点では、男性も女性も同様に戸籍や結婚証の拘束を受けているが、これらの行政書類がその者の人生を左右する度合いは、ラフ女性の方がラフ男性よりも格段に大きい。ラフ男性は、ラフ女性と同様に、結婚において結婚証を作成し、婚後の居住形態によっては戸籍を妻方に移すこともあるが、これらの書類の有無をめぐってその後の人生が大きな制約を受けることは滅多にない。出稼ぎ移動が頻繁になった近年でも、男性たちの戸籍は常に村のなかに留められており、その所在が曖昧になることはない。一九八〇年代後半から起こったラフ女性の遠隔地婚出は、結果として女性をよりハイブリッドなものとして構成することになっている。そして、このようなことは、従来の人格観念において家と人との関わりや婚後の居住形態などがジェンダー対称的であったラフにとって、ジェンダー間の大きな違いを生み出していると言えるだろう。

行政書類と身体のハイブリッドという事態は、世界のあらゆるところで起こっている。国家が制定した境界を越えて移動する人々は、様々な制度や書類によって管理され、またそのなかでそれらの制度を彼らもまた利用している。フリーマンは、韓国での就業の機会を得るために、中国の朝鮮族女性が国境を越えるための偽装の結婚を行い、書類上の親族関係を創造して越境の契機を創出しようとしている様を見事に描き出している［Freeman 2011］。フリーマンはそのような書類を用いて戦略的に行動する女性のエージェンシーを論ずるが、しかしまた、女性たちはすでにそのような書類上の登記なくしては所在を定位しえない存在になっているとは言えないだろうか。書類は、行政による人の管理のシステムとして導入されるが、それはしばしばその目論みを越えて利用される。

行政書類と人格とのハイブリッドは、本書で論じたラフ女性の遠隔地婚出といった特定の状況のみならず、我々の身にも起こっていることである。たとえば大学院生で京都に住んでいた当時のわたしが、身体は京都に置きながらも住民票を大阪に置き、さらに戸籍は父の生家である島根県に置いていたという状況が、まさに本書で論じてきたような人の多地域的な配置である。しかし、その状態に人々が見いだす解釈は様々である。ラフが女性の遠隔地婚出という新たな状況に対して、戸籍や結婚証を用いて対処しようとしはじめていることは、ラフの人格観念（身体と「身体の魂」、「炉の魂」から成る）に基づいた解釈であるが、その結果として生まれてきた人格観念は、古いものをただ当てはめたものとは言えない。かといって、それを全く新しい観念の登場とも言えない。ハイブリッドの状況は、遠隔地婚出が起こってくるなかで、ラフの人格観念を行政書類にも敷衍したものであるが、そこで生まれた解釈は、すでにかつてのラフの人格観念だけでは考えられないものになっている。本書では、移動に伴って常に重大な問題となる行政書類、それを解釈する人々の人格観念、これらをともに論ずるアプローチが必要であることを提示してきた。

本書では、ラフの人々が、それまで重視していなかった戸籍や結婚証といった事物にいかに着目していくのか、それがいかに人格観念のなかに不可分のものとして取り込まれていくのか、という過程を論じた。ラフの人格観念は、戸籍や結婚証の登場を待たずとも集合的なものであったが、女性のこれまでにない遠距離への移動と結婚という状況によって、行政書類は女性の人生を左右するアクターとしてラフの人格観念のなかにその要素の一つとして編み込まれていったのであった。しかし、魂の不在や家からの長期的な離反が人の気を狂わせてしまう危険のある状態とみなされているのに対して、戸籍や結婚証の不備は、人生の選択に制約をもたらしはしても、正常な思考のあり方にまで影響を及ぼすとは考えられていない。その意味で、人の行為に影響を及ぼすアクターとして行政書類と既存のラフの観念はハイブリッドに女性の人格を構成しつつあると言えるだろう。

伊豫谷は、人の移動に研究関心が向けられることによって、逆説的にそれら移動する人々の「居るべき場所／戻るべき場所」としての場所とはいかなるものかが焦点化されてきたと指摘する［伊豫谷 二〇〇七］。そして、人の移動が非日常であり、定住が正常状態であるという想定そのものが、まさに近代の国民国家による境界の策定と人口管理のなかで創られてきたものであることを指摘しつつ、「移動とは何か」また「場とは何か」という最も基本的な問いの追求が改めて必要とされていると述べる［伊豫谷 二〇一四：九］。本書は、このような移動の際に「場」として考えられる家についての観念が、行政書類との関わりで理解されるようになっている状況を提示した。

4　未来へ――終わりに

一九八〇年代後半以降、すでに二〇年以上に渡って続いてきたラフ女性の遠隔地婚出は、P村ではやや減少傾向にある。しかし、婚出を望む女性の紹介を頼まれたことのあるナウーは、「もっと南の方の村へ行けば、今でもまだヘパのところへ行きたいと考える子はいるはず」とわたしに語ってくれた。このことは、経済格差に基づく女性の移動の連鎖が中国国内で今も起こっていることの証左である。ラフ女性の婚出先である漢族農村にかつて存在した漢族女性たちは、現在ラフの若い未婚女性がするのと同じように、出身村の男性よりもよい条件を持つ男性を求めて村から出て行ったのだろう。その埋め合わせとして、より南から、より内陸部から経済的に下位の女性を求める現象は続いていく。

馬は、このような女性の流出を漢族による周縁化として位置づけ、ラフ社会の崩壊を憂えたが、では、そのような変化のなかで、ラフ社会は崩壊の一途を辿っているのだろうか。現在、配偶者獲得に悩むラフ男性の中にはミャンマーに居住するラフ女性を求める者が現れている。これは、まさにヨメ探しの連鎖が次々に経済的貧困地域へと広がっていく現象であるが、そこに新たな関係性が生まれていることも注目に値する。二〇一二年の春節、中国・ミャンマー国境の南側に居住しているラフがP村を訪ねるという出来事があった。彼らは文化大革命の時期にP村から国境を越えて逃亡した人びとで、全員が村人と親族関係にある。このときやってきた六人のうち五人が女性であり、「いい暮らしができるかと思って遊びに来た」とのことだった。彼女たちは数週間村に滞在したのち、再びミャンマーに帰って行ったが、彼女たちの来訪が契機となり、P村に残る未婚のラフ男性が彼女たちの村を訪ねるという現象が引き起こされた。すでにP村の近隣ではこのようなミャンマー出身のラフ女性が中国側のラフと結婚して暮らしている例が複数見られる。それは、彼らのあいだにかつてあった「オヴィオニ」関係が下敷きとなって生まれたものであり、結婚によってさらなるオヴィオニ関係が重ねられていくことを予期させる動きである。

さらに、遠隔地婚出に関しても、近年女性の婚出先はラフ男性の出稼ぎの足がかりとしての役割を持ちつつある。「へパのくに」を見せてあげたいと父母を婚出先に招く女性もいる。かつて「ポイ＝断絶」と見なされた遠隔地婚出は、今後婚出先と生家とのあいだに「オヴィオニ」関係に類似した関係性を生み出すこともあるのだろうか。一九八〇年代以降進展する女性の遠隔地婚出が、ラフ社会を大きく揺るがす出来事であること自体には疑いがないが、それがそのまま崩壊に結びつくかどうかはまだ予断を許さない。

その後の追加調査で村を訪れるたびに、これらの遠隔地婚出女性と送り出し社会とのつながりが格段に強まり、かつ日常的なものになっていきつつある様子には驚かされる。それは、スマートフォンの普及によるものだ。中国では、発話の録音送信ができるアプリのあるスマートフォンが普及しており、文字を打つことに困難のある非識字者にとって画期的なツールとなっている。このアプリは通話よりも安価に利用することができ、ラフの人々もこれを用いたコミュニケーションを楽しんでいる。ラフの村でスマートフォンを見かけるようになったのはおよそ二〇一四年ごろからだが、わたしにとって衝撃的だったのは、村に暮らすラフ女性が、収穫したトウモロコシの実取り作業を自宅で行いながら、遠隔地婚出をした妹とスマートフォンでやりとりしている様子を目の当たりにしたときである。近況を伺いにわたしが彼女の家を訪れたとき、家には一人しかいないはずにもかかわらず、スマートフォンのスピーカーからは複数のラフ女性の笑い声が響き、彼女はそれに対して小気味の良いジョークで応答していた。この、距離を感じさせないつながり。まるで隣に座っていっしょに実取り作業をしているかのような会話の賑やかさに、わたしは思わず息をのんだ。携帯電話などわれわれの社会ではすでに当たり前の存在だが、それが一挙に物理的距離を飛び越えて、コミュニケーションの用意ができている状態、いわば共在感覚［木村　二〇〇三］を生み出す威力を、わたしはラフの村で再確認したのだった。

これから、人の移動はますます頻度を増すであろうし、属する家の曖昧な人が減少することはないだろう。現在でこそ、ラフにとって結婚とは「いつかはしなくてはいけないもの」であるし、人の属する家や結婚をめぐって様々な交渉が行われているが、経済発展を続ける中国において、様々な就業形態があり得るようになるなかで、シングルで生きるという選択肢も生まれてくるのかもしれない。その際、彼女たちにとっての家の論理とはいかなるものになっていくのか、そして彼らの所在はどこに位置づけられるようになっていくのか。今後も注視していく必要があるだろう。

本書では、従来ほとんど研究の為されてこなかった女性の送り出し社会に目を向け、複数の場における多様な人々の相互交渉を浮かび上がらせるような民族誌を描こうと苦心してきた。心残りなのは、ついに漢族夫やその家族たちにじっくりとインタビューを行うことができなかったことである。また、仲介者たちについての聞き取りもきわめて限定的である。できるだけ様々な立ち位置の人から話を聞くよう努めたが、ラフ女性たちと共に暮らす「社会場」にわたしが埋め込まれれば埋め込まれるほど、そのほかの場に同様の深さで関わることは困難になっていった。本書で描いたような物語は、たとえば漢族夫の故郷の人々の耳にはどのように響くのだろうか。ラフの紹介者男性たちは、自分たちの同胞のヨメ不足を招くような紹介行為を自ら行っていることに対して、どのような思いを抱いているのだろうか。また、ミャンマーから雲南を目指して動き始めるラフ女性たちの目には、かつての故郷である雲南はいかなる場所として映るのだろうか。これらの課題は、これからわたし自身が複数の場を訪ね歩きながら明らかにしてゆかなければならない。それを通して、中国を貫く女性の移動が中国社会に何を引き起こしているのかを巨細に明らかにすること、そしてそれが隣接諸国にいかなる影響を与えているのかを、他地域で研究を行う人々との交流も行いつつ考えること。これがわたしの長期的な野望である。

その一方で、冒頭で述べたようなわたしの「倫理的な迷い」は現在も続いている。明らかに人権侵害と思われるようなできごとや、法的観点から見れば違法である行為を目の当たりにしたときに、いかなる行動に出るべきなのか。結局女性の婚姻移動にはどこに問題があり、それはどのように解決されるべきなのか？

昆明で若い研究者とこの問題について議論になったとき、彼は「結局雲南を豊かにすることが大切なんだ。そうすれば女性は出ていきたいと思わなくなり、雲南の男を結婚相手に選ぶだろうから」といった。その通りかもしれない。地元に就業の機会があり、稼いだお金を消費する魅力的な場所があれば、人々は敢えて遠くへ行かなくなるだろう。そうすれば危険な婚出は減り、女性たちはラフ男性との結婚を選ぶようになるのかもしれない。実際に、近年では「ヘパのくに」への無条件の憧れは薄れつつあるし、上海や北京ばかりでなく、出稼ぎ先として雲南省内の魅力も増しつつある。ただ、地域間経済格差が解決されるべき問題であることは事実であるとしても、そのあたかも「地産地消」のような語り口には、女性たちが新しい世界への憧れをもつことそのものをシャットアウトするような雰囲気も感じられてならない。ハイヒールでこつこつと歩いてみたい、知らない世界を見てみたい、という彼女たちの憧れは、わたし自身が受験大学を選ぶときに、地元を離れて遠い知らない世界に行ってみたい、と思った気持ちにも通じるところがあるのではないか。この「問題」の「解決策」は移動を押しとどめるところにあるのだろうか？

研究者がこの問題についていかなる主張を行うか、ということにはジレンマが存在する。もし女性の移動を問題だと見なし、「少数民族女性の移動の規制の必要」を訴えれば、それは民族文化の保護のため、民族文化の地理的な囲い込みを主張することにつながりかねない。また、「女性の移動の自由や社会保障の必要」のみを訴えれば、それは結果として少数民族の中国社会への一方向的な同化を礼賛することにもつながりかねない。つまり、いかなる主張を行うにせよ、そこではいかなる社会や家族のあり方をよしとするのか、という研究者の態度が不可避的に問われるのである。

清水は、公共人類学についての論考のなかで、「人類学者に呼びかけてくるのは、まず現地の人々であり、彼らや彼らの社会が直面する喫緊問題である。その逆ではない」と述べる〔清水 二〇一四：二〇〕。そのような現地の人々からの要求が、わたしのフィールドワークのなかで突然現れる瞬間があった。それが、ラフの村から、女性の嫁ぎ先である安徽省や江西省に調査へ向かうときの経験である。さまざまな経緯で村を離れた娘たちのところへわたしが訪ねてゆくことを、村人たちはどう思うだろうか、と少し心配しつつ、婚出先に行ってみたいから娘さんの住所を教えて、とわたしが尋ねたとき、家族たちは大喜びして、果物や娘の好物、娘婿の好物などを娘に渡して欲しいとたくさん持ってきたのである。女性の婚出の紹介をやったことのある男性までが、「お前はなんていいことをするんだ。祝福がありますように！」と私に握手を求めた。このとき、多くの家族たちが、女性の婚出の規制や、あるいは女性の移動の自由のみを単に求めているのではなく、その後の娘とのよりよいコミュニケーションの機会や、姻戚関係の構築を求めているということを体感した気がした。ラフの人々にとって大切なのは、離れていてもつながっている感覚を持てること。生家を飛び出して出て行ったとしても、なんらかの方法で再度つながることが可能であることであった。そして、それはまさにラフの人々が、言語や地理的な障壁によって娘たちとのコンタクトがほとんど取れないなかで、苦労しながら構築しようとしてきた蜘蛛の糸のようなネットワークだったのではないだろうか。

おそらくすぐには解消されないであろうヨメ不足や地域間経済格差のなかで、女性の移動はこれからも進んでいくと予想される。そうであるならば、受け入れ社会と送り出し社会の双方において、過度な不信や断絶ではなく、交流を持てるような機会を開いておくこと。月並みかもしれないが、これがわたし自身の現時点での考えである。

参考文献

（邦文、中文）

磯部美里 二〇一〇「中国における西双版納タイ族の男性産婆 ── 出産と伝統医療との関わり ──」『多元文化』一〇：二二三–二三八。

伊藤るり・足立眞理子 二〇〇八「序文」『国際移動と〈連鎖するジェンダー〉再生産領域のグローバル化』伊藤るり・足立眞理子（編）、五–一七ページ所収、東京：作品社。

稲葉奈々子 二〇〇八「女性移住者と移住システム　移住の商品化と人身売買」『国際移動と〈連鎖するジェンダー〉再生産領域のグローバル化』伊藤るり・足立眞理子（編）、四七–六七ページ所収、東京：作品社。

伊豫谷登士翁 二〇〇七「方法としての移民　移動から場をとらえる」『移動から場所を問う　現代移民研究の課題』伊豫谷登士翁（編）、三–二三ページ所収、東京：有信堂高文社。

―― 二〇一四「移動のなかに住まう」『帰郷の物語／「移動」の語り　戦後日本におけるポストコロニアルの想像力』伊豫谷登士翁・平田由美（編）、五–二六ページ所収、東京：平凡社。

植野弘子 一九八七「妻の父と母の兄弟 ── 台湾漢人社会における姻戚関係の展開に関する事例分析」『民族学研究』五一（四）：三七五–四〇九。

―― 二〇〇〇『台湾漢民族の姻戚』東京：風響社。

ヴィステンドール、マーラ 二〇一二『女性のいない世界　性比不均衡がもたらす恐怖のシナリオ』東京：講談社。

雲南省編輯組（編）二〇〇九『拉祜族社会歴史調査二』昆明：雲南人民出版社。

―― 一九八六『中央訪問団第二分団民族情況匯集　下』昆明：雲南人民出版社。

雲南省瀾滄拉祜族自治県誌編纂委員会（編）一九九六『瀾滄拉祜族自治県誌』昆明：雲南人民出版社。

雲南省思茅行政公署民委（編）一九九〇『思茅少数民族』昆明：雲南民族出版社。

エバーハルト、ウルフラム 一九八七『古代中国の地方文化』白鳥芳郎（監訳）、東京：六興出版。（原著 Eberhard, Wolfram. 1968. *The Local Culture of South and East China*. Leiden: E. J. Brill.）

王 啓梁 二〇〇七「正式社会控制為何失敗？　対雲南平県拐売婦女現象的田野調査」『中国農業大学学報（社会科学版）』二四（二）：七八–九〇。

王 雪玲 一九九二「雲南婦女以婚姻形式外流浅析」『雲南農村婦女地位研究』趙俊臣（主編）、二八〇–二九三ページ所収、昆明：雲南人民出版社。

王 正華 二〇〇六「瀾滄老緬人社会文化調査」『社会人類学叢書　雲南特有族群社会文化調査』和少英（主編）、二六一–二八七ページ所収、昆明：雲南大学出版社。
王　正華・和　少英　一九九九『拉祜族文化史』昆明：雲南民族出版社。
大林太良　一九九七「雲南のクツォン人と北部インドシナ採集狩猟民 ― 古い伝統か文化的退化か ―」『国立民族学博物館研究報告』二一：三四五―三八九。
ガーフィンケル、ハロルド　二〇〇八「エスノメソドロジー命名の由来」『エスノメソドロジー　社会学的思考の解体』ハロルド・ガーフィンケル（編）、山田富秋・好井裕明・山崎敬一（編訳）、一一―二〇ページ所収、東京：せりか書房。
何　艶海　二〇〇八「雲南少数民族婦女外流的成因及影響」『少数民族女性学科建設与婦女発展』陳　星波（主編）、二六六―二七二ページ所収、昆明：雲南民族出版社。
春日直樹（編）二〇一一『現実批判の人類学　新世代のエスノグラフィへ』京都：世界思想社。
片岡樹　二〇〇六『タイ山地一神教徒の民族誌　キリスト教徒ラフの国家・民族・文化』東京：風響社。
―――　二〇〇七a「ラフの移住 ― 暮らしのなかの近現代政治史」『自然と文化そしてことば03　国境なき山地民　タイ文化圏の生態誌』クリスチャン・ダニエルス（編）、八五―九五ページ所収、東京：葫蘆舎。
―――　二〇〇七b「山地からみた中緬辺疆政治史　一八―一九世紀雲南西南部における山地民ラフの事例から」『アジア・アフリカ地域研究』七三：七三―九九。
―――　二〇〇八「コラム　結婚のしきたり」『ラフ族の昔話 ― ビルマ山地少数民族の神話・伝説』チャレ、片岡樹（訳）、一三〇―一三一ページ所収、東京：雄山閣。
―――　二〇一一「食人鬼のいる生活 ― タイ山地民ラフの妖術譚とその周辺 ―」『社会人類学年報』三七：一―二五。
加藤久美子　二〇〇〇『盆地世界の国家論 ― 雲南、シプソンパンナーのタイ族史』京都：京都大学学術出版会。
加藤美穂子　二〇〇三「中国修正婚姻法の現状と課題」『戸籍時報　特別増刊号』一―一四。
川野明正　二〇〇五『中国の〈憑きもの〉　華南地方の蠱毒と呪術的伝承』東京：風響社。
河野哲也　二〇一一『エコロジカル・セルフ』東京：ナカニシヤ出版。
カリザス、マイクル　スティーヴン・コリンズ　スティーヴン・ルークス（編）一九九五『人というカテゴリー』厚東洋輔・中島道男・中村牧子（訳）、東京：紀伊國屋書店。（原著　Carrithers, Michael; Collins, Steven and Lukes, Steven (eds.). 1985. *The Category of the Person: Anthropology, Philosophy, History.* Cambridge: Cambridge University Press.）
韓　敏　一九九七「漢族の女性 ― 天の半分を支える」『女の民族誌1　アジア篇』綾部恒雄（編）、一三―三八ページ所収、東京：弘文堂。
―――　二〇〇七『回応革命与改革 ― 皖北李村的社会変遷与延続』南京：江蘇人民出版社。
木曽恵子　二〇一〇『東北タイ農村女性のライフコースにおける「仕事」の再編 ― 移動労働と住民組織の活動を通して ―』京都大学博士論

文。
木村大治 二〇〇三『共在感覚 ―― アフリカの二つの社会における言語的相互行為から ――』京都:京都大学学術出版会。
原 新・石 海龍 二〇〇五「中国出生性別比偏高与計画生育政策」『人口研究』二九(三):一一-一八。
顧 明誌・李 光華・李 鳳涼・劉 剋礼・姚 堅・王 文燦 一九九五「雲南省瀾滄県拉祜族殉情自殺69例資料分析」『臨床精神医学雑誌』五(二):八二-八三。
高 修娟 二〇一一「〝剰女難嫁〟的社会学解読」『北京青年政治学院学報』二〇(一):一五-二〇。
国務院人口普査辦公室 国家統計局人口統計司(編) 一九九三『中国一九九〇年人口普査資料』北京:中国統計出版社。
国務院人口普査辦公室 国家統計局人口和社会科技統計司(編) 二〇〇二『中国二〇〇〇年人口普査資料』北京:中国統計出版社。
国務院人口普査辦公室 国家統計局人口和就業統計司(編) 二〇一二『中国二〇一〇年人口普査資料』北京:中国統計出版社。
小島敬裕 二〇一四『国境と仏教実践 ―― 中国・ミャンマー境域における上座仏教徒社会の民族誌 ――』京都:京都大学学術出版会。
蔡 慧玲 二〇一〇「少数民族農村婦女流動対婚育的影響 ―― 以広西融水為例」『雲南民族大学学報(哲学社会科学版)』二七(二):五六-六一。
佐々木明 一九九四「ハイパガミー」『文化人類学事典』石川栄吉他(編)、五八一ページ所収、東京:弘文堂。
清水 純 一九九一「漢化のメカニズム ―― クヴァラン族の事例から ――」『国立民族学博物館研究報告、別冊』一四:二九九-三二八。
清水 展 二〇一三『草の根グローバリゼーション ―― 世界遺産棚田村の文化実践と生活戦略』京都:京都大学学術出版会。
聶 莉莉 一九九二『劉堡 ―― 中国東北地方の宗族とその変容』東京:東京大学出版会。
スコット、C. ジェームズ 二〇一三『ゾミア ―― 脱国家の世界史』佐藤仁(監修)、池田和人・今村真央・久保忠行・田崎郁子・内藤大輔・中井仙丈(訳)、東京:みすず書房。(原著 Scott, James C. 2009. *The Art of Not Being Governed: An Anarchist History of Upland Southeast Asia*. New Haven & London: Yale University Press.)
瀬川昌久 二〇〇六「トゥチア族の成立とその民族文化表象運動」『中国の民族表象 ―― 南部諸地域の人類学・歴史学的研究』長谷川清・瀬川昌久(編)、東京:風郷社。
石 炳銘 二〇一〇『雲起雲落 ―― 血涙交織的辺境伝奇』台北:時報出版。
宋 恩常 一九八〇「苦聡人的原始社会残余」『雲南少数民族社会文化研究 上集』宋 恩常(編)、九九-一〇八ページ所収、昆明:雲南人民出版社。
田中雅一 二〇〇六「序論 ミクロ人類学の課題」『ミクロ人類学の実践 エイジェンシー/ネットワーク/身体』田中雅一・松田素二(編)、一-三九ページ所収、京都:世界思想社。
―――― 二〇〇九「エイジェントは誘惑する 社会・集団をめぐる闘争モデル批判の試み」『集団 ―― 人類社会の進化』河合香吏(編)、二七五-二九二ページ所収、京都:京都大学学術出版会。

ダニエルス、クリスチャン 二〇〇四「雍正七年清朝によるシプソンパンナー王國の直轄領化について ―― タイ系民族王国を揺るがす山地民に関する一考察 ――」『東洋史研究』六二(四)：九四―一二八。
譚 琳・蘇 珊・蕭 特・劉 惠 二〇〇三「〝双重外来者〟的生活 ―― 女性婚姻移民的生活経歴分析」『社会学研究』(二)：七五―八三。
張 和生(編) 一九九四『婚姻大流動 ―― 外流婦女婚姻調査紀実』瀋陽：遼寧人民出版社。
張 英莉 二〇〇四「新中国の戸籍管理制度(上)」『埼玉学園大学紀要(経営学部篇)』(四)：一九―三二。
―― 二〇〇五「新中国の戸籍管理制度(下)」『埼玉学園大学紀要(経営学部篇)』(五)：二一―三五。
張 勁夫 二〇〇八「従貢尼登到哈空 ―― 拉祜族一種医療的文化表達」民族学与民族学院、修士論文。
―― 二〇〇九「拉祜族的山神信仰 ―― 一個拉祜族村落的宗教人類学考察」『思茅師範高等専科学校学報』二五(一)：一三―一八。
張 帆 二〇〇九『血濃于水 ―― 華北高村漢族的親族制度』昆明：雲南人民出版社。
陳 天璽 二〇一二「序論」『越境とアイデンティフィケーション ―― 国籍・パスポート・IDカード ――』陳 天璽・近藤 敦・小森宏美・佐々木てる(編)、一―一八ページ所収、東京：新曜社。
陳 鳳 二〇〇八「転換期中国の多様化する婚姻観」『分岐する現代中国家族』首藤明和・小林一穂・落合恵美子(編)、一八三―二一四ページ所収、東京：明石書店。
塚田誠之 一九八九「中国広西のチュアン(壮)族・ヤオ(瑤)族と漢族との政治＝文化的関係の比較考察 ―― 一三六八―一九四九年における ――」『国立民族学博物館研究報告』一四(二)：一―五五。
塚田誠之・長谷川清(編) 二〇〇五『中国の民族表象 ―― 南部諸地域の人類学・歴史学的研究』東京：風響社。
塚田誠之・瀬川昌久・横山廣子(編) 二〇〇一『流動する民族 中国南部の移住とエスニシティ』東京：平凡社。
董 皓・于 強 二〇〇三「少数民族農村婦女外流現象的実証研究」『貴州民族研究』一：一一五―一二四。
床呂郁哉・河合香吏(編) 二〇一一『ものの人類学』京都：京都大学学術出版会。
中生勝美 一九九一「婚姻贈与と婚姻連帯 ―― 漢族の婚姻体系と地域性 ――」『国立民族学博物館研究報告別冊〇一四』一六一―一九七。
―― 一九九二「漢族の民俗生殖観とイトコ婚」『史苑』五二(二)：七一―八六。
中川 理 二〇〇一「人類学研究における人格と自己」『年報人間科学』(二二)：一九一―二〇八。
―― 二〇〇二「主体性の解釈 ―― フランスにおける失業者のアンセルシオンの実践から ――」『民族学研究』六七(一)：六二―七八。
―― 二〇一一「どうとでもありえる世界のための記述 ―― プラグマティック社会学と批判について」『現実批判の人類学 ―― 新時代のエスノグラフィへ』春日直樹(編)、七四―九四ページ所収、京都：世界思想社。
長坂 格 二〇〇九『国境を越えるフィリピン村人の民族誌 トランスナショナリズムの人類学』東京：明石書店。
長谷千代子 二〇〇八『文化の政治と生活の詩学 ―― 中国雲南省徳宏タイ族の日常的実践 ――』東京：風響社。

聶　莉莉　一九九二『劉堡 ― 中国東北地方の宗族とその変容』東京：東京大学出版会。

西本陽一　二〇〇九『周縁化と宗教変化の社会的経験 ― 北タイの伝統派およびキリスト教徒ラフ集団の事例 ― 』東京大学、博士論文。

馬　健雄　二〇〇二「精英的歴史与儀式神話　以木戛拉祜納為例」『雲南民族学院学報（哲学社会科学版）』一九（四）：六七–七一。

――― 二〇〇四a「社会文化現象的象徴意義及解釈　以木戛拉祜納年節儀式的分析為例」『思想戦線』六（三〇）：一九–二四。

――― 二〇〇四b「性別比、婚姻擠圧与婦女遷移 ― 以拉祜族和佤族之例看少数民族婦女的婚姻遷移問題」『広西民族学院学報（哲学社会科学版）』二六（四）：八八–九四。

――― 二〇〇四c「従〝倮匪〟到〝拉祜族〟　辺境化過程中的族群認同」『歴史人類学学刊』二（一）：一–三二。

――― 二〇一二「『辺防三老』――清末民初南段滇緬辺疆上的国家代理人」『歴史人類学学刊』一〇（一）：八七–一二二。

ハージ、ガッサン　二〇〇七「存在論的移動のエスノグラフィ ― 想像でもなく複数調査地的でもないディアスポラ研究について ― 」塩原良和（訳）、『移動から場所を問う ― 現代移民研究の課題』伊豫谷登士翁（編）、二七–五〇ページ所収、東京：有信堂高文社。（原著 Hage, Ghassan. 2005. A Not So Multi-Sited Ethnography of a Not So Imagined Community. *Anthropological Theory*, 5(4): 463–475.）

莫　道才　一九九九「中国湖南省汨羅の民間に伝わる葬礼〝招魂詞〟の形式と内容およびそれに拠る『楚辞』研究上の発見」『滋賀大学経済学部研究年報』六：九九–一二七。

バトラー、ジュディス　一九九九『ジェンダー・トラブル ― フェミニズムとアイデンティティの攪乱』竹村和子（訳）、東京：青土社、（原著 Butler, Judith. 2006. *Gender Trouble: Feminism and the Subversion of Identity*. New York: Routledge.）

――― 二〇〇四『触発する言葉　言語・権力・行為体』竹村和子（訳）、東京：岩波書店。（原著 Butler, Judith. 1997. *Excitable Speech: A Politics of the Performative*. New York: Routledge.）

浜本　満　二〇〇一『秩序の方法』東京：弘文堂。

――― 二〇〇七「イデオロギー論についての覚書」『くにたち人類学研究』二：一一–四一。

速水洋子　一九九八「『民族』とジェンダーの民族誌　北タイ・カレンにおける女性の選択」『東南アジア研究』三五（四）：二四六–二六七。

――― 二〇〇九『差異とつながりの民族誌 ― 北タイ山地カレン社会の民族とジェンダー』京都：世界思想社。

ハラウェイ、ダナ　二〇〇〇『猿と女とサイボーグ ― 自然の再発明 ― 』高橋さきの（訳）、東京：青土社、（原著 Haraway, Dana J. 1991. *Simians, Cyborgs and Women: The Reinvention of Nature*. New York: Routledge.）

ベランジェ、ダニエル　チャン・ジャン・リン　リ・パック・ズン　クアット・チュ・ホン　二〇一二「農家の娘から外国人妻へ　ベトナムの移民送出コミュニティにおける結婚・移住・ジェンダー」『アジア女性と親密性の労働』落合恵美子・赤枝香奈子（編）、二〇一–二三〇ページ所収、京都：京都大学学術出版会。

堀江俊一　一九八七「母の与え手と妻の与え手 ― 台湾漢族の姻族関係に対する一つの視角 ― 」『民族学研究』五二（三）：一九九–二二〇。

堀江未央 二〇一四「中国雲南省ラフ族女性の遠隔地婚出 ―― ラフ社会における結婚との関わりに着目して ―― 」『東南アジア研究』五二(一)：五二-八一。

前田泰樹・水川喜文・岡田光弘(編) 二〇〇七『エスノメソドロジー 人びとの実践から学ぶ』東京：新曜社。

松村嘉久 一九九三「中国における少数民族政策の展開 ―― 雲南省を事例として ―― 」『人文地理』四五(五)：四九一-五一四。

万 志琼 二〇〇七「少数民族婦女外流的成因分析 ―― 以楚雄彝族婦女為例」『雲南民族大学学報(哲学社会科学版)』二四(六)：六三-六六。

毛里和子 一九九八『周縁からの中国 民族問題と国家』東京：東京大学出版会。

モース、マルセル 一九九五「人間精神の一カテゴリー ―― 人格(パーソン)の概念および自我の概念」『人というカテゴリー』マイクル・カリザス スティーヴン・コリンズ スティーヴン・ルークス(編)、厚東洋輔・中島道男・中村牧子(訳)、一五-五八ページ所収、東京：紀伊國屋書店。(原著 Marcel Mauss. 1985. A Category of the Human Mind: the Notion of Person; the Notion of Self. In *The Category of the Person: Anthropology, Philosophy, History*, edited by Michael Carrithers,; Steven Collins and Steven Lukes, pp.1–25. Cambridge: Cambridge University Press.)

山崎吾郎 二〇一一「序 身体のハイブリッド」『文化人類学』七六(三)：二五七-二六六。

山路勝彦 二〇〇二「土家族とは誰か：中国少数民族の創出と再編」『関西学院大学社会学部紀要』九二：四一-五三。

楊 啓藩 一九九一「南女北嫁現象及其利弊浅析」『人口学刊』五：五一-五五。

楊 国才 二〇〇八「辺境少数民族婦女流動的特徴及変化」『雲南民族大学学報(哲学社会科学版)』二五(六)：四六-五二。

横田祥子 二〇〇八「グローバル・ハイパガミー？ ―― 台湾に嫁いだベトナム人女性の事例から ―― 」『異文化コミュニケーション研究』二〇：七九-一一〇。

横山廣子 一九九八「雲南における白族と漢族の関係 ―― 民族的アイデンティティの変化に関する考察」『中国における諸民族の文化変容と民族間関係の動態(国立民族学博物館調査報告8)』周達生・塚田誠之(編)、四四九-四六五ページ所収、大阪：国立民族学博物館。

吉野 晃 二〇一三「祖先と共に ―― タイ北部、ユーミエンのピャオ集団の核家族化過程に見られる『家』の構成原理」『生をつなぐ家 親族研究の新たな地平』小池 誠・信田敏宏(編)、一五三-一七五ページ所収、東京：風響社。

《瀾滄拉祜族自治県概況》編写組(編) 二〇〇七『瀾滄拉祜族自治県概況』北京：民族出版社。

ラトゥール、ブルーノ 一九九九『科学が作られているとき ―― 人類学的考察』川崎 勝・高田紀代志(訳)、東京：産業図書。(原著 Latour, Bruno. 1987. *Science in Action: How to Follow Scientists and Engineers through Society*. Cambridge: Harvard University Press.)

李 光華・陳 文明・魯 文興・嚮 興華・彭 新盛 二〇〇五「拉祜族自殺調査分析」『臨床精神医学雑誌』一二：九六。

李 勒 二〇〇五「少数民族婦女外流対当地社会的影響」『雲南民族大学学報(哲学社会科学版)』二二(四)：四〇-四三。

雷 波・劉 勁榮(主編) 一九九九『拉祜族文化大観』昆明：雲南民族出版社。

若杉英治 二〇〇三「中華人民共和国の戸籍制度及び婚姻をめぐる諸問題について」『戸籍時報』五六〇：二八-四二。

若林敬子　一九九六『現代中国の人口問題と社会変動』東京：新曜社。

（英文）

Ahearn, L. M. 2001a. *Invitations to Love: Literacy, Love Letters and Social Change in Nepal.* University of Michigan Press.

————. 2010. Agency and Language. In *Society and Language Use: Handbook of Pragmatics Highlights vol. 7*, edited by Jürgen Jaspers, Jan-Ola Östman and Jef Verschueren, pp. 28-48. Amsterdam: John Benjamins Publishing Company.

Battaglia, Debbora. 1995. *Rhetorics of Self-Making.* California: University of California Press.

Beynon, Louise. 2012. Dilemmas of the Heart: Rural Working Women and their Hopes for the Future. In *On the Move: Women and Rural-to-Urban Migration in Contemporary China.* Columbia University Press [Kindle 版]

Carsten, Janet. 2004. *After Kinship.* Cambridge: Cambridge University Press.

Castles S. and Miller, M. J. 2009. *The Age of Migration: International Population Movements in the Modern World* (4th edition). Basingstoke: Palgrave MacMillan.

Chao, Emily. 2005. Cautionary Tales: Marriage Strategies, State Discourse, and Women's Agency in a Naxi Village in Southwestern China. In *Cross-Border Marriages: Gender and Mobility in Transnational Asia*, edited by Nicole Constable, pp. 34–52. Philadelphia: University of Pennsylvania Press.

Chapkis, Wendy. 2003. Trafficking, Migration, and the Law: Protecting Innocents, Punishing Immigrants. *Gender and Society*, 17(6): 923–937.

Chin, Ko-Lin. 1994. Out-of- Town Brides: International Marriage and Wife Abuse among Chinese Immigrants. *Journal of Comparative Family Studies,* 25(1): 53–71.

Constable, Nicole. 2003. *Romance on a Global Stage: Pen Pals, Virtual Ethnography, and "Mail Order" Marriages.* California: University of California Press.

————. 2005. Introduction: Cross-Border Marriages, Gendered Mobility, and Global Hypergamy. In *Cross-Border Marriages: Gender and Mobility in Transnational Asia*, edited by Nicole Constable, pp. 1–16. Philadelphia: University of Pennsylvania Press.

————. 2008. At Home but Not at Home: Filipina Narratives of Ambivalent Returns. *Cultural Anthropology*, 14(2): 203–228.

————. 2014. *Born Out of Place: Migrant Mothers and the Politics of International Labor.* California: University of California Press.

Davin, Delia. 1999. *Internal Migration in Contemporary China.* New York: St. Martin's Press.

Del Rosario, Teresita C. 2005. Bridal Diaspora: Migration and Marriage among Filipino Women. *Indian Journal of Gender Studies,* 12: 253–273.

Du, Shanshan. 2003. *Chopsticks Only Work in Pairs: Gender Unity and Gender Equality Among the Lahu of Southwest China.* New York: Columbia University Press.

————. 2004. Choosing between Life and Love: Negotiating Dyadic Gender Ideals among the Lahu of Southwest China. *Critical Asian Studies*, 36(2): 239–263.

Embree, John. F.; Dotson, Lillian Ota. 1950. *Bibliography of the Peoples and Cultures of Mainland Southeast Asia*. New Heaven: Yale University Press.

Fan, C. Cindy. 2002. Marriage and Migration in Transitional China: a Field Study of Gaozhou, Western Guangdong. *Environment and Planning A*. 34: 619–638.

————. 2008. *China on the Move: Migration, the State and the Household*. London and New York: Routledge.

————. 2009. Flexible Work, Flexible Household: Labor Migration and Rural Families in China. In *Work and Organizations in China after Thirty Years of Transition (Research in the Sociology of Work, volume(9)*. pp. 377–408. Bingley: Emerald Group Publishing Limited.

————. 2012. Out to the City and Back to the Village: The Experiences and Contributions of Rural Women, In *On the Move: Women and Rural-to-Urban Migration in Contemporary China*. New York: Columbia University Press [Kindle 版]

Fan, C. Cindy and Sun, Mingjie. 2011. Migration and Split Households: a Comparison of Sole, Couple, and Family Migrants in Beijing, China. *Environment and Planning A*, 43: 2164–2185.

Fan, C. Cindy and Huang, Youqin. 1998. Waves of Rural Brides, Female Marriage Migration in China. *Annals of the Association of American Geographers*, 88(2): 227–251.

Freedman, Maurice. 1970. Ritual Aspects of Chinese Kinship and Marriage. In *Family and Kinship in Chinese Society*, edited by Maurice Freedman, pp. 163–187. Stanford: Stanford University Press.

Freeman, Caren. 2005. A Tale of Marriages: International Matchmaking and Gendered Mobility. In *Cross-Border Marriages: Gender and Mobility in Transnational Asia*, edited by Nicole Constable, pp. 166–186. Philadelphia: University of Pennsylvania Press.

————. 2011. *Making and Faking Kinship: Marriage and Labor Migration between China and South Korea*. Ithaca and London: Cornell University Press.

Fujii, Yuko. 2010. Mobility and Social Networks of Lahu Female Vendors in Northern Thailand. Master Thesis: Chiang Mai University.

Gaetano, Arianne M and Jacka, Tamara (eds.) 2012. *On the Move: Women and Rural-to-Urban Migration in Contemporary China*. New York: Columbia University Press [Kindle 版]

Gedalof, Irene. 2007. Unhomely Homes: Women, Family and Belonging in UK Discourses of Migration and Asylum. *Journal of Ethnic and Migration Studies*, 33(1): 77–94.

Giersch, C. Patterson. 2006. *Asian Borderlands: The Transformation of Qing China's Yunnan Frontier*. Cambridge, Massathusetts, and London: Harvard University Press.

Glodava, Mila and Onizuka, Richard. 1994. *Mail-Order Brides: Women for Sale*. Fort Collins, CO: Alaken, Inc.

Han, Min and Eades, J. S. 1995. Brides, Bachelors and Brokers: The Marriage Market in Rural Anhui in an Era of Economic Reform. In *Modern Asian Studies*, 29(4): 841–869.

Harrell, Stevan. 2001. *Perspectives on the Yi of Southwest China*. California: University of California Press.

Hayami, Yoko.; Koizumi, Junko.; Songsamphan, Chalidaporn and Tosakul, Ratana(eds.). 2012. *The Family in Flux in Southeast Asia: Institution, Ideology, Practice*. Kyoto: Kyoto University Press.

Hill, Jane H and Irvine, Judith T. (eds). 1993. *Responsibility and Evidence in Oral Discourse*. Cambridge: Cambridge University Press.

Hsia, Hsiao-Chuan. 2008. Beyond Victimization: the Empowerment of 'Foreign Brides' in Resisting Capitalist Globalization. *China Journal of Social Work*, 1(2): 130–148.

——— 2009. Foreign Brides, Multiple Citizenship and the Immigrant Movement in Taiwan. *Asian and Pacific Migration Journal*, 18(1): 17–46.

Hochschild, Arlie Russel. 2000. Global Care Chains and Emotional Surplus Value. In *On the Edge: Living with Global Capitalism*, edited by Will Hutton, Anthony Giddens, pp. 130–146. London: Vintage.

Hondagneu-Sotelo, Pierrette and Avila, Earnestine. 1997. "I'm Here, but I'm There": The Meanings of Latina Transnational Motherhood. *Gender and Society*, 11(5): 548–571.

Iredale, Robyn.; Bilik, Naran and Guo, Fei. 2003. *China's Minorities on the Move: Selected Case Studies*. London: Routledge.

Ishii, Sari. K. (ed.). 2016. *Marriage Migration in Asia: Emerging Minorities at the Frontiers of Nation-States*. Singapore: NUS Press.

Jordan, Davis. 1999. Chinese Matchmakers of Tianjin and Taoyuan. In *Anthropological Studies in Taiwan: Empirical Research*, edited by Cheng-Kuang Hsu and Liu, Mei Rong, pp. 319–362. Taipei: Institute of Ethnology, Academia Sinica.

Kataoka, Tatsuki. 2011. Border Crossing and Labor Migration of the Lahu Hilltribe. *Kyoto Working Papers on Area Studies: G-COE Series (2011)*, 102: 1–11.

Lapanun, Patcharin. 2012. Social Relations and Tensions in Transnational Marriage for Rural Women in Isan, Thailand. In *The Family in Flux in Southeast Asia: Institution, Ideology, Practice*, edited by Yoko Hayami.; Junko Koizumi.; Chalidaporn Songsamphan and Ratana Tosakul. pp. 483–504. Kyoto: Kyoto University Press.

Lewis, Paul. 1986. *Lahu-English-Thai Dictionary*. Chiang Mai: Thailand Lahu Baptist Convention.

Lu, Melody Chia-Wen. 2005. Commercially Arranged Marriage Migration: Case Studies of Cross-border Marriages in Taiwan. *Indian Journal of Gender Studies*, 12(2–3): 275–303.

Ma, Jianxiong. 2013. *The Lahu Minority in Southeast China: A Response to Ethnic Marginalization on the Frontier*. London: Routledge.

Menjivar, Cecilia and Olivia Salcido. 2002. Immigrant Women and Domestic Violence: Common Experiences in Different Countries. *Gender and Society*, 16(6): 898–920.

Mueggler, Erik. 2001. *The Age of Wild Ghosts: Memory, Violence, and Place in Southwest China.* California: University of California Press.

Ong, Aihwa. 1999. *Flexible Citizenship: The Cultural Logics of Transnationality.* Durham and London: Duke University Press.

Ortner, Sherry. 2006. *Anthropology and Social Theory: Culture, Power, and the Acting Subject.* Durham and London: Duke University Press.

Parreñas, Rhacel Salazar. 2005. *Children of Global Migration: Transnational Families and Gendered Woes.* California: Stanford University Press.

Pratt, Mary Louise. 1992. *Imperial Eyes: Travel Writing and Transculturation.* London: Routledge.

Rosaldo, Michelle. 1980. *Knowledge and Passion: Ilongot Notions of Self and Social Life.* Cambridge: Cambridge University Press.

Sassen-Koob, Saskia. 1984. Note on the Incorporation of Third World Women into Wage-Labor through Immigration and Off-Shore Production. *International Migration Review,* 18(4): 1144–1167.

Schein, Louisa. 2000. *Minority Rules: The Miao and the Feminine in China's Cultural Politics.* Durham and London: Duke University Press.

————. 2005. Marrying out of Place: Hmong/Miao Women Across and Beyond China. In *Cross-Border Marriages: Gender and Mobility in Transnational Asia*, edited by Nicole Constable, pp. 53–79. Philadelphia: University of Pennsylvania Press.

Siu, Helen F. 1993. Reconstituting Dowry and Brideprice in South China. In *Chinese Families in the Post-Mao Era,* edited by Deborah Davis and Stevan Harrell, pp. 165–188. Barkley: University of California Press.

Strathern, Marilyn. 1988. *The Gender of the Gift.* Barkeley and Los Angeles, California: University of California Press.

Suzuki, Nobue. 2005. Tripartite Desires: Filipina-Japanese Marriages and Fantasies of Transnational Travel. In *Cross-Border Marriages: Gender and Mobility in Transnational Asia*, edited by Nicole Constable, pp. 124–144. Philadelphia, PA: University of Pennsylvania Press.

Tosakul, Ratana. 2012. Transnational Families: My Home Is Here and There. In *The Family in Flux in Southeast Asia: Institution, Ideology, Practice*, edited by Yoko Hayami; Junko Koizumi; Chalidaporn Songsamphan and Ratana Tosakul, pp. 505–527. Kyoto: Kyoto University Press.

Walker, Anthony R. 1983. Lahu Nyi (Red Lahu) Rites for Establishing a New Village. *Journal of the Siam Society.* 71: 149–208.

————. 2003. *Merit and Millenium: Routine and the Crisis in the Ritual Lives of the Lahu People.* New Delhi: Hindustan Publishing.

Watson, Rubie. S. 1991. Wives, Concubines, and Maids: Servitude and Kinship in the Hongkong Region, 1900–1940. In *Marriage and Inequality in Chinese Society,* edited by Rubie S. Watson and Patricia Buckley Ebrey, pp. 347–368. California: University of California Press.

Williams, Lucy. 2010. *Global Marriage: Cross-Border Marriage Migration in Global Context.* London: Palgrave Macmillan.

Young, Gordon. 1962. *The Hill Tribes of Northern Thailand: A Socio-ethnological Report.* Bankok: Siam Society.

（ウェブサイト）

人民網日本語版（二〇一六年一〇月一〇日）「数字で読み解く中国流動人口　人数は二・四億、七割が東部に集中」http://j.people.com.cn/n3/2016/1020/

c9475-9130299.html（最終アクセス：二〇一七年一二月二七日）
百度百科「非誠無憂」
https://baike.baidu.com/item/%E9%9D%9E%E8%AF%9A%E5%8B%BF%E6%89%B0/157（最終アクセス：二〇一八年二月七日）
普洱瀾滄拉祜族自治県数字郷村新農村建設信息網（二〇一二年九月一一日）「瀾滄県二〇一二年上半年実現農民現金収支双増」http://ynszxc.gov.cn/szxc/CountyModel/ShowDocument.aspx?Did=1195&DepartmentId=1195&id=3681285（最終アクセス：二〇一四年三月二日）
横田祥子 二〇〇七「二〇〇七年度日台研究者支援事業 研究成果報告書 台湾・国際結婚移住者をめぐる社会人類学的研究 台中県東勢鎮の事例から」財団法人 交流協会。
http://www.koryu.or.jp/08_03_03_01_middle.nsf/2c11a7a88aa171b449256798000a5805/11c66e6d10de34aa49257680024d9f8/$FILE/yokotasachiko2.pdf（最終アクセス：二〇一八年二月七日）
瀾滄県政府信息公開門戸網（二〇〇八年一一月一〇日）「瀾滄県啓動最低生活保障規範化管理工作」http://pelc.xxgk.yn.gov.cn/canton_model19/newsview.aspx?id=2344593（最終アクセス：二〇一四年三月三日）
瀾滄県政府信息公開門戸網（二〇〇八年一一月一〇日）「瀾滄拉枯族自治縣農村低保工作実施方案」http://xxgk.yn.gov.cn/Z_M_011/Info_More.aspx?ClassID=118103（最終アクセス：二〇一五年三月一〇日）

謝辞

本書の執筆にあたり、多くの方々のご支援とご協力を賜りました。まず京都大学大学院アジア・アフリカ地域研究研究科に入学した頃から指導教員としてご指導いただいた速水洋子教授には、研究への取り組み方や論文執筆の方法にいたるまで、常に暖かくかつ的確なコメントをいただきました。長い研究の過程で心が折れそうになるときに、先生の朗らかで前向きなご指導に何度も勇気づけられました。また、ラフ研究の偉大な先人である、同研究科の片岡樹准教授と金沢大学の西本陽一教授のお二人には、ラフについて全くの素人であった頃から暖かいご指導・ご支援を賜り、研究内容に関しても常に刺激的なご指摘をいただきました。そして、入学した頃から大先輩としてフィールドワークの方法など様々なアドバイスをくださった小林悟准教授、博論の執筆について暖かい励ましをくださった九州大学の長谷千代子准教授には、本書の元となる博士論文の審査を快く受けて下さいました。また、アジア・アフリカ地域研究研究科のゼミにおいては、副指導教員として社会主義国の状況に関する様々な比較の視点をお教えくださった伊藤正子准教授、人類学の古典から最新の議論まで幅広く奥深いご指摘を下さった杉島敬志教授、学生の博論執筆会に顔を出してくださり、刺激的かつ心優しいご支援をくださった清水展教授、そして速水ゼミの方々にも大変お世話になりました。皆さまに深くお礼申し上げます。

中国においては、国境近くでの外国人の調査が困難ななか、長期調査への道を開いてくださった雲南民族大学の和少英教授、劉勁栄教授、私にNava（ブタコ）という親しみやすく覚えやすいラフ名をつけてくださった王正華副教授、雲南民族大学でラフ語とラフ文字をご教授くださった張雨江教授、先生方のご厚意とご支援がなければ、本研究の母体となるフィールドワークを行うことはできませんでした。記して謝意を表します。

それから、博士論文を執筆する同志たちと共に、互いに論文を読んでコメントしあうシビアな勉強会、弥栄会に参加できたことも大きな喜びでした。若松大祐氏、藤岡真樹氏、佐治史氏、小田なら氏、下條尚志氏、根岸智代氏、紺屋あかり氏、栗村あすか氏、鶴原麻美氏、いつも厳しいコメントをありがとうございました。半年に一度、皆さんと一緒に大正区の沖縄料理屋に遠征するのがどれほど心の癒やしになったことでしょう。苦しい時期を共に歩めたからこそ、なんとか本書を書き上げることができました。本当にありがとうございました。

そして、何よりも、得体の知れない日本人のわたしを受け入れてくれたP村の方々に、表しきれないほどの感謝と親愛の念を捧げます。母のように、また姉のように、ラフにまつわる様々なことを粘り強く教えてくれた朗らかな女性家長M、暫定居住証を置かせてほしいという無理なお願いにも快く応じてくれた男性家長C、生後一四日目からずっと一緒だったミポコイ、いたずら好きながらも、弟のミポコイに対しては常に優しい兄だったモイー、私を姉と呼んでくれた、今は亡き心優しい友人サラ、勝ち気だけれど本当は心優しいアピ、毎朝美味しいお茶と共に不思議な昔話を聞かせてくれたアプ、常に明晰かつ豊かな表現力でラフの決まりごとについて説明してくれたジャティオパ、帰国後もSMSで村の様子を教えてくれたナヴァエ、本書で取り上げることを許してくださった多くのラフ女性たち、その他名前を挙げきれないたくさんのラフの友人たち、あなたたちと暮らせた幸せな時間は私にとって一生の宝物です。たくさんご迷惑もおかけしましたが、お許し下さると幸いです。あなたたちの心優しく誠実なもてなしがなければ、本書を書き上げることはできなかったでしょう。

最後に、いつ終わるとも知れない大学院生活を続けさせてくれた母、まとまらないわたしの議論に延々と耳を傾け、頭の整理を手伝ってくれた父、分野は違えど、女性研究者の同志としていつも励ましの言葉をくれた姉、そして、常にわたしのよき理解者でありつづけてくれた山口亮太氏、わたしを支え続けてくれて本当にありがとうございました。本書の執筆中に授かり、この世にやってきてくれた娘の咲の寝顔を見ながら原稿の修正作業をしたのも、いまでは良い思い出です。産後の身体で遅遅として進まないわたしの編集校正作業にも粘り強く熱心につきあってくださった京都大学学術出版会の鈴木哲也氏に、深くお礼申し上げます。

なお、本研究の母体となった二〇〇九年の冬から二〇一二年春までの長期フィールドワークは、日本学術振興会特別研究員（DC1）の研究奨励費（採用番号21–1264）によって可能となりました。また、二〇一二年に行ったラフ女性の婚出先における調査は、松下幸之助記念財団の研究助成（助成番号12–051）および公益信託澁澤民族学振興基金の「大学院生等に対する研究活動助成」によって可能となりました。本書の出版に際しては、北海道大学・東北大学・名古屋大学の三大学による科学技術人材育成のコンソーシアムの構築事業「連携型博士研究人材総合育成システムの構築」の助成、および京都大学の平成二九年度総長裁量経費若手研究者に係る出版助成事業の助成を受けました。記して深謝の意を表します。

様々な方に数え切れないほどのご指導・ご支援をいただき、一人ではここまで研究を続けることはできませんでした。しかし、本書に誤りや不備があれば、それはすべてわたしの責任です。今度、課題として残った箇所をひとつひとつ乗り越えていくことが、ご支援下さった方々への恩返しだと考えています。これまでご助力・ご支援いただいた皆さまに、深くお礼申し上げます。

二〇一八年三月

堀江　未央

◎サ行

◎タ行

索　　引

■民族名

■事項

著者略歴

堀江未央（ほりえみお）

1983年大阪府生まれ。2015年，京都大学大学院アジア・アフリカ地域研究研究科博士課程修了，博士（地域研究）。京都大学東南アジア研究所連携研究員を経て，現在，名古屋大学高等研究院特任助教。

主な著作に，「中国雲南省ラフ族女性の遠隔地婚出 ―― ラフ社会における結婚との関わりに着目して」『東南アジア研究』52巻1号（2014年），「ヨメ不足の連鎖がもたらす女性の移動と越境 ―― 中国・ミャンマー国境域におけるラフ女性の事例から」『旅の文化研究所研究報告』No. 26（2016年）など。

娘たちのいない村
―― ヨメ不足の連鎖をめぐる雲南ラフの民族誌
（地域研究叢書 34）

平成30（2018）年3月31日　初版第一刷発行

著　者　　堀　江　未　央
発行人　　末　原　達　郎

発行所　京都大学学術出版会
京都市左京区吉田近衛町69番地
京都大学吉田南構内（〒606-8315）
電　話（075）761-6182
FAX（075）761-6190
Home page http://www.kyoto-up.or.jp
振　替　01000-8-64677

ISBN 978-4-8140-0143-9
Printed in Japan

印刷・製本　㈱クイックス
定価はカバーに表示してあります